# VERWUNSCHENES ENGLAND UND IRLAND

# VERWUNSCHENES ENGLAND UND IRLAND

RICHARD JONES

*Mit Fotografien von*
THE FORTEAN PICTURE LIBRARY

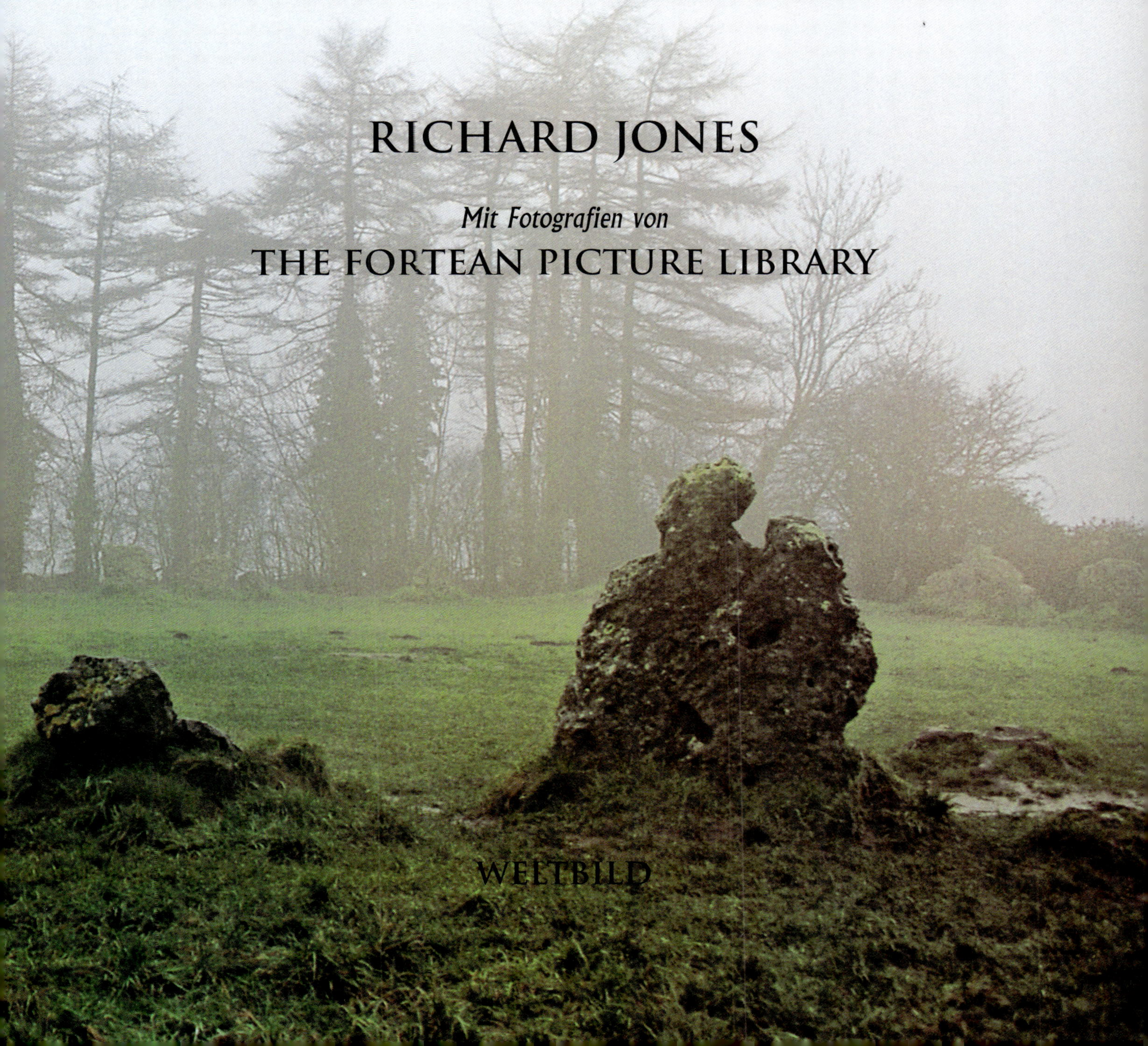

WELTBILD

Titel der Originalausgabe
*Haunted Britain And Ireland*
Zuerst veröffentlicht 2001
von New Holland Publishers (UK) Ltd.



**Deutsche Erstausgabe**


Projektleitung: Jo Hemmings
Redaktion und Lektorat: Elizabeth Mallard-Shaw, Kate Michell,
Anne Konopelski, Cheryl Rose
Layout, Design und Umschlaggestaltung: Alan Marshall
Kartographie: William Smuts
Herstellung und Satz: Joan Woodroffe
Koordination und Bearbeitung der deutschen Ausgabe:
Neumann & Nürnberger, Leipzig
Übertragung ins Deutsche: Antje Lorbeer, Leipzig
Umschlagfotos: (vorn) Ecclescrieg House, Fife, Scotland,
Simon Marsden / The Marsden Archive; (hinten) Haunted House,
Roger Brown / Fortean Picture Library

Printed in Singapore by Kyodo Printing Co (Singapore) Pte Ltd

ISBN 3-8289-4904-5

# Spuk

*In leerem Saal und dunklem Hain,*
*in tiefer Gruft und finstrem Stein;*
*wo Mönche stumm zu Staub verwehn,*
*und abends Schatten tanzen gehen.*

*Wo Fledermaus die Flügel schlägt,*
*der Wind gar schaurig Stimmen trägt;*
*wo alter Schlachten Schall ertönt*
*und Düstres in die Freiheit strömt.*

*Wo Spinnen Silbernetze drehn,*
*und Liebende vor Schmerz vergehn;*
*wo Lüfte schwer von Fluch geplagt,*
*kein Sterblicher zu weilen wagt.*

*Wo Tod das Leben fest umschlingt*
*und in des Sünders Miene dringt;*
*wo Zeit verrinnt nur zögernd noch,*
*hört man es schrein – „hier spukt es doch“.*

Richard Jones

# Inhalt

# EINLEITUNG

An einem bitterkalten, verschneiten Tag im April des Jahres 2000 stieg ich den schlammigen und unwegsamen Pfad zur geheimnisvollen Ruine des Dunstanburgh Castle an der rauen windigen Küste der englischen Grafschaft Northumberland hinauf. Ich stand auf den verfallenen Mauern der Festungsruine, beobachtete, wie die tosenden Wellen gegen die Felsen schlugen, und gedachte der vergangenen neun Monate, in denen ich ganz Großbritannien und Irland auf der Suche nach gespenstischen Orten bereist hatte. Ich hatte viele Leute getroffen, die alle eines gemeinsam hatten – sie hatten einen Geist gesehen. Die meisten Geschichten waren sich recht ähnlich. Gestalten, Zeit und Ort waren zwar verschieden, die eigentlichen Erlebnisse aber stets die gleichen. Interessant war dabei allerdings die vielfältige Art und Weise, in der die Menschen auf das Erlebte reagiert hatten. Einige fühlten sich durch ihr Erlebnis zu etwas Besonderem auserkoren und waren nur zu gern bereit, oft und meist sehr ausführlich darüber zu berichten. Andere hingegen betrachteten ihr Erlebnis recht nüchtern, fast schon gleichgültig. Den meisten Leuten waren diese Erfahrungen jedoch eher peinlich und sie sprachen nur ungern über solche Dinge, da sie in der Öffentlichkeit nicht als exzentrisch gelten wollten.

Bei meinen Nachforschungen stieß ich auch auf Berichte aus „zweiter Hand", d. h. auf Geschichten, die mir Freunde und Verwandte von Leuten erzählten, die mit einem Geist in Kontakt gekommen waren. Recht amüsant war, dass man diesen Geschichten oftmals die Bemerkung hinzufügte, die betreffende Person sei „in jenem Moment völlig nüchtern" gewesen, und meist wurde sie als „absolut sachlicher Mensch" bezeichnet, dem man „so etwas überhaupt nicht zugetraut" hätte. Und genau da ist der Haken. Was sind das für Menschen, die „so etwas" zu Gesicht bekommen, und was überhaupt ist ein Geist?

Im Wörterbuch (The Concise Oxford Dictionary) wird ein „Geist" als ein Toter beschrieben, der sich den Lebenden üblicherweise als neblige Erscheinung zeigen soll. Ich nehme an, dass dies die wohl am weitesten verbreitete Definition ist. Als mein erstes Buch mit dem Titel ***Walking Haunted London*** erschien, wurde ich oft gefragt: „Glauben Sie an Geister?" Das veranlasste mich, der Frage nachzugehen, was ein Geist überhaupt ist. Seltsamerweise hatte ich mich in den vielen Jahren, in denen ich Spukgeschichten sammelte, nie richtig mit dieser grundlegenden Frage beschäftigt. Ehrlich gesagt, glaube ich nicht daran, dass es sich bei Geistern um die Seelen Verstorbener handelt, welche die Lebenden heimsuchen. Ich glaube vielmehr, dass Geister, Gespenster, Phantome, Spukwesen – oder wie sie alle heißen – emotionale Abdrücke oder Spuren sind, die an den Dingen ihrer Umwelt haften geblieben sind und von bestimmten Menschen wahrgenommen werden können, denen man besondere übersinnliche (spirituelle) Fähigkeiten zuspricht beziehungsweise die einfach nur ein stärkeres Gespür für solche Dinge haben als alle anderen.

Und dennoch sind alle, die zufällig einem Geist begegnen,

GEGENÜBER: In Monmouthshire hat man den Geist eines Mönches gesehen, der in stiller Andacht zwischen den stimmungsvollen Ruinen der Tintern Abtei kniete.

UNTEN: Im schottischen Eileen Donan Castle soll der Geist eines spanischen Soldaten umgehen, der seinen Kopf unter dem Arm trägt.

verwirrt, fasziniert oder schlichtweg zu Tode erschrocken. Während ich diese Zeilen niederschreibe, erbittet man im Hampton Court Palace soeben den Rat des Parapsychologen Dr. Richard Wiseman. Dieser soll herausfinden, warum bereits mehrere Schlossbesucher von Übelkeit und Ohnmacht erfasst wurden, und zwar genau dort, wo der Geist von Catherine Howard, der fünften Frau Heinrichs VIII., angeblich schon seit langer Zeit herumspuken soll. Zusätzlich zu einer nächtlichen Überwachung mit Hilfe von Wärmebildkameras plant Dr. Wiseman auch eine Untersuchung von etwa 600 Besuchern, um „herauszufinden, welcher Charaktertyp besonders empfindlich auf übersinnliche Erscheinungen reagiert". Die Vielzahl an Beweisen zeigt jedoch deutlich, dass sich Geistererscheinungen nicht auf einen bestimmten Personentyp beschränken. Geister sind rätselhaft und nur schwer zu erfassen und sie erscheinen gerade denen, die am wenigsten damit gerechnet haben, also solchen Menschen, die eigentlich nicht dafür in Frage kommen.

Der irische Dichter W. B. Yeats glaubte ganz fest an die Existenz von Geistern und verbrachte zusammen mit Lady Gregory viel Zeit damit, die übernatürlichen Erfahrungen einfacher irischer Frauen und Männer zu sammeln und zu veröffentlichen. In seiner Yeats-Biografie schrieb G. K. Chesterton:

> … er hatte ein wirklich fundiertes Argument dafür und das habe ich nie vergessen. Es beruht auf der Tatsache, dass nicht ungewöhnliche Menschen wie Künstler, sondern vielmehr ganz normale Leute wie Bauern schon tausende Male Zeugen solcher Dinge gewesen sind; es sind die Bauern, die Feen zu Gesicht bekommen. Es ist der Landarbeiter, der den Spaten einen Spaten nennt und der auch einen Geist einen Geist nennt; es ist der Holzhacker, der sagt, dass er einen Mann am Galgen hat hängen sehen und dass danach sein Geist an derselben Stelle erschien.

Es wurde schon hundert-, wenn nicht gar tausendmal versucht, eine wissenschaftliche Erklärung für Geister zu finden, aber die Ergebnisse waren stets unzureichend. Ich bin der Meinung, dass die Betrachtung eines Geistes unter wissenschaftlichem Aspekt die eigentliche Natur dieser Legende völlig zerstört. Sicher glauben nur wenige Menschen wirklich ernsthaft, dass Anne Boleyns kopfloser Geist in einer schwarzen Kutsche mit ebenfalls kopflosen Pferden in der Gegend um Blickling Hall in Norfolk umhergaloppiert. Wird die Geschichte jedoch an einem düsteren und stürmischen Winterabend erzählt, während Wind und Regen an den Fenstern rütteln und der Raum von einer einzelnen Kerze spärlich erleuchtet ist, dann entfaltet der Zauber des Geschichtenerzählens seine wahre Wirkung. Ich denke, dass die meisten Leute lieber die schaurige Legende vom Geist der Catherine Howard hören wollen, der kreischend auf der

UNTEN: Die gespenstischen Ruinen des Monmouth Castle, in dem Heinrich V. geboren wurde.

Spukgalerie im Hampton Court Palace umhergeht, anstatt wissenschaftliche Studien zu lesen, die das Phänomen mit Hilfe statistischer Daten über Licht-, Feuchtigkeits- und Temperaturverhältnisse zu erklären versuchen.

Spukgeschichten sind ein Teil unseres kulturellen Erbes. Sie gehören nicht in die verlässliche Welt der Wissenschaft, sondern auf den Kinderspielplatz, in die Dorfkneipe und in unsere Fantasie. Viele dieser Legenden können einer wissenschaftlichen oder historischen Analyse eigentlich gar nicht standhalten. In einem Zeitalter der Raumfahrt, der Computer und Massenkommunikation erfreuen sich solche Geschichten dennoch wachsender Beliebtheit.

Dieses Buch enthält eine sehr persönliche Sammlung an Geistergeschichten. Dabei bestand mein größtes Problem weniger darin zu entscheiden, welche Geschichten ich in diese Sammlung aufnehmen wollte. Schwieriger war es, diejenigen auszuwählen, die weggelassen werden sollten. Ich begann zunächst Legenden von über 3000 gespenstischen Orten zusammenzutragen, von denen ich etwa 1200 selbst besucht hatte. Von diesen habe ich wiederum die unterhaltsamsten und abwechslungsreichsten Geschichten ausgewählt. Ich war mir bewusst, dass ich die Seiten dieses Buches ohne weiteres mit einer in Nebel gehüllten Prozession spukhafter weißer, blauer oder grauer Frauen hätte füllen können, ich habe aber in den meisten Fällen versucht, auch die entsprechenden Hintergründe der Legenden aufzuschreiben. Neben ihrem Unterhaltungswert war mir

OBEN: Auf diesem Holzschnitt sind die Hexen von Lancashire dargestellt.

UNTEN: Dieses Bild des präraffaelitischen Künstlers John Everett Millais stellt dar, wie ein Geist in der allgemeinen Vorstellung der Menschen aussieht.

LINKS: Bei Glastonbury Tor in Somerset soll es sich um die sagenhafte Insel Avalon handeln.

GEGENÜBER: Das Ballaghmore Castle in der Grafschaft Tipperary hat vielen grausamen Belagerungen standgehalten und wird vom Geist des Richard Ely heimgesucht, der einst von einem Wilderer brutal ermordet wurde.

bei der Auswahl der Geschichten vor allem wichtig, dass die jeweiligen Orte auch wirklich besucht werden können. Abgesehen von sehr wenigen Ausnahmen, ist jeder der hier genannten Orte der Öffentlichkeit zugänglich. Ich muss mich an dieser Stelle allerdings bei allen „Modernisten" dieses Genres für die mangelnde Berücksichtigung von Spukerscheinungen in Supermärkten, Waschsalons oder Bingo-Hallen entschuldigen. Ich bin ganz sicher kein Forscher mit übersinnlichem Gespür, sondern vielmehr ein Sammler volkstümlicher Geschichten. Für mich gehören Geister in windige Moorlandschaften, verfallene Burgruinen, alte Gasthöfe oder Herrenhäuser. Ich habe die Geschichten im Großen und Ganzen so wiedergegeben, wie ich sie erzählt bekam. Dabei habe ich nur selten zu erklären versucht, weshalb solche Dinge geschehen, sondern lasse es dabei bewenden, dass sie es tun. Da wir in einer Zeit leben, in der man scheinbar für alles eine Erklärung suchen muss, mag meine Herangehensweise zwar etwas naiv erscheinen, aber ich möchte behaupten, dass jeder Mensch im Leben etwas Rätselhaftes und Geheimnisvolles braucht, etwas zum Staunen und zum Nachdenken.

Meine Reise durch gespenstische Gefilde endete an den von Wind umpeitschten Mauern des Dunstanburgh Castle, wo ich die tosenden Wellen beobachtete, deren Schaum die zerklüfteten Felsen der einst mächtigen Festung umspülten. Ich dachte an belagerte Burgen, die aus einstigen Ruinen immer mächtiger emporstiegen, um dann durch Kriege und bittere Rivalitätskämpfe erneut zu Fall gebracht zu werden; an mystische Steinkreise, deren Ursprünge im Nebel der Zeit verloren gegangen sind und deren wahrer Zweck niemals wirklich enthüllt werden wird. Ich dachte dabei an die unsterblichen Worte Shakespeares:

*Wir sind aus dem Stoff*
*Aus dem die Träume sind, und unser kleines Leben*
*Ist von Schlaf umringt.*

Ich dachte daran, wie unglaublich unbedeutend wir Menschen im großen Kosmos der Dinge eigentlich sind. Und auf einmal fühlte ich mich seltsam beruhigt und sehr, sehr allein.

RICHARD JONES

# *Das* LAND

# DER ARTUSSAGE

*„Darum", sprach Artus, „nimm du Eskalibur, mein gutes Schwert, und geh damit zum Strand. Ich gebiete dir, wirf mein Schwert ins Wasser und komm zurück und berichte mir, was du gesehen hast."*

AUS: *DIE GESCHICHTEN VON KÖNIG ARTUS UND DEN RITTERN DER TAFELRUNDE* VON SIR THOMAS MALORY

# Cornwall, Devon & Somerset

Der Westen Englands ist ganz von geheimnisvollen Legenden erfüllt: von den zerklüfteten Klippen und windgepeitschten Landschaften Cornwalls mit ihren zeitlosen Dörfern aus der Keltenzeit bis hin zur ungezähmten Wildnis von Dartmoor mit seinen Geschichten von Geisterhunden und weiter bis zu den rollenden Feldern von Somerset, wo Jesus angeblich auf den grünen Weiden wandelte und die so genannte Insel Avalon in Form von Glastonbury Tor auf einer friedlichen Ebene emporragt. All das und die greifbaren Spuren einer nahezu 5000-jährigen Geschichte ergeben ein wirkungsvolles Gebräu aus prächtigen Fabeln und Mythen, die unsere Fantasie speisen und selbst die abgebrühtesten Stadtbewohner des 21. Jahrhunderts noch ehrfuchtsvoll innehalten lassen.

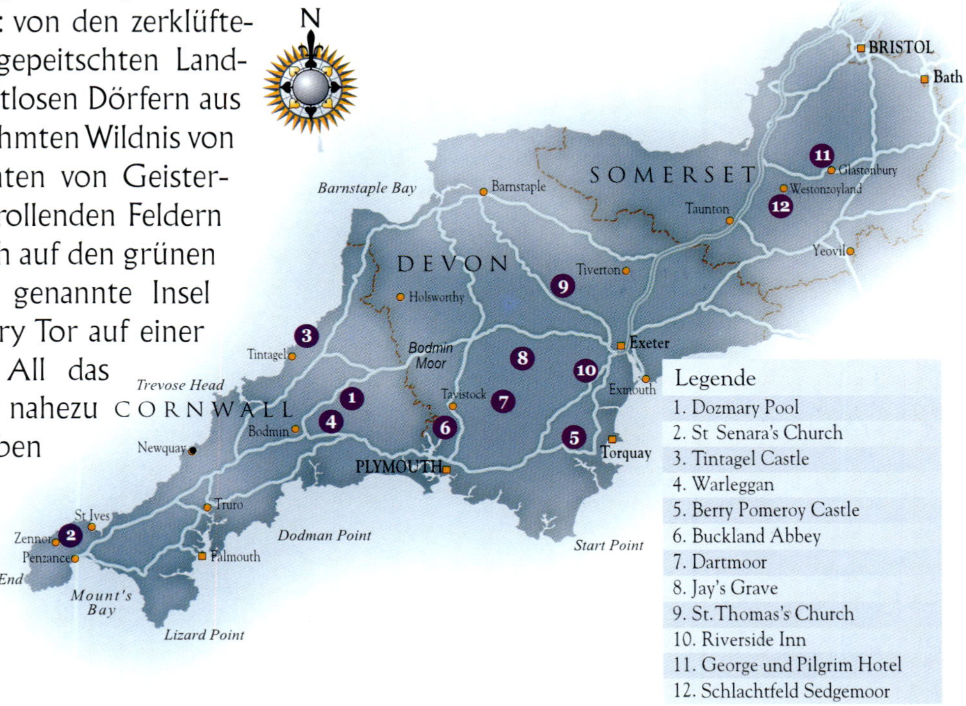


## Dozmary Pool

*Bodmin Moor, Cornwall*

Nur wenige Straßen führen in das wilde Hinterland des Bodmin Moors. Die schaurigen Überreste prähistorischer Dörfer liegen in der gespenstischen Landschaft verteilt, keltische Kreuze harren unermüdlich auf dem öden unversöhnlichen Boden aus und Steine bilden geheimnisvolle Kreise und wachen eifersüchtig über ihre Geheimnisse. Längst verlassene Stollen durchqueren das Land. Ihre dunklen, meist in dicke Nebelschwaden gehüllten Silhouetten strömen einen unheilvollen, gespenstischen Hauch aus. Die Gegend wirkt düster und unheimlich und bereits beim Betreten des feuchten Teppichs aus morastigen Grasbüscheln bekommt man die dämonische Stimmung zu spüren.

VORHERIGE SEITEN: Die Ruinen des Tintagel Castle, dem angeblichen Geburtsort des englischen Sagenkönigs Artus.

GEGENÜBER: Der Dozmary Pool im Bodmin Moor, wo man den sterbenden König Artus hinbrachte.

Im Herzen des Moores kräuselt sich das bleigraue Wasser eines Sees namens Dozmary Pool bis hin zu den felsigen Ufern, zu denen Sir Bedivere den sterbenden Artus gebracht haben soll und wo ein in weißen Samt gehüllter Arm emporstieg, den Griff des Schwertes Excalibur erfasste, es dreimal schwang und danach mit sich in die Fluten zog.

Am Ufer des Sees soll des Nachts angeblich ein finsterer Geist sitzen, dessen verzweifelte Schreie selbst durch die wildesten Herbststürme hindurch zu vernehmen sind. Es handelt sich dabei um den Geist des Jan Treagle, eines der strengsten und gefürchtetsten Richter des 17. Jahrhunderts. Während einige behaupten, dass er seine Frau und seine Kinder umgebracht haben soll, sagen andere, er habe sein Richteramt dazu missbraucht, sich das rechtmäßige Erbe eines in der Gegend lebenden Waisenkindes anzueignen. Zur Strafe wurde sein Geist zu ewigen Qualen verdammt. Nacht für Nacht muss er versuchen, den See mit einem löchrigen Schneckengehäuse leer zu schöpfen, während ein Rudel kläffender Jagdhunde nach seinen Knöcheln schnappt und dafür sorgt, dass er von seiner unlösbaren Aufgabe keine Sekunde lang ablässt.

# St. Senara's Church

## *Zennor, Cornwall*

In dem winzigen malerischen Dörfchen Zennor steht eine historische Kirche, die der Heiligen Senara geweiht ist. Versteckt in einer Nische befindet sich ein Stuhl, dessen unvergängliche Narben darauf hinweisen, dass er mehr als fünfhundert Jahre in ständigem Gebrauch gewesen ist. Die Lehne ist auf einer Seite mit der geschnitzten Gestalt einer Meerjungfrau verziert, die im Mittelalter als christliches Symbol weit verbreitet war.

Der dortigen Legende nach soll die Figur jedoch an ein tatsächliches Ereignis erinnern, bei dem eine Meerjungfrau durch den Gesang eines Chorknaben namens Matthew Trewhella ans Ufer gelockt worden sei. Jeden Sonntag saß die Meerjungfrau hinter der Kirche und lauschte gebannt dem Klang seiner wunderschönen Stimme, bis sie eines Tages der Verlockung nicht mehr widerstehen konnte. Sie lockte ihn von der Kirche fort und führte ihn an einem winzigen Bächlein entlang, das noch heute durch das Dorf plätschert, bis zum Meer in der Nähe der Pendour-Bucht. Von diesem Tag an ward Matthew Trewhella nie wieder gesehen. Wer jedoch an einem warmen Sommerabend an der malerischen Bucht, die heute Mermaid's Cove (Meerjungfrauenbucht) heißt, entlangspaziert, soll angeblich die Stimmen der beiden Liebenden vernehmen können, die jenseits der aufschlagenden Wellen glücklich miteinander singen.

OBEN: Der Meerjungfrauenstuhl in der Kirche St. Senara, Zennor.

# Tintagel Castle

## *Tintagel, Cornwall*

Die einst mächtige Festung, von der heute nur noch zerklüftete Überreste zu sehen sind, wurde zwar erst 1236 errichtet, gilt aber der Legende nach als Geburtsort des englischen Sagenkönigs Artus, Sohn des Uther Pendragon. Die düsteren Steinmassen sind durch das unaufhörliche Treiben des Meeres durchbrochen worden und Jahr für Jahr versinken die grauen Felsen immer tiefer in den tosenden Fluten, bis eines Tages auch die Überreste der Festung fortgespült werden und ihr mächtiger Zauber nur noch in der Erinnerung existieren wird.

Im Laufe der langen Überlieferung ist die Legende um die Ruinen und die angrenzende Region mit vielen gespenstischen Geschichten ausgeschmückt worden. Der Geist des Zauberers Merlin soll angeblich in einer dunklen, feuchten Höhle umherspuken, die sich in der nach ihm benannten Bucht unterhalb der Festung befindet. Diejenigen, die sich in das eisige Innere der Höhle hineinwagen und die mächtigen schwarzen Mauern aus zerklüfteten Felsen emporschauen, bekommen einen schaurigen Hauch zu spüren, dem sie nie länger als ein paar Momente lang standhalten können.

*„Kein Nebel, kein Wind, kein Regen, keine Kirchengemeinde."*

REVEREND F. W. DENSHAM, PFARRER VON WARLEGGAN VON 1931 BIS 1953

Es wird noch immer darüber diskutiert, ob Merlin oder Artus überhaupt jemals einen Fuß in diese abgelegene und zerklüftete Wildnis gesetzt haben. Durch den 1998 entdeckten Stein „Arthnou Stone" wurde der Glauben an die Legende um König Artus jedoch erneut wachgerüttelt. Der Stein trägt eine lateinische Inschrift aus dem 6. Jahrhundert, die übersetzt folgendes bedeutet: „Artognou, Vater eines Nachkommens des Col, fertigte dies". Man geht davon aus, dass es sich hierbei um den Grundstein einer weitaus älteren Festung handelt. Die Ähnlichkeit der Namen „Artognou" und „Artus" stellt eine interessante Verbindung zwischen diesem mystischen Ort und einem König Artus her, der wirklich existiert hat.

Die Besucher, die zu tausenden aus allen Winkeln der Erde angereist kommen und den unwegsamen Aufstieg zu den Ruinen auf dem Felsengipfel auf sich nehmen, brauchen jedoch keinerlei Beweise dafür, ob Artus tatsächlich etwas mit diesem Ort zu tun hatte. Für sie ist dies eine faszinierende Stätte, an der Geschichte und Legende miteinander verschmelzen und Merlins Zauber seine mächtige Wirkung entfaltet.

## Warleggan

*Cornwall*

Im Jahre 1931 kam Reverend F. W. Densham in die kleine Ortschaft Warleggan, um das Amt des Pfarrers in der dortigen Kirche St. Bartholomäus anzutreten. Er war einundsechzig Jahre alt, ein untersetzter Mann mit kantigem Kinn, der viel umhergereist war und stark auf seiner Meinung beharrte. In seinem ersten Amtsjahr in Warleggan hatte er seine Gemeinde durch seinen autokratischen Stil so abgeschreckt, dass diese den Bischof von Truro um seine Amtsenthebung ersuchten. Da sie mit ihrem Antrag jedoch keinen Erfolg hatten, boykottierten sie kurzerhand die Gottesdienste, sodass der Pfarrer jeden Sonntag in einer leeren Kirche predigen musste und die Bänke mit Pappfiguren besetzte, die er mit den Namen ehemaliger Pfarrer versah. Woche für Woche notierte er bissig in seinem Register: „Kein Nebel, kein Wind, kein Regen, keine Kirchengemeinde." Als diese Fehde auch außerhalb der Gemeinde bekannt wurde, erlangte Reverend Densham einen hohen Berühmtheitsgrad und in den 50er Jahren platzte seine Kirche zum Sonntag vor lauter Reportern und Journalisten oftmals fast aus allen Nähten.

Sein Tod im Jahre 1953 war jedoch genauso einsam wie sein Leben. Er starb im Treppenhaus des Pfarrhauses, wo er erst zwei Tage später gefunden wurde. Als man schließlich seinen Leichnam entdeckte, konnte man sehen, dass er zum Zeitpunkt seines Todes gerade den Arm nach dem Glockenstrang ausgestreckt hatte, das heißt, dass er sogar im letzten Moment seines Lebens versucht hatte, seine abspenstige Gemeinde in der Kirche zu versammeln.

## Berry Pomeroy Castle

*Berry Pomeroy, Devon*

Die alte und mächtige Familie Pomeroy war einst im Zuge der normannischen Eroberung nach Devon gekommen, aber das nach ihr benannte Schloss stammt erst aus dem 15. Jahrhundert.

Aufgrund ihrer Teilnahme an der religiösen Bewegung im Jahre 1549 soll König Eduard VI. angeblich die Beschlagnahmung des Anwesens angeordnet haben. Als seine Truppen jedoch am Schloss ankamen, um den königlichen Befehl durchzusetzen, legten die beiden Pomeroy-Brüder, denen das Anwesen gehörte, ihre Rüstungen an, verbanden ihren Pferden die Augen und galoppierten über die Festungsmauern, wo sie vor den Füßen der überraschten Soldaten zu Tode stürzten.

Das Schloss wurde danach vom königlichen Protektor, Edward Seymour, übernommen und diente nach seiner Hinrichtung im Jahre 1552 als Wohnsitz für seinen Sohn, der ebenfalls Edward hieß. Die Familie baute das Anwesen aus und ließ ein riesiges Herrenhaus errichten. Als dieses im Jahre 1685 vom Blitz getroffen wurde, verloren die Besitzer jedoch jegliches Interesse daran. Seit 1701 ist das Schloss dem Verfall preisgegeben.

Heute ragen die Ruinen der einst mächtigen Festung auf ihrem Felsenthron über einer bewaldeten Schlucht gespenstisch in die Höhe und man erzählt sich, dass in ihren verfallenen Mauern mehrere Geister umherspuken. So wandelt im hohlen Gemäuer des alten Herrenhauses angeblich eine „blaue Frau" umher, bei der es sich um die Tochter der Pomeroy-Familie handeln soll. Diese soll das Kind, das sie von ihrem eigenen Vater erwartete, unmittelbar nach der Geburt erstickt haben und muss nun zur Strafe bis in alle Ewigkeit reumütig in den Ruinen weilen. Der gespenstischste Teil der Ruine befindet sich jedoch unter dem im 15. Jahrhundert errichteten Margaret Tower (Margaretenturm). Von dort aus gelangt man über eine steinerne Wendeltreppe in ein dunkles feuchtes Kellergewölbe, dessen bemooste Mauern einen schaurigen Hauch verströmen.

Hier hatte die gottlose Eleanor Pomeroy ihre Schwester Margaret gefangen gehalten und verhungern lassen, da sie beide denselben Mann liebten und Eleanor ihre Schwester um deren Schönheit beneidete. Der nebelhafte Geist Margarets spukt in den Tiefen des Turmes umher und viele Besucher haben schon den kalten Hauch ihres unsichtbaren Geistes spüren können, als sie auf der spärlich beleuchteten Treppe, die zu ihrem ewigen Gefängnis hinabführt, sanft an ihnen vorbeirauschte.

## Buckland Abbey

*Yelverton, Devon*

Die verschlafenen Gemäuer der Abtei verschmelzen harmonisch mit der friedlichen waldreichen Umgebung und es kann wohl kein Besucher leugnen, dass hier die Zeit stehen zu bleiben scheint.

GEGENÜBER: In den gespenstischen Ruinen des Berry Pomeroy Castle können die Besucher zuweilen den kalten Hauch eines unsichtbaren Geistes verspüren, der an ihnen vorbeigeht.

OBEN: Dämonenhunde sind überall in der gespenstischen Landschaft Dartmoors zu finden.

Im Jahre 1582 kaufte Sir Francis Drake die Abtei und leitete umfassende Umbaumaßnahmen ein, die laut Überlieferung bereits nach drei Nächten abgeschlossen waren, weil er angeblich die Hilfe des Teufels dazu in Anspruch nahm. Als Strafe für seinen dämonischen Pakt soll Drake fortan dazu verdammt gewesen sein, in windigen, mondlosen Nächten mit einer von vier kopflosen Pferden gezogenen schwarzen Leichenkutsche durch Dartmoor zu fahren. Der gespenstische Leichenzug wird dabei von einem schaurigen Rudel bellender Jagdhunde begleitet, deren höllisches Jaulen auf der Suche nach den Seelen ungetaufter Kinder von den ungestümen Winden davongetragen wird.

Im Gebäude selbst befindet sich noch heute die Trommel, die auf Drakes Geheiß angeblich in die Buckland Abtei zurückgebracht wurde, als dieser im Januar 1596 an Bord seines Schiffes vor der Küste von Porto Bello in Panama im Sterben lag. In dieser zerbeulten alten Trommel soll Drakes Geist leben und die Legende besagt, dass ihr Trommelschlag immer dann zu hören sei, wenn sich England in Gefahr befinde. So konnte man das Trommeln am Vorabend der Schlacht bei Trafalgar vernehmen und erneut im Jahre 1939, als Europa ein weiterer grausamer Krieg bevorstand.

## DARTMOOR

### *Devon*

Mit einer düsteren Stimmung voller Trostlosigkeit, prähistorischen Überresten, grausamer Einsamkeit und übel riechenden Morasten ist Dartmoor selbst an einem wunderschönen Sommertag nur von Furcht einflößender Wildnis geprägt. Wenn jedoch ein scharfer Wind heulend über das düstere Riedgras weht und das Moor von feuchten Nebelschwaden umhüllt wird, dann wird es zu einem Ort voller Albträume, mit abscheulichen Kreaturen, die mit teuflischen Absichten in der Gegend ihr Unwesen treiben.

Auf dem Friedhof von Buckfastleigh steht eine seltsame Hütte, in der sich der Sarg des Gutsherrn Richard Cabell befindet, dessen Tod im Jahre 1677 angeblich von einem Rudel Geisterhunde angekündigt wurde, die aus den Tiefen des Moores emporstiegen und seine Seele in die Hölle geleiteten. Da die Leute aus der Gegend befürchteten, dass sie nie vor ihm sicher sein würden, errichteten sie eine gesonderte Hütte, in der er begraben wurde. Damit er nicht entkommen konnte, legten sie seinen Sarg unter einen schweren Stein, setzten ein massives Grabmal darauf und sicherten das Ganze mit schweren Eisenstangen.

Diese Vorsichtsmaßnahmen erwiesen sich allerdings als nutzlos. In stürmischen Nächten soll sich nämlich ein gespenstisches Rudel Höllenhunde bellend um sein Grab versammeln, woraufhin der Geist von Richard Cabell erscheint und mit ihnen in der windgepeitschten Moorlandschaft auf Jagd geht. Kinder aus der Gegend gingen früher nachts des Öfteren zu dieser Hütte, liefen dreizehnmal um sie herum und steckten einen zitternden Finger durch das Schlüsselloch, um zu sehen, ob der Geist hineinbeißt.

Solche Legenden haben auch Sir Arthur Conan Doyle im Jahre 1901 nach Dartmoor gelockt. Auf seiner Reise durch die abgeschiedenen Dörfer in der Gegend um das Moor, bei der er auch das abgelegene Hinterland durchquerte und dabei die düstere Stimmung der sumpfigen Moraste einatmete, wurde er von einem jungen Kutscher namens Harry Baskerville begleitet.

UNTEN: Liegen in diesem geheimnisvollen Grab tatsächlich die Gebeine einer Selbstmörderin aus dem 18. Jahrhundert?

OBEN: In der windgepeitschten Wildnis von Dartmoor herrscht eine Stimmung düsterer Trostlosigkeit.

Doyle war vom vornehmen Klang dieses Namens so beeindruckt, dass er den jungen Mann fragte, ob er ihn in einer seiner Geschichten verwenden dürfe. Dies war der Hintergrund für das wohl berühmteste und schaurigste Abenteuer seiner Romanfigur Sherlock Holmes: ***Der Hund von Baskerville.***

## JAY'S GRAVE
### *Dartmoor, Devon*

Auf der Strecke zwischen Heatree Cross und Hound Tor liegt eines der wohl beeindruckendsten Grabmäler Dartmoors – das Grab von Kitty Jay. Von der Frau, die hier beerdigt sein soll, ist der Legende nach nur so viel bekannt, dass sie eine Weise aus dem 18. Jahrhundert gewesen sein soll, die von einem untreuen Liebhaber ruiniert und verlassen wurde und sich daraufhin erhängte. Wie es der damalige Brauch mit Selbstmördern vorsah, rammte man einen Pfahl tief in ihr Herz hinein und begrub den Leichnam an einer Wegkreuzung.

Im Jahre 1860 entdeckte man ihre sterblichen Überreste und bettete sie in das heutige Grab am Wegesrand, auf dem noch viele Jahre später jeden Morgen auf geheimnisvolle Weise frische Blumen standen. Selbst im Winter, wenn wilde Schneestürme über die Moorlandschaft peitschten und ihren dicken weißen Teppich auslegten, tauchten die frischen Blumen auf, aber um das Grab herum waren keinerlei Fußspuren im Schnee zu finden. Heute erzählt man sich von einer weiblichen Gestalt ohne Füße, die schon des Öfteren dabei beobachtet wurde, wie sie gespenstisch über das Grab der Kitty Jay schwebte.

## ST. THOMAS'S CHURCH
### *Lapford, Devon*

Auf dem Dorffriedhof von Lapford befindet sich ein geheimnisvolles Grabmal. Es erinnert an Reverend John Arundel-Radford, der Mitte des 19. Jahrhunderts als Gemeindepfarrer tätig war und aus ungeklärten Gründen seinen Hilfspfarrer ermordete. Bei der anschließenden Gerichtsverhandlung wurde er für diese Tat jedoch von den Geschworenen freigesprochen, und zwar mit der Begründung, dass sie noch niemals einen Pfarrer gehenkt hätten und auch jetzt nicht damit anfangen wollten.

Nach der Verhandlung kehrte der mordlustige Pfarrer wieder zu seiner Gemeinde zurück, wo er sein Amt bis zu seinem Tod im Jahre 1867 ausübte. Er hinterließ eine trauernde Witwe, ein bescheidenes Anwesen und die drohende Gefahr, dass sein Geist im Dorf sein Unwesen treiben würde, falls man seinen Leichnam nicht im Inneren der Kirche begrübe. Angesichts seiner einstigen Straftat wurde jedoch auf höherer Ebene entschieden, dass er außerhalb der Kirche begraben werden sollte. Seitdem wandelt sein verächtlich dreinblickender Geist, wie einst prophezeit, des Öfteren in der Gegend umher.

Der Legende nach soll das steinerne Kreuz auf dem Grab des Pfarrers nicht eher aufrecht stehen, bis seine letzte Ruhestätte ins Kircheninnere verlegt werde. Beim Betreten des Friedhofs bietet sich jedoch sofort ein bizarrer Anblick: Wirklich sämtliche Grabsteine stehen in Schräglage in einem wirren Durcheinander – mit Ausnahme eines einzigen, nämlich des aufrecht emporragenden Kreuzes auf dem Grab von Reverend John Arundel-Radford.

OBEN: Ist dies das Schwert, mit dem Thomas Becket im Dezember 1170 ermordet wurde?

UNTEN: In dem im 15. Jahrhundert erbauten George and Pilgrim Hotel in Glastonbury spukt der Geist eines liebeskranken Mönchs aus dem Mittelalter und der seiner unerreichbaren Geliebten.

## RIVERSIDE INN

### *Bovey Tracey, Devon*

An einem Holzbalken an der Rezeption dieses reizenden Gasthofes befindet sich das Schwert, mit dem Thomas Becket, der Erzbischof von Canterbury, getötet worden sein soll. Die Familie Tracey, deren Name sich in einem Teil der Ortsbezeichnung wiederfindet, war im Zuge der normannischen Eroberung nach England gekommen und hatte große Ländereien in der Grafschaft Devon erworben. Im Dezember des Jahres 1170 ermordete William Tracey, einer der vier Ritter, Thomas Becket in der Kathedrale zu Canterbury. Auf seinem Rückweg nach Devon soll er die Mordwaffe in den River Bovey geworfen haben. 300 Jahre später, beim Anlegen des Mühlkanals, der noch heute hinter dem Gasthof verläuft, wurde das Schwert schließlich entdeckt und ziert seitdem die Rezeption. Die Echtheit der Waffe ist stark umstritten – und lässt sich heute sowieso nicht mehr nachweisen. Aber man ist sich zumindest darüber einig, dass das Schwert aus der Becket Zeit stammt.

Der Gasthof beherbergt aber nicht nur dieses geheimnisvolle Relikt, sondern es scheint auch darin zu spuken. Ende der 1990er Jahre wurde eine Amerikanerin, die dort als Hotelgast weilte, eines Nachts von starkem Brandgeruch geweckt. Sie legte daraufhin feuchte Handtücher unter ihre Zimmertür, war dann jedoch durch den beißenden Qualm so beunruhigt, dass sie ihr Zimmer verließ und sich auf der Suche nach der Brandursache machte – aber ohne Erfolg. Als sie sich am nächsten Morgen beim Hotelpersonal beschwerte, erfuhr sie, dass es jene Nacht außerordentlich warm gewesen und deshalb nirgendwo im ganzen Hotel Feuer angezündet worden sei.

## GEORGE AND PILGRIM HOTEL

### *Glastonbury, Somerset*

An der Hauptstraße der Stadt Glastonbury befindet sich das George and Pilgrim Hotel, das im Jahre 1474 als Herberge für die Besucher der nahe gelegenen Benediktinerabtei erbaut wurde. Hinter seiner herrlichen Steinfassade mit den geteilten Fenstern verstecken sich schmale Flure mit niedrigen

Holzbalken, eine alte steinerne Wendeltreppe und mindestens zwei Geister.

Bei einem handelt es sich um den Geist eines Mönches, der schon von vielen Hotelgästen dabei beobachtet wurde, wie er in den frühen Morgenstunden, in denen die Stille nur vom Knarren der alten Holzdielen durchbrochen wird, durch die dunklen Flure schwebt. Auf seinen Spaziergängen folgt ihm zuweilen eine elegante Dame mit einem verlangenden schwärmerischen Blick im blassen, ausgezehrten Gesicht. Ein Spiritist aus Deutschland, der regelmäßig im Hotel weilt, hat der Direktorin berichtet, dass es sich dabei um zwei Liebende aus der einstigen Abtei handelt. Da der Mönch jedoch ein Keuschheitsgelübde abgelegt hatte, blieb ihre Liebe unerfüllt und wegen der Verbitterung darüber sind ihre Seelen dazu verdammt, bis in alle Ewigkeit auf den Korridoren des Hotels zu wandeln.

Im Jahre 1907 bekam Frederick Bligh Bond den Auftrag, die aus dem 12. Jahrhundert stammenden Ruinen der Abtei freizulegen. Bei seinen Ausgrabungen stieß er auf zwei bis dahin noch unbekannte Kapellen sowie allerhand andere beeindruckende Fundstücke. 1916 bekannte er in seinem Buch ***Gates of Remembrance***, dass er bei seiner Arbeit von den Geistern längst verstorbener Mönche geführt worden sei, die über seinen mit übersinnlichem Gespür ausgestatteten Freund John Bartlett mit ihm kommunizierten. Die Kirchenoberhäupter waren von dieser Enthüllung so aufgebracht, dass man ihn trotz des offensichtlichen Erfolgs seiner Arbeitsmethoden unverzüglich entließ.

## Schlachtfeld Sedgemoor

*Westonzoyland, Somerset*

Sedgemoor ist ohne Zweifel eines der bekanntesten Schlachtfelder Englands. Zwei riesige Bäume ragen wie Wachposten über einem Gedenkstein, der zur Erinnerung an die Männer beider Seiten aufgestellt wurde, die in der hier ausgetragenen Schlacht in den frühen Morgenstunden des 6. Juli 1685 ihren Tod fanden und „auf diesem Feld begraben liegen".

In der Morgendämmerung jenes Sommertages musste James Duke of Monmouth – ein unehelicher Sohn Karls II. – mit ansehen, wie seine Hoffnung auf die Übernahme des englischen Thrones von seinem Onkel, Jakob II., zusammen mit den unzähligen Leibern seiner toten und sterbenden Gefolgschaft im Schlamm des Schlachtfeldes zu Sedgemoor begraben wurde. Monmouth wurde am 15. Juli 1685 hingerichtet. Kurz darauf befahl der berüchtigte Richter George Jeffreys im Zuge seines grausamen Vergeltungsakts („Bloody Assizes") auch die Hinrichtung einer Vielzahl von Monmouths treuen Anhängern.

Das grausame Kampfgetümmel, die zerschlagenen Hoffnungen und das entsetzliche Leid haben in dieser Gegend ihre Spuren hinterlassen und noch heute sind die Geister jener längst vergangenen Schlacht überall auf dem Feld zu spüren. Ortsansässige Bauern berichten über Geister, die mit ihren Pferden über das morastige Land galoppieren, oder über geisterhafte Stimmen, die den verdutzten Zeugen vom anderen Ufer des Flusses Carey zurufen: „Komm herüber." Sie berichten über Monmouths zitternden Schatten, der dazu verdammt ist, seine feige Flucht vom Schlachtfeld, bei der er seinen Kameraden angeblich weit davongelaufen sein soll, bis in alle Ewigkeit zu wiederholen. Der wohl tragischste Geist an diesem geschichtsträchtigen Ort ist jedoch der eines jungen Mädchens, deren Geliebter von den königlichen Truppen gefangen genommen wurde. Dem als guten Sportler bekannten jungen Mann wurde das Leben versprochen für den Fall, dass er schneller als ein galoppierendes Pferd laufen könne. Als er sich dem Wettlauf stellte, wurde er von den Soldaten kaltblütig und vor den Augen seiner Liebsten niedergeschossen. Das trauernde Mädchen ertränkte sich daraufhin im River Carey und ihr Geist kehrt regelmäßig an diesen Ort zurück, um auf der Todesstrecke ihres Geliebten zu wandeln. Ihre traurigen Besuche werden dabei zuweilen von donnernden Hufschlägen begleitet, und sobald sich das einstige Schlachtfeld in Zwielicht hüllt, bekommt auch der skeptischste Besucher einen kalten Windhauch zu spüren, der das verzweifelte Keuchen eines unsichtbaren Läufers erahnen lässt.

OBEN: Der zitternde Schatten des Duke of Monmouth ist dazu verdammt, seine feige Flucht vom Schlachtfeld zu Sedgemoor jedes Jahr aufs Neue zu wiederholen.

# *Die* BLUTGETRÄNKTE LANDSCHAFT, *in der* ENGLAND GEBOREN WURDE

*Wenn Abend mit des Dämmers Schein,*
*Und schwachem Strahl den fliehenden Tag vergoldet,*
*Mit atemlosem Blick und grauenerbleichter Wange,*
*Der säumige Schäfer erschaudernd durch die Mär,*
*Dass zu Mitternacht, bei des Mondes kaltem Glanz,*
*Unirdische Schatten winden fort den unsichtbaren Tanz;*
*Und dann in jedes flüsternd Hauches wehn,*
*Sein eifrig Wahn hört dumpfer Seufzer Klang.*

Aus *Stonehenge*
von Thomas Stokes Salmon

# Dorset, Wiltshire & Hampshire

Dominiert von der weiten Kalksteinebene von Salisbury, bildete diese sagenumwobene Landschaft das Herz des sächsischen Königreiches Wessex, aus dem unter der Führung von Alfred dem Großen etwa 1100 Jahre später England hervorging. Lange vor König Alfred hatten schon andere geheimnisvolle Völker ihre Schatten über das Land geworfen, deren Spuren uns noch heute, etwa 3 bis 4 Jahrtausende später, in Verwunderung und Erstaunen versetzen. Sie meißelten seltsame Figuren und weiße Pferde in die Kalkberge und legten gigantische Erdwälle an, die auf spätere Generationen so imposant wirkten, dass man sie dem Teufel zuschrieb. Den wohl größten Eindruck haben jedoch die beiden riesigen Steintempel bei Avebury und Stonehenge hinterlassen. Der magische Zauber dieser Kultstätten aus den Anfängen unserer Zeit lädt Besucher aus aller Welt zu erfurchtsvollem Staunen ein.

Legende
1. Bottlebush Down
2. Clouds Hill
3. Corfe Castle
4. Avebury
5. The Haunch of Venison
6. Littlecote House Hotel
7. Parsonage Wood
8. The Eclipse
9. Netley Abbey
10. Rufus Stone

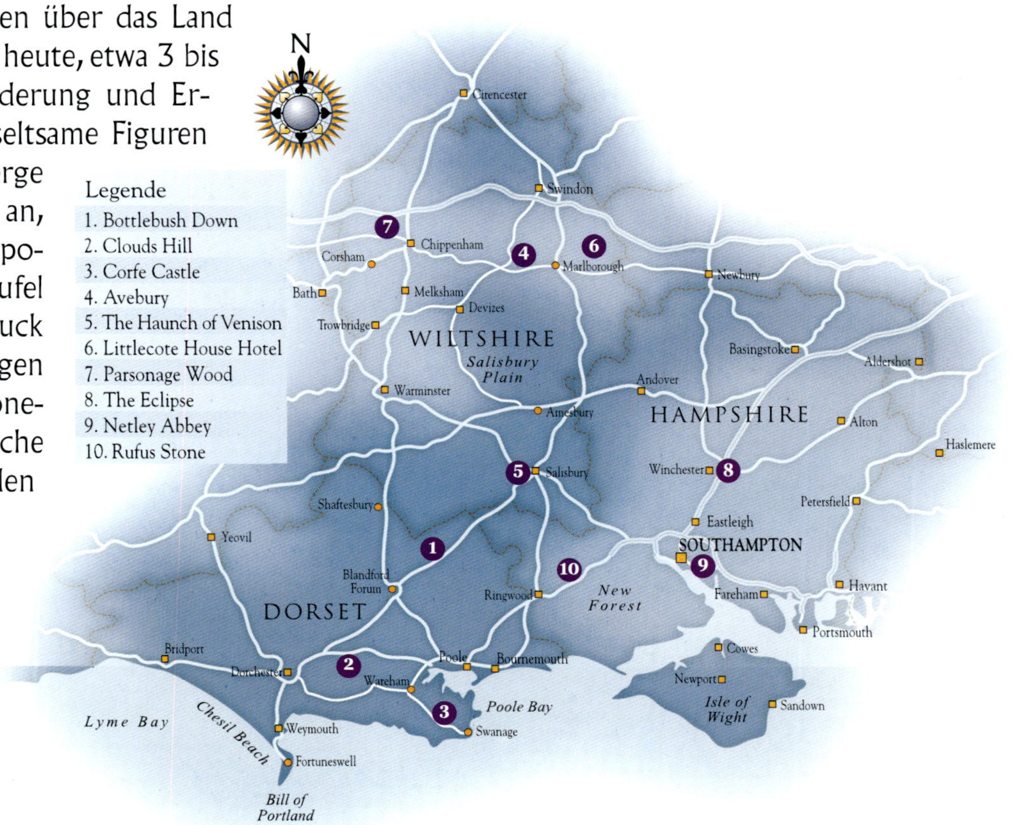


## Bottlebush Down

### *Bei Sixpenny Handley, Dorset*

Als der Archäologe R.C. Clay, der die Arbeiten an einer bronzezeitlichen Ausgrabungsstätte nahe Christchurch leitete, im Jahre 1924 eines Nachts den einsamen Abschnitt der A3081 durch die Hügellandschaft Bottlebush Down entlang fuhr, bemerkte er plötzlich einen Reiter, der neben seinem Auto her galoppierte. Der Mann, der sein Pferd ohne Zügel und Steigbügel nur mit seinen nackten Beinen vorantrieb, trug einen langen wehenden Umhang, schwang eine Art Waffe grimmig über seinem Kopf und verschwand schließlich in den Hügeln von Bottlebush Down. Der verwunderte Archäologe, der seinen Augen nicht traute und diese Erscheinung nicht einfach als eine Art Spuk abtun wollte, kehrte in den darauf folgenden Wochen mehrmals zu dieser Stelle zurück. Nachdem er die Wahrscheinlichkeit einer optischen Täuschung ausgeschlossen hatte und keinerlei andere wissenschaftliche Erklärung dafür fand, musste er sich schließlich widerwillig eingestehen, dass er zu der langen Reihe von Menschen gehörte, die den spukenden Reiter von Bottlebush Down zu Gesicht bekommen haben.

Zwar liegt diese Gegend in friedlicher Abgeschiedenheit, doch gibt es viele Beweise dafür, dass hier einst reges Treiben herrschte. Die Vielzahl der flachen, runden Hügelgräber, die überall in der Landschaft verteilt sind, lässt auf eine große Be-

VORHERIGE SEITE: Die von unseren Vorfahren verehrten Götter sind noch heute in Europas größter Steinkreisanlage bei Avebury zu spüren.

GEGENÜBER: Bei Einbruch der Dunkelheit reitet Englands ältester Geist durch die grüne Landschaft von Bottlebush Down.

völkerungszahl vor 2000 bis 3000 Jahren schließen. Der als „Cursus" bezeichnete riesige Erdwall, der sich über fast sechs Meilen erstreckt, muss einst schwer besetzt gewesen sein und diente später als Grenzübergang für die römische Verbindungsstraße zwischen Salisbury und Badbury. Der Geisterreiter – den Schafhirten mit ihrer weidenden Herde, Radfahrer auf ihrem Heimweg durch die dämmernde Landschaft von Bottlebush Down und Wanderer bei ihrem Abendspaziergang an der frischen Landluft zu Gesicht bekommen haben – könnte ein Angehöriger der einst hier lebenden Völker gewesen sein oder aber, laut fachkundiger Einschätzung des Archäologen R. C. Clay, aus der späten Bronzezeit stammen. Wer dieser kriegerische Reiter zu Lebzeiten auch gewesen sein mag, man kann davon ausgehen, dass es sich bei ihm um den wahrscheinlich ältesten Geist Englands handelt!

# Clouds Hill

## *Bovington, Dorset*

Das weiß getünchte Landhaus, das versteckt hinter einer hohen Rhododendron-Hecke liegt, war nichts weiter als eine Ruine, als es Thomas Edward Lawrence, der als „Lawrence von Arabien" weltweit bekannt wurde, im Jahre 1925 käuflich erwarb. In den darauf folgenden zehn Jahren ließ Lawrence umfassende Baumaßnahmen durchführen, beendete sein Buch ***Die sieben Säulen der Weisheit*** und empfing große Literaten wie Thomas Hardy, George Bernard Shaw und E. M. Foster, – der das Gebäude als „schlichtes Häuschen, neugierig einladend mit seinen Holzkaminen und dem geschwätzigen Grammophon" beschrieb.

Im Jahre 1935 verließ Lawrence die britische Luftwaffe und zog sich nach Clouds Hill zurück. Dort lebte er in vollkommener Zufriedenheit und schrieb im Mai desselben Jahres an Nancy Astor: „Nichts würde mich von hier fortbringen. Es ist

> *»Ein schlichtes Häuschen, neugierig einladend mit seinen Holzkaminen und dem geschwätzigen Grammophon«*
>
> E. M. FORSTER, NACH SEINEM BESUCH IN CLOUDS HILL

das Paradies auf Erden und ich bleibe hier." Fünf Tage, nachdem er diese Zeilen geschrieben hatte, war er tot – getötet, als er bei einer Fahrt mit seinem Motorrad zwei entgegenkommenden Jungen ausweichen wollte. Was er in seinem Brief an Lady Astor zum Ausdruck gebracht hatte, erwies sich jedoch als Prophezeiung, denn schon bald darauf wurde beobachtet, wie sein Geist in einem prachtvollen arabischen Gewand bei Einbruch der Dunkelheit in sein geliebtes Landhaus zurückkehrte. Von den umliegenden Landstraßen her soll zuweilen das Dröhnen seines Motorrades durch die Stille der Nacht hallen. Das berichten viele Leute, die in der Nähe des winzigen Häuschens leben, in dem „Lawrence von Arabien" endlich den Frieden fand, der ihm so lange verwehrt geblieben war und den er – zumindest als Mensch – nur so kurze Zeit erleben durfte.

OBEN: Der Geist des „Lawrence von Arabien" fährt in Dorset noch heute auf einem gespenstischen Motorrad der Marke Brough Superior umher!

## Corfe Castle

*Wareham, Dorset*

Von der einst mächtigen Festung, die majestätisch auf steilen Klippen thronte, ist heute kaum mehr als ein hohles Gerippe zu sehen. Nachdem man die steinerne Brücke über den tiefen Burggraben überschritten hat, führt der Weg an dicken Steinsäulen vorbei und durch schmale Gänge, deren alte Mauern sich in einem seltsamen, fast beängstigenden Winkel zur Seite neigen.

Die ursprünglich von Wilhelm dem Eroberer errichtete Festung wurde unter König Johann später als Königspalast ausgebaut, dessen melancholische Überreste bis heute überlebt haben. Während des englischen Bürgerkriegs wurde das Schloss von der gefürchteten Lady Bankes verteidigt, bis diese schließlich aus den eigenen Reihen verraten wurde. Als die parlamentarischen Truppen die Festung in Besitz nahmen, wurde das Gebäude weitgehend zerstört. Sie brachten die mächtigen Mauern zum Einsturz und untergruben die Grundmauern, bis kurze Zeit später nichts weiter davon übrig war als die hohle Hülle, die noch heute zu sehen ist.

Bald darauf begann sich eine geheimnisvolle Aura um die Überreste der einst prachtvollen Säulen zu legen und die Leute flüsterten sich Geschichten von geisterhaften Erscheinungen zwischen den verfallenden Mauern zu. Man berichtete von seltsamen flackernden Lichtern, die sich des Nachts auf den Mauern umherbewegten. Das herzerweichende Schluchzen eines weinenden Kindes in einem Landhaus am Fuße des Festungshügels war zu vernehmen. Der wohl hartnäckigste aller Geister in dieser alten Burgruine ist der einer kopflosen „weißen Frau". Ihr schimmernder Schatten lässt alle, die ihm zufällig begegnen, vor Schreck erstarren, bis sie sich umdreht und langsam wieder im Nichts verschwindet.

## Avebury

*Avebury, Wiltshire*

Die kleine Ortschaft Avebury ist in einem Umkreis von fast einer Meile von altertümlichen Erdwällen und Gräben umgeben. Auf einem der Wälle befindet sich die größte Steinkreisanlage Europas mit mehreren einzelnen Steinkreisen, die aus einer Zeit zwischen 4000 und 2400 vor Christus stammen. Es ist ein Ort voller Geheimnisse, an dem die einst von unseren Vorfahren verehrten Götter noch immer zu spüren sind.

Im 14. Jahrhundert – wahrscheinlich auf Anweisung der Kirche – begannen die Dorfbewohner, die riesigen Steinblöcke niederzureißen und sie in tiefen Löchern zu vergraben. Dieser eifrige Zerstörungsakt erzürnte die in den Steinen lauernden Geister so sehr, dass sie zumindest an einem der Angreifer Rache übten. Als die Monolithen im Jahre 1938 wieder entdeckt wurden, fand man unter einem der Steine mehrere Münzen und verschiedene andere Gegenstände aus dem 14. Jahrhundert vergraben. Den Archäologen bereitete es keinerlei Probleme, den letzten Besitzer der Fundstücke ausfindig zu machen, da sie unter dem Steinkoloss auf seinen höhnisch grinsenden Schädel stießen! Es scheint, als sei der Stein durch einen tragischen Zufall auf den Unglücklichen niedergestürzt und habe ihn zu Tode gequetscht. Der Stein konnte jedoch wegen seines immensen Gewichts nicht von der Stelle bewegt werden und deshalb ließen die anderen Arbeiter den Leichnam ihres Kameraden kurzerhand darunter liegen. Da die Werkzeuge, die später neben dem Skelett gefunden wurden, darauf hindeuteten, dass es sich bei dem Toten um einen Bader (engl. barber-surgeon) handelte, erhielt der mörderische Megalith den Namen „Barber Stone" und steht heute stolz und aufrecht an seinem einstigen Standort.

Im Verlauf des 18. und 19. Jahrhunderts, als viele der noch übrigen Steine gebrochen und zum Bau verschiedener Gebäude in der Umgebung verwendet wurden, erzählte man sich viele Geschichten von ähnlichen Unfällen, bei denen so mancher Arbeiter nur knapp mit dem Leben davongekommen war. So hatte sich zum Beispiel ein Mann, der am Fuße eines Steinblocks auf dem Sabbath-Hügel arbeitete, gerade ein paar Schritte entfernt, als der Stein plötzlich umfiel und genau auf die Stelle stürzte, an der er zuvor gesessen hatte. Ein Küster wiederum, der in einen heftigen Sturm geraten war und sich zum Schutz unter einen der Megalithen gestellt hatte, hatte sich soeben wieder auf den Heimweg gemacht, als der Stein plötzlich vom Blitz getroffen und in Stücke gerissen wurde. Die Wächter der Steine waren offensichtlich noch immer erzürnt! Heute erzählen sich die Leute von unheimlichen Gesängen und von Begegnungen mit seltsamen geisterhaften Wesen, die bei Nacht zwischen den Steinen umherwandeln.

Die Steine versetzen uns noch immer in Furcht und Erstaunen und keiner, der sie zum ersten Mal erblickt oder sie an einem eisigen Wintermorgen gespenstisch zwischen Nebelschwaden hervorragen sieht, kann sich ihrem magischen Zauber entziehen.

## THE HAUNCH OF VENISON

*Salisbury, Wiltshire*

Dieser alte Gasthof mit seinen niedrigen Balken, aufwendigen Schnitzereien und schrägen Böden ist zum Teil fast siebenhundert Jahre alt. Hinter dem Gebäude befindet sich der winzige Friedhof der Kirche St. Thomas. Von dort aus wurde schon des Öfteren eine Frau mit strahlend weißem Schal gesehen, die aus einem der Fenster im oberen Stockwerk des Gasthofes auf ihre erschrockenen Beobachter herabschaute. Es handelt sich dabei vielleicht um den neckischen Geist, der dem verwirrten Hotelpersonal hin und wieder gern einen Streich spielt. So wurde zum Beispiel berichtet, dass das Geschirr, das man gerade sorgfältig in der Küche verstaut hatte, wie von Geisterhand wieder zurück an die Theke gebracht worden sei.

UNTEN: In den nackten Ruinen des Corfe Castle spukt eine kopflose weiße Frau.

Der wohl beständigste Spuk dieses Gasthofs sind jedoch die geheimnisvollen Schritte, die des Nachts zwischen halb zwölf und Mitternacht in den oberen Räumen zu hören sind. Bei Renovierungsarbeiten entdeckte man hinter einem der alten Kamine eine Geheimnische, in der die entsetzten Arbeiter eine abgetrennte menschliche Hand und eine vergilbte eingekerbte Spielkarte fanden. Seitdem wird angenommen, dass die gespenstischen Schritte, die nach Angaben des Hotelpersonals unruhig und ängstlich klingen, mit der grausamen Bestrafung eines einstigen Gastes zu tun haben, der beim Falschspielen erwischt wurde.

UNTEN: Der beeindruckende Große Saal im Littlecote House, in dem ein Geist wegen eines grausamen Mordes im 16. Jahrhundert zu ewigen Qualen verdammt ist.

## Littlecote House Hotel

### *Littlecote, Wiltshire*

Dieses elisabethanische Gutshaus mit seinem großen Saal, seiner langen Galerie, den schönen Täfelungen und Wandteppichen ist heute ein Luxushotel. Es ist nur schwer vorstellbar, dass im Jahre 1575 hier ein grausames Verbrechen verübt wurde, das ohne die letzte Beichte einer Hebamme namens Mrs. Barnes auf dem Sterbebett sicher eines der vielen dunklen Geheimnisse

geblieben wäre, die ein Haus mit einer solch langen Geschichte zwangsläufig vor neugierigen Augen verborgen hält. Die besagte Hebamme berichtete dem erstaunten Richter, Anthony Bridges, dass in einer verregneten Nacht im November des Jahres 1575 ein Fremder zu ihr nach Haus gekommen sei und ihr erzählt habe, dass eine edle Dame ihre Dienste benötige. Die Hebamme versprach ihre Hilfe und so verband man ihr die Augen und geleitete sie in ein Landhaus. Als man ihr die Augenbinde abnahm, befand sie sich in einem großen Raum, in dem auf einem Bett eine maskierte Frau in den letzten Wehen lag.

Die Hebamme verrichtete ihre Arbeit, aber unmittelbar nach der Geburt riss ihr der Mann den Säugling aus den Händen, warf ihn unter den entsetzten Schreien der erschöpften Mutter ins Feuer und drückte ihn mit dem Absatz seines Stiefels so lange nach unten, bis er tot war. Als der zu Tode erschrockenen Hebamme bewusst wurde, dass dieser Kindesmord ernsthafte Nachforschungen zur Folge haben würde, schnitt sie aus dem Stoff des Bettvorhangs ein kleines Quadrat heraus, ehe man ihr erneut die Augen verband und sie nach Hause zurückbrachte.

Sie behielt das Geheimnis für sich und erst als sie auf dem Sterbebett lag, brach sie ihr Schweigen. Der Verdacht fiel sofort auf Will Darrell, den Besitzer von Littlecote. Dieser wurde daraufhin verhaftet und bei einer Hausdurchsuchung entdeckte man ein Loch in einem der Bettvorhänge, in welches das kleine Quadrat, das die Hebamme dem Richter übergeben hatte, perfekt hineinpasste. Da Darrell bei der anschließenden Gerichtsverhandlung jedoch mit einem Freispruch davonkam, wird vermutet, dass er den Richter, Sir John Popham, bestochen haben muss.

Kurze Zeit später, als Will Darrell einen Ausritt im Littlecote Park unternahm, soll ihm plötzlich der Geist des ermordeten Säuglings erschienen sein, woraufhin sein Pferd scheute, ihn abwarf und er sich das Genick brach. Das Tor, an dem der Unfall geschah, wird noch heute „Darrell's Stile" (Darrells Zauntritt) genannt, und Darells Geist ist schon des Öfteren an dieser Stelle beobachtet worden.

In der Zwischenzeit gab es heftige Spekulationen über die Identität der unglücklichen Mutter. Will Darrell, der auf Grund seiner Umtriebigkeit in Liebesdingen den Beinamen „der Wilde" besaß, hatte zahlreiche Geliebte, zu denen sowohl allein stehende als auch verheiratete Frauen gehörten. Während einige vermuten, dass es sich bei der Frau um die Gattin von Sir Henry Knyvett gehandelt habe, glauben andere, dass es eine gewisse Miss Bonham oder gar seine eigene Schwester war. Ganz gleich, wer diese Frau gewesen ist, man erzählt sich, dass auf den Fluren und in den Räumen von Littlecote noch heute ihr Geist in einem rosafarbenen Nachtgewand umhergeht und den ermordeten Säugling im Arm hält. Im „Spukzimmer", in dem der Mord geschah, soll angeblich lange Zeit ein Blutfleck erschienen sein, der sich nicht entfernen ließ, und viele Leute schon sind durch entsetzliche Schreie geweckt worden, die in den frühen Morgenstunden durch die Flure des alten Gemäuers hallten.

OBEN: Der malerische kleine Ort Castle Coombe, wo man an kalten Winterabenden geisterhafte Stimmen aus den umliegenden Wäldern vernehmen kann.

## Parsonage Wood

### *Castle Coombe, Wiltshire*

Riesige Bäume ragen majestätisch über die verschlafene kleine Ortschaft Castle Coombe und trennen die honigfarbenen Steinhäuser in schützender Umarmung von der Außenwelt. Im Sommer, wenn das Zwitschern der Vögel und das Rauschen des nahe gelegenen Baches Bybrook der Gegend einen Hauch von zeitloser Stille verleihen und man an einem warmen Abend im August unter dem Blätterdach des Waldgebietes Parsonage Wood entlangschlendert, spürt man die Jahrhunderte losgelöst von jeglichem Druck unserer heutigen Zeit. Wenn die

Winternächte jedoch ihren dunklen Umhang über dem Wald ausgebreitet haben, dann wagen sich nur die Mutigsten oder Tollkühnsten unter uns auf die schlammigen Waldwege. Es sind schon viele Leute vom erregten Klang gespenstischer Stimmen aufgeschreckt worden, die aus der Dunkelheit hallen. Die Stimmen schwellen in fieberhaftem Wahn immer stärker an und werden schließlich von schmerzerfülltem Stöhnen begleitet. Plötzlich gellt ein lauter Schrei durch die Stille und danach kehrt wieder Ruhe ein. Niemand kann genau sagen, was sich hinter diesen Lauten verbirgt, und nur wenige von denen, die diesem Phänomen begegnet sind, wagen sich jemals wieder in den Parsonage Wood.

## THE ECLIPSE

*Winchester, Hampshire*

Am 2. September des Jahres 1685 stieg Lady Alice Lisle aus einem Fenster im oberen Stockwerk des alten Wirtshauses, legte ihr müdes Haupt auf einen Richtklotz und wurde geköpft. Das war ihre Strafe dafür, dass sie zwei Aufständischen, die sich auf der Flucht vor den blutigen Folgen der Monmouth-Rebellion befanden, Unterschlupf gewährt hatte. Lady Lisle war im Zuge des grausamen Rachegerichts, der so genannten „Bloody Assizes", von Richter George Jeffreys zum Tode verurteilt worden. Jeffreys hatte angeordnet, dass die Frau durch die Straßen von Winchester gezogen und anschließend auf dem Scheiterhaufen verbrannt werden sollte. Da König Jakob II. jedoch die Reaktion der Leute aus Hampshire auf diese Bestrafung fürchtete, wandelte er die Strafe in eine einfache Enthauptung um. Und so verbrachte Alice Lisle ihre letzte Nacht in einem der oberen Räume des Gasthauses, konnte aber keinen Schlaf finden, weil man draußen vor dem Haus lärmend das Schafott errichtete.

Nachdem der Henker sein blutiges Geschäft verrichtet hatte, wurde ihr Leichnam zu seiner letzten Ruhestätte, dem Friedhof von Ellingham, gebracht. Dem Trauerzug schlossen sich hunderte Frauen und Männer an, die in schweigender Prozession ihr Missfallen an dem ungerechten Urteil kundtaten. Seitdem ist Alice Lisle immer wieder in das Wirtshaus zurückgekehrt, in welchem sie ihre letzte unruhige Nacht verbracht hatte, und hat schon so manchen Angestellten und Gast in Schrecken versetzt, wenn sie, in einen grauen Wollschal gehüllt, aus einer Nische schweigend zu ihnen herüberblickte. Ihr trauriger Geist gilt heute als der älteste und ehrwürdigste Bewohner dieses zeitlosen Gebäudes.

## NETLEY ABBEY

*Bei Woolston, Hampshire*

Die romantischen Ruinen dieses Zisterzienserklosters, das 1239 gegründet und im 16. Jahrhundert in ein schlossartiges Wohnhaus umgewandelt wurde, kauern in einer bewaldeten Senke nahe Southhampton Water. Die ausladenden Grundmauern zeugen von der einst prachtvollen Erscheinung des Gebäudes. Schattige Wege schlängeln sich zwischen düsteren Mauern entlang und führen den Besucher in dunkle Gewölbe, wo die Schornsteine großer Kamine gen Himmel ragen und die Luft von einer gespenstischen Schwere erfüllt ist.

Man erzählt sich, dass die heiligen Ruinen des Nachts vom Geist eines Mönches bewacht werden, der Unheil über jeden bringt, der versucht, dem alten Gemäuer Schaden zuzufügen.

Anfang des 18. Jahrhunderts wurde die Ruine an einen Baumeister namens Walter Taylor verkauft, der die Mauern einreißen und die Steine anderweitig verwenden wollte. Doch noch ehe er mit der Arbeit beginnen konnte, erschien ihm der Geistermönch in einem Traum und warnte ihn vor dem bitteren Unheil, das ihn ereilen würde, falls er von seinem Vorhaben nicht abließe. Taylor nahm den Traum jedoch nicht ernst und begann gleich am nächsten Morgen mit den Abrissarbeiten, worauf ein riesiger Steinblock auf ihn niederstürzte und ihn erschlug.

OBEN: Alice Lisle wurde von dem gefürchteten Richter George Jeffreys zum Tod auf dem Scheiterhaufen verurteilt, aber König Jakob II. wandelte die Strafe in einen Tod durch Enthauptung um.

LINKS: In Winchester befindet sich eine Gedenktafel an der Stelle, an der Alice Lisle im Jahre 1685 enthauptet wurde.

# Rufus Stone
*Minstead, Hampshire*

OBEN: Der Rufus-Stein im New Forest erinnert an die Stelle, an der Wilhelm II. im Jahre 1100 getötet oder vielleicht auch geopfert oder ermordet wurde.

Im Jahre 1087 erbte Wilhelm II. – der auf Grund seiner roten Gesichtsfarbe „Rufus" (der Rote) genannt wurde – den englischen Thron von seinem Vater, Wilhelm dem Eroberer. Er war kein sonderlich beliebter König und seine Regierungszeit war von ständigen Revolten und unaufhörlichen Kleinkriegen normannischer Barone geprägt, die den Anspruch seines älteren Bruders Robert auf die Krone befürworteten. 1088 rief Robert einen Massenaufstand gegen seinen Bruder ins Leben und zwang ihn damit, sich auf die Unterstützung seiner „tapferen und ehrbaren" englischen Untertanen zu verlassen. Dafür musste Wilhelm seinem Volk versprechen, die immensen Steuern abzuschaffen. Nachdem er den Aufstand mit Hilfe seiner Untertanen erfolgreich niedergeschlagen hatte, brach er jedoch sein Versprechen, indem er die Steuern erhöhte und die Gesetze verschärfte. Der von seinem Volk daraufhin zutiefst gehasste König ging am 2. August 1100 mit sieben treuen Gefolgsleuten im Waldgebiet New Forest auf Jagd. Etwa um sieben Uhr abends trennte man sich, sodass der König mit Sir Walter Tyrrel allein war. Als die anderen den König wieder zu Gesicht bekamen, lag dieser mit einem Pfeil in der Brust tot auf dem Boden. Tyrrel beteuerte, dass es sich dabei um einen schrecklichen Unfall gehandelt habe und dass ein Pfeil an einem Baum abgeprallt sei und den König zufällig getroffen habe. Aus Angst vor den Konsequenzen ergriff er jedoch die Flucht aus dem Land und wusch seine blutbefleckten Hände in einem Teich am Castle Malwood, dessen Wasser sich seitdem an jedem 2. August rot färben soll. Nachdem die anderen Getreuen nach Hause geeilt waren, um ihr eigenes Anwesen vor den Launen eines neuen Regimes zu schützen, blieb es an einem armen Köhler namens Purkis hängen, den Leichnam des Königs nach Winchester zu bringen. Als der hölzerne Karren auf den unebenen Wegen entlangholperte, soll er eine Blutspur hinterlassen haben, welcher der Geist Wilhelms seither jedes Jahr an seinem Todestag folgen muss. Seine stumme Reise beginnt an der Waldlichtung, wo heute der Rufus-Stein an der Stelle steht, an der einst an einem Sommerabend ein tragischer Unfall, Mord oder gar – wie manche meinen – eine Opferung stattfand und der dreizehnjährigen tyrannischen Herrschaft des „Roten Königs" ein Ende setzte.

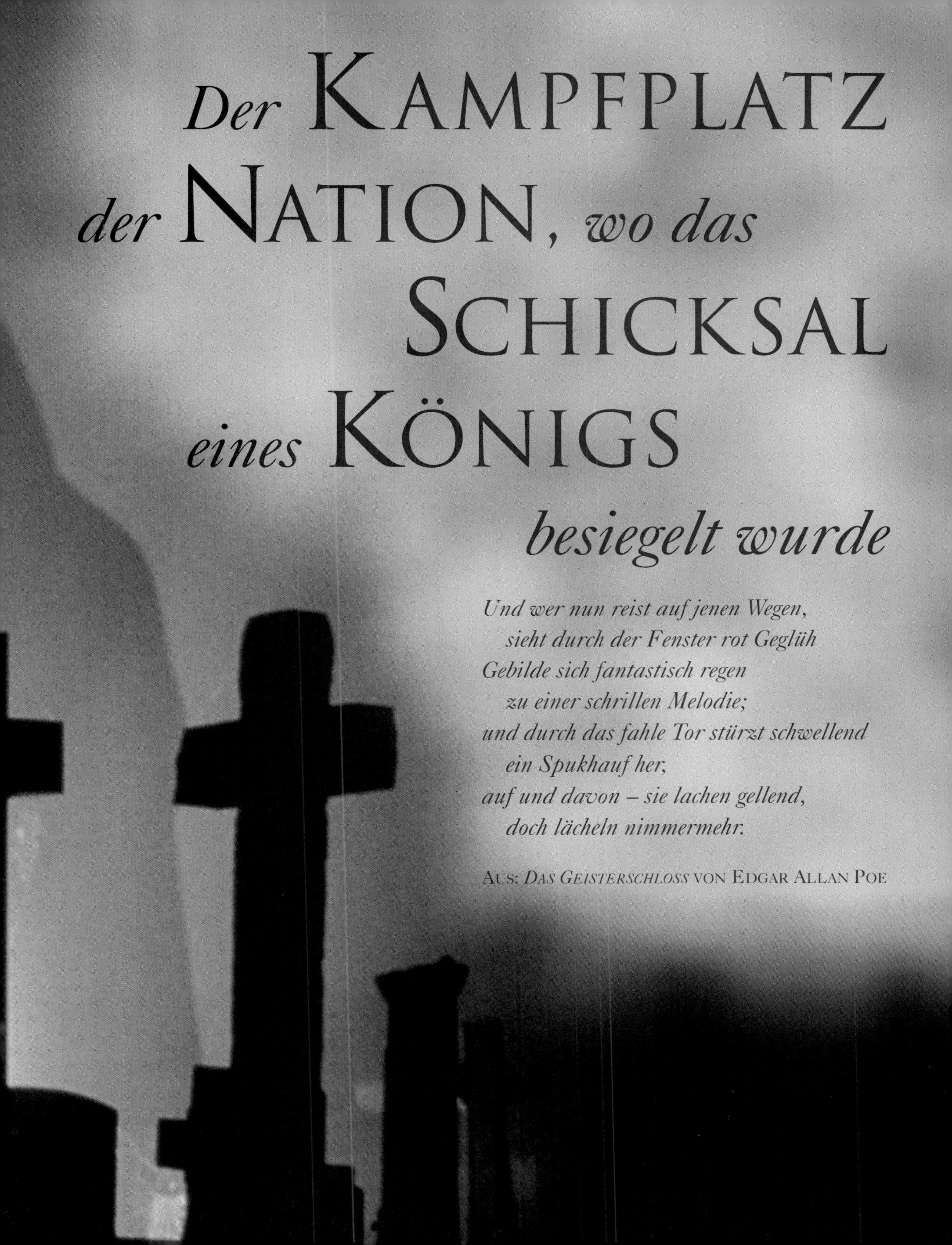

# *Der* KAMPFPLATZ *der* NATION, *wo das* SCHICKSAL *eines* KÖNIGS *besiegelt wurde*

*Und wer nun reist auf jenen Wegen,*
*sieht durch der Fenster rot Geglüh*
*Gebilde sich fantastisch regen*
*zu einer schrillen Melodie;*
*und durch das fahle Tor stürzt schwellend*
*ein Spukhauf her,*
*auf und davon – sie lachen gellend,*
*doch lächeln nimmermehr.*

AUS: *DAS GEISTERSCHLOSS* VON EDGAR ALLAN POE

# Herefordshire, Worcestershire, Warwickshire, Gloucestershire & Oxfordshire

Die Grafschaften, die sich von Oxfordshire nach Herefordshire gen Westen erstrecken, tragen die Spuren der Geschichte und sind, was ihre Geografie und auch was ihre Seele betrifft, sehr verschieden. Oxford mit seinen verträumten Türmen und seiner Atmosphäre der Gelehrtheit diente König Karl I. in den düsteren Jahren des englischen Bürgerkriegs als Hauptquartier. In den fruchtbaren Tälern und auf den sanften Hügeln westlich der Stadt – einem Gebiet, das als Kampfplatz der Nation bekannt ist, wurden viele entscheidende Schlachten ausgetragen, die in der Landschaft ihre gespenstischen Spuren hinterlassen haben. Zahllose Legenden berichten darüber, dass sich die Geister von Royalisten und Parlamentariern dort noch immer erbitterte Kämpfe liefern, obwohl der Streit mit der Enthauptung Karls I. im Jahre 1649 längst beigelegt worden war. Die geschichtsträchtige Gegend lockt heute viele Menschen herbei, die in einer der schönsten und friedlichsten Landschaften Englands Ruhe und Erholung suchen.

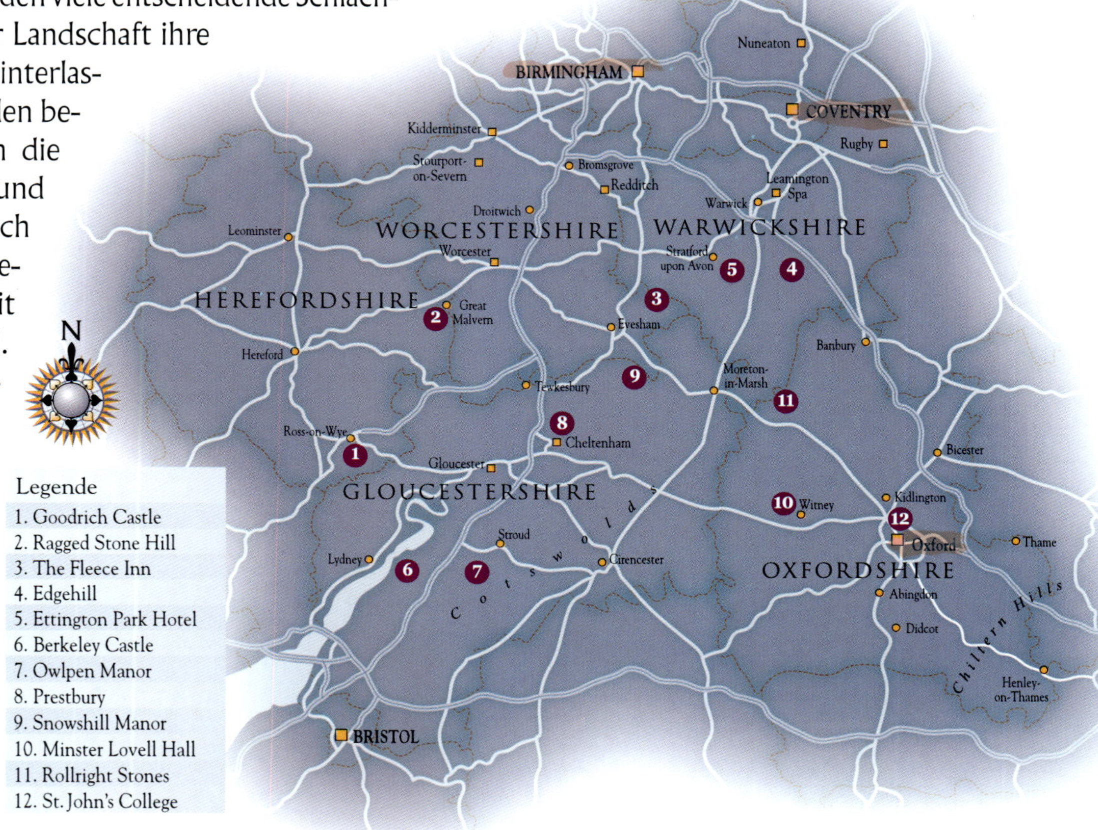


## Goodrich Castle

*Goodrich, Herefordshire*

Die imposanten Überreste dieser roten Sandsteinfestung, die sich auf einer bewaldeten Felshöhe über dem friedlichen River Wye erheben, strömen eine geheimnisvolle Aura aus. Der Hauptturm ist der älteste Teil der Anlage und stammt aus dem 12. Jahrhundert, als die Festung noch eine wichtige Rolle als Bastion an der Grenze zwischen England und Wales spielte. Die Anlage, die in den darauf folgenden Jahrhunderten immer weiter ausgebaut wurde, fand als Hochburg der Royalisten während des Bürgerkrieges ihre letzte Verwendung. Dort war sie ständigem Beschuss durch die Truppen Cromwells ausgesetzt, die mit 200 Pfund schweren Kanonenkugeln die mächtigen Mauern zu durchbrechen versuchten.

Während der Belagerung nahm Alice Birch, die Nichte eines Offiziers der Parlamentarier, Zuflucht zur Festung, in der sich ihr Geliebter, der königstreue Charles Clifford, befand. Als man gewahr wurde, dass die Mauern dem Beschuss nicht länger standhalten würden, stieg Clifford mit seiner jungen Geliebten

VORHERIGE SEITE: Im November 1990 fotografierte Derek Stafford den in Flutlicht getauchten Friedhof des Ortes Prestbury. Wie er später erstaunt feststellte, war auf einem der entwickelten Fotos unerklärlicherweise die Gestalt eines Mönches zu sehen.

OBEN: Die mächtigen Ruinen des Goodrich Castle, aus denen Jahr für Jahr die durchnässten Geister zweier Liebender aus dem 17. Jahrhundert zu entkommen versuchen.

auf sein Pferd. Im Schutz der Dunkelheit verließen sie die Festung, schlichen unbemerkt an den feindlichen Truppen vorbei und erreichten schließlich das schlammige Ufer des River Wye, dessen Wasserstand jedoch durch die starken Regenfälle gefährlich gestiegen war. Beim Versuch, die reißende Strömung zu durchqueren, verlor das Pferd den Halt, sodass die beiden von den Fluten in den Tod gerissen wurden. Die Erschütterung über ihr hoffnungsloses Bemühen um Freiheit war so groß, dass man in stürmischen Nächten noch immer die durchnässten Geister der beiden Liebenden dabei beobachten kann, wie sie ein gespenstisches Pferd in den River Wye hineintreiben. Man soll ihre leidenden Geister auch gelegentlich mit traurig erstarrtem Blick auf den verfallenen Festungsmauern stehen sehen.

## RAGGED STONE HILL

### *Great Malvern, Worchestershire*

Die Zwillingshügel dieser markanten Erhebung stehen unter dem Fluch eines lüsternen Klosterbruders der Priorei von Little Malvern, der seinem Klostervorsteher reumütig seine „fleischlichen Gelüste“ beichtete. Obwohl der aufgeblasene Abt des gleichen Vergehens schuldig war, verdammte er seinen Untergebenen dazu, tagein, tagaus auf Händen und Knien an der Felsenwand des Ragged Stone Hill emporzukriechen. Der Mönch war über die Härte seiner Strafe bald so sehr verärgert, dass er oben von der Bergspitze aus in einem Anfall blinder Wut die Kirche und jeden, auf den der Schatten des düsteren Gipfels fiel, verfluchte. Nachdem er den Fluch ausgesprochen hatte, streckte er die Arme aus und stürzte tot zu Boden. Wer meint, diese Geschichte als unnütze Legende abtun zu können, und sich auf einen Spaziergang am Fuße der hügligen Silhouette wagt, der sollte doch besser an den Duke of Clarence, an Richard III., die Prinzen im Londoner Tower, Heinrich VI., Kardinal Wolsey und Anne Boleyn denken, die nämlich alle im nebligen Schatten des Berges entlanggewandert sind, ehe sie kurze Zeit später ein trauriges bzw. schändliches Schicksal ereilte.

# Fleece Inn

## *Bretforton, Worcestershire*

Dieses hübsche Fachwerkhaus war ursprünglich ein mittelalterliches Bauernhaus, bis es 1848 unter der Familie Taplin zu einem Wirtshaus umfunktioniert wurde. Seitdem hat sich nicht viel verändert, da sich das Gebäude bis zum Tod von Lola Taplin im Jahre 1977 immer im Besitz dieser Familie befand. Auf den Steinplatten der beiden Kamine sind noch heute mehrere seltsame Kreise, so genannte „Hexenmale", zu sehen, die aus einer Zeit stammen, in der die Leute sehr abergläubisch waren und fürchteten, dass böse Hexen über den Schornstein ins Haus gelangen könnten. Allabendlich vor dem Zubettgehen zeichnete der jeweilige Hausherr auf jeden Kaminherd drei Kreidekreise, um damit die durch den Kamin herabsteigenden Hexen gefangen zu halten, bis sie am Morgen durch das einfallende Tageslicht ihre Macht verloren und schließlich unverrichteter Dinge die Flucht aus dem Hause antreten mussten. Die Kreise wurden im Laufe der Generationen so häufig gemalt, dass sich ihre Spuren tief in die steinernen Platten gegraben haben.

Während böse Hexen auf diese Weise vom Haus ferngehalten werden, gibt es für Geister keine solchen „Male" und man hat sich damit abfinden müssen, dass der Geist von Lola Taplin im Fleece Inn umherspukt. Die gespenstische Dame, die das Gasthaus in den letzten dreißig Jahren ihres Lebens allein betrieb, liebte es, ihren Gästen unmissverständlich klarzumachen, dass es eine Ehre sei, in ihrem Hause etwas trinken zu dürfen. Sie bestand stets darauf, dass die Gäste nur alkoholische Getränke zu sich nahmen, und verbot jeglichen Verzehr von Speisen. Kurz nach ihrem Tod, als man die strengen Regeln wieder lockerte, soll Lola ihr Nichtgefallen an diesen Veränderungen auf eine sehr direkte Art und Weise zum Ausdruck gebracht haben. Als einer der Gäste im Wirtshaus nämlich seine Brotbüchse auf den Tisch legte, wurde diese plötzlich von einer unsichtbaren Hand ergriffen und auf den Boden geschleudert, sodass sich ihr gesamter Inhalt überall verteilte. Es wird auch von gespenstischen Schritten berichtet, die man gelegentlich im Gebäude umherstapfen hört, oder von einer unsichtbaren Macht, die in einem Anfall von Gereiztheit kleine Gegenstände umherschleudert.

# Edgehill

## *Kineton, Warwickshire*

Am 23. Oktober 1642 wurde am Hügelkamm namens Edgehill die erste große Schlacht des englischen Bürgerkriegs ausgetragen, bei der Karl I. mit seiner 13 000 Mann starken Armee den Rückzug der geringfügig kleineren parlamentarischen Truppen unter Robert Devereaux, dem Earl von Essex, blockierte. Die Royalisten waren so lange im Vorteil, bis Prince Rupert of the Rhine, der Neffe Karls I., mit seinen Reitertruppen einen unüberlegten Angriff unternahm und die Fußtruppen dadurch einer feindlichen Attacke aussetzte. Im darauf folgenden Nahkampf erbeuteten die Parlamentarier die königliche Standarte und töteten dabei den Standartenträger, Sir Edmund Verney (siehe S. 53). Als John Smith, ein Reiteroffizier der royalistischen Truppen, sah, wie sich eine Gruppe feindlicher Soldaten mit der Fahne davonmachte, jagte er ihnen nach. Nachdem es ihm gelungen war, einen der Männer zu töten, einen weiteren zu verwunden und die übrigen in die Flucht zu schlagen, brachte er dem König die wiedererlangte Standarte zurück – an der noch immer Verneys Hand klammerte!

Fünfzehnhundert Männer mussten an jenem Oktobertag ihr Leben lassen und da die Schlacht unentschieden endete, waren beide Seiten eifrig darauf bedacht, sich als Sieger auszurufen. In Wahrheit befand sich jedoch die Armee des Königs im Vorteil – und wenn diese anschließend nach London marschiert wäre, dann hätte sich der Lauf der Geschichte möglicherweise geändert. Der König war vom grausamen Gemetzel dieser – seiner ersten – Schlacht jedoch so angewidert, dass er nicht in der Lage war, eine strategische Entscheidung zu fällen, und seine Truppen statt nach London auf direktem Wege nach Oxford führte und dort sein Hauptquartier aufschlug.

Am 23. Dezember 1642 behaupteten mehrere Schafhirten, eine geisterhafte Wiederauferstehung der gesamten Schlacht

LINKS: Die erste große Schlacht des englischen Bürgerkrieges fand am Edgehill statt und ist seither von zwei Geisterarmeen mehrere Male erneut ausgetragen worden.

OBEN: Jeder Zentimeter dieses gotischen Hotels mutet geisterhaft an.

von Edgehill beobachtet zu haben. Es waren zuerst entfernte Trommelschläge zu hören, die immer näher kamen und dabei vom „schmerzvollen Stöhnen sterbender Soldaten" begleitet wurden. Danach erschienen die Geister „derselben Soldaten, die zuvor den Lärm gemacht hatten" in der Luft und im Himmel über dem einstigen Kampfplatz fand eine Schlacht in Originalgröße zwischen zwei Geisterarmeen statt. Nachdem die gespenstische Schlacht geendet hatte, rannten die Hirten in den nahe gelegenen Ort Kineton, wo sie vor dem Friedensrichter, William Wood, und Reverend Samuel Marshall beschworen, was sie beobachtet hatten. Die Geisterarmeen erschienen mehrere Nächte hintereinander und wurden auch am ersten Weihnachtsfeiertag dabei beobachtet, wie sie „auf die gleiche lärmende und kriegerische Weise mit ebenso viel Hass und Wut wie zuvor gegeneinander kämpften". Als der König in Oxford davon erfuhr, sandte er sechs angesehene und unbescholtene Männer aus, um die Erscheinung näher zu erkunden. Auch sie wurden Zeuge der wieder auferstandenen Schlacht und drei von ihnen, die selbst mitgekämpft hatten, konnten sogar mehrere gespenstische Mitstreiter wieder erkennen. In dieser Gegend soll noch heute zuweilen das Echo der gespenstischen Laute jener Schlacht zu vernehmen sein. In tiefer Nacht erschallen die donnernden Hufschläge unsichtbarer Reitersoldaten auf den Straßen und die schmerzerfüllten Schreie verwundeter und sterbender Soldaten gellen von einem der eindrucksvollsten Hügelkämme Warwickshires herab.

*Ein heitrer Ort…*
*in alten Tagen;*
*doch etwas plagt ihn nun –*
*er ist verflucht.*

DER FLUCH AUF DER GEÖFFNETEN SEITE VON *RONAN'S WELL* IM ETTINGTON PARK HOTEL

## ETTINGTON PARK HOTEL

### *Ettington, Warwickshire*

Jeder Zentimeter dieses gotischen Hotels, das zum Teil noch aus der Tudor-Zeit stammt, mutet geisterhaft an. Jahrhundertelang befand sich das Gebäude im Besitz der Shirleys, einer der ältesten Familien von Warwickshire, und im Jahre 1963 diente es als Drehort für die Verfilmung von Shirley Jacksons ***Geisterschloss.***

Sobald die Abenddämmerung ihre Schatten ausbreitet, soll nahe der großen Steintreppe eine „graue Frau" erscheinen und durch das ehrwürdige Gebäude wandeln, in welchem sie einst zu Tode kam, nachdem man sie die Stufen hinuntergestoßen hatte. Ein anderer Geist, den das Hotelpersonal Lady Emma nennt, schwebt angeblich zuweilen als durchsichtige Gestalt in einem fließenden weißen Kleid auf der Terrasse entlang. Und am Ufer des River Stour, der durch das Anwesen fließt, soll man die in altertümliche Kleider gehüllten Geister zweier Kinder beobachtet haben. Einst vernahm ein Hotelgast die Laute eines schluchzenden Kindes vor dem Haus und als er aus dem Fenster blickte, sah er die beiden Geistergestalten nachdenklich in den Fluss starren. Außerdem wird davon berichtet, dass das in der Bibliothek des Hauses befindliche Buch ***St. Ronan's Well*** von

Sir Walter Scott wie von Geisterhand aus dem Regal genommen und auf den Boden geschleudert wurde, wobei sich stets dieselbe Seite öffnete, nämlich die, auf der ein Fluch steht.

## Berkeley Castle

*Berkeley, Gloucestershire*

Die im 12. Jahrhundert errichtete Festung, die im Herzen des malerischen Tales Vale of Berkeley thront, ist das beeindruckende Monument einer längst vergangenen Zeit und befindet sich seit nahezu achthundert Jahren ereignisreicher Geschichte im Besitz ein und derselben Familie. Noch heute kann man im alten Turm ein tiefes Verließ besichtigen, in welches man einst verrottende Tierkadaver warf sowie die Leichen von Untertanen, die ihren Herrn, den mächtigen Lord Berkeley, verärgert hatten. Der Gestank, der aus dieser von Krankheiten befallenen Grube emporstieg, erwies sich wiederum als ausgezeichnete Strafe für bestimmte Edelleute, die es sich mit der Berkeley-Familie verscherzt hatten. Die Unglücklichen wurden nämlich in eine winzige Zelle gesperrt, wo ihnen nur die verpestete Luft aus der anliegenden Grube zum Atmen blieb. Da die meisten Menschen diese Dämpfe auf Dauer nicht überlebten, war dies für die Berkeleys eine bequeme Methode, sich ihrer Widersacher zu entledigen, ohne einen beweisfähigen Mord zu verüben.

OBEN: Eduard II., der 1327 den wohl schrecklichsten Tod erfuhr, den ein englischer Monarch jemals erlitten hat.

Im Jahre 1327 nach seiner Absetzung wurde Eduard II. auf Veranlassung seiner Frau, der Königin Isabelle, und ihres Liebhabers, Roger Mortimer, in diese höllische Zelle gesperrt, die er, wie sie hofften, nach ein paar Tagen nicht mehr lebend verlassen würde. Der König erwies sich allerdings als erstaunlich widerstandsfähig. Er erkrankte zwar, konnte sich aber wieder erholen und hielt es schließlich ganze fünf Monate in diesem grausamen Kerker aus, bis die Königin ungeduldig wurde und Eduards Gefängniswärter, Sir John Maltravers und Sir Thomas Gurney, beauftragte, ihren Ehemann so aus dem Weg zu räumen, wie sie es für angebracht hielten. Kurz darauf, am 21. September 1327, starb Eduard II. den wohl grausamsten Tod, den ein britischer Monarch jemals erlitten hat. Man ergriff ihn, pflockte ihn bäuchlings auf ein Bett und schob eine Art Trichter in sein Gesäß, durch den ein glühender Spieß in seine Gedärme gerammt wurde. Der König erlitt dabei so schreckliche Qualen, dass seine schmerzerfüllten Schreie angeblich bis weit über die Festungsmauern zu hören waren und seitdem alljährlich an seinem Todestag wiederhallen.

## Owlpen Manor

*Owlplen, Gloucestershire*

Dieses Rittergut mit seinem prachtvollen Tudor-Saal, das versteckt hinter einer hohen Blätterwand in einem romantischen Tal im Herzen der Region Cotswolds liegt, ist von einer zauberhaften Atmosphäre umgeben, der die Zeit kaum etwas anhaben konnte. Der Bau des Anwesens wurde im Jahre 1460 von der Olepenne-Familie begonnen, doch die meisten der heute noch existierenden Teile wurden erst im Jahre 1616 fertig gestellt, als sich das Gebäude bereits im Besitz von Königin Margarete von Anjou befand, deren Geist der älteste der gespenstischen Bewohner des Rittergutes ist.

Margarete war die einflussreiche und gefährliche Gattin Heinrichs VI., unter dessen schwacher und erfolgloser Herrschaft die Rosenkriege ihr stärkstes Ausmaß annahmen. Margarete verbündete sich mit dem Earl of Warwick, dem so genannten „Königsmacher", und versuchte, ihren Gatten auf den englischen Thron zurückzubringen, von dem ihn Eduard IV., ein Angehöriger des Hauses York, gestoßen hatte. Nachdem Margarete die Nacht vom 3. Mai 1471 im Gobelinzimmer von Owlplen Manor verbracht hatte, erhielt sie am nächsten Tag die Nachricht, dass ihr Sohn, Prinz Eduard, getötet worden sei, als er nach der Schlacht von Tewkesbury in die nahe gelegene Abtei flüchtete. Man erzählt sich, dass der Schock über den Tod ihres Sohnes der Grund dafür ist, warum ihr trauriger Geist immer wieder in die Säle und Flure des Rittergutes zurückkehrt, in dem sie einst ihre letzte glückliche Nacht voller Siegeshoffnung verbracht hatte.

Während des Zweiten Weltkriegs erklärte sich die damalige Hausherrin dazu bereit, mehrere evakuierte Kinder in ihrem Haus unterzubringen. Am Morgen nach der Ankunft wurde sie von den Kindern gefragt, weshalb sie denn nicht mehr dieses „wunderschöne Kleid" trage, mit dem sie in der vergangenen Nacht umher gewandelt sei. Da die Frau den Kindern an jenem Abend jedoch nicht begegnet war und auch ganz bestimmt kein solches Kleid getragen hatte, bat sie die Kinder, ihr das Kleid zu beschreiben. Die Beschreibung passte genau auf die Art von Kleidern, die wohlhabende Damen im Mittelalter zu tragen pflegten, und so konnte sie den erstaunten Kinder erklären, dass sie in jener Nacht dem illustren Geist des Ritterguts begegnet waren.

## Prestbury

*Prestbury, Gloucestershire*

Prestbury streitet mit Pluckley in Kent um den Ruf, der Ort mit den meisten Geistern Englands zu sein. Sein bekanntester Geist ist der so genannte „Schwarze Abt", ein Mönch mit Kapuze, der meist zu Weihnachten, Ostern oder Allerheiligen in Erscheinung tritt. Er wandelt stets vom Inneren der Dorfkirche aus über den Friedhof, danach geradewegs durch das Anwesen der alten Priorei und verschwindet schließlich durch die Wand eines Häuschens an der Hauptstraße, wo er seine Ankunft durch geräuschvolles Umherbewegen von Gegenständen auf dem Dachboden ankündigt. Derek Stafford, der am 22. November 1990 die in Flutlicht getauchten Grabsteine auf dem Friedhof fotografierte und dabei nichts Ungewöhnliches bemerkte, entdeckte später auf einem der entwickelten Fotos eine mysteriöse dunkle Gestalt (siehe S. 34).

Die vielen Kämpfe und Schlachten im Rahmen der unzähligen Kriege, die in dieser Gegend ausgetragen wurden, haben natürlich auch eine große Zahl von gespenstischen Bewohnern hinterlassen. So erzählt man sich zum Beispiel von einem Geisterreiter, der im frühen Morgennebel des Frühlings auf einem strahlend weißen „Schlachtross" auf der Shaw Green Lane entlanggaloppierte. Es wird angenommen, dass es sich dabei um den Geist eines Kuriers handelt, der im Jahre 1471 auf seinem Weg zum Lager der Truppen Eduards VI. in Tewkesbury durch das Dorf ritt und dabei von einem Bogenschützen des feindlichen Hauses Lancaster getötet wurde. Interessanterweise scheint sein Geist im Laufe der Jahre immer schwächer zu werden, denn den jüngsten Beschreibungen nach handelt es sich dabei nur noch um einen schwachen Schimmer.

Die Burgage, die älteste Straße des Dorfes, war während des Bürgerkriegs von Soldaten der parlamentarischen Truppen besetzt, die als Sicherheitsmaßnahme jeden Abend ein Seil über die Straße spannten. Eines Nachts ging ihnen tatsächlich ein guter Fang ins Netz, denn ein Abgesandter der Royalisten, der vom Sudley Castle nach Gloucester unterwegs war, galoppierte mit seinem Pferd direkt in das Seil hinein und somit in die Arme der lauernden Soldaten, die ihn auf der Stelle hinrichteten. Man hat ihn zwar noch nie gesehen, aber in der Stille der Nacht auf der Hauptstraße des Öfteren eilige Hufschläge vernommen, die jedoch abrupt verstummen, wenn der gespenstische Reiter seinen unrühmlichen Sturz immer aufs Neue erleiden muss.

## Snowshill Manor

*Snowshill, Gloucestershire*

Das alte Herrenhaus, das sich in einem der abgelegensten und zeitlosesten Orte der Region Cotswolds befindet, verströmt eine düstere und mysteriöse Atmosphäre. Das Gebäude gehörte einst Catherine Parr, der sechsten und letzten Gattin von Heinrich VIII. und ging im Jahre 1918 in den Besitz von Charles Paget Wade über, der das Haus restaurieren ließ und darin eine der wohl außerordentlichsten und exzentrischsten Kuriositätensammlungen anlegte, die jemals in einem Wohnhaus beherbergt wurden. Im Jahre 1951 überließ er das Gebäude dem National Trust und heute können die Früchte seiner wissenschaftlichen Suche nach Interessantem und Kuriosem dort besichtigt werden. Die verschiedenen Räume tragen kunstvoll über die Tür gemalte Namen wie „Admiral", „Dragon" (Drache), „Nadir", „Seraphim" und „Seventh Heaven" (Siebter Himmel) und sind jeweils einem bestimmten Thema gewidmet, das sich mit jeder nur denkbaren Eigenart, Laune und Modeerscheinung der vergangenen vierhundert Jahre beschäftigt. Die hier arbeitenden Museumsführer haben schon des Öfteren Schritte vernommen, die aus den leer stehenden Räumen des Hauses dringen, und sich längst damit abgefunden, dass es sich nur um den Geist des Charles Wade handelt, der seine einzigartige Sammlung inspiziert.

OBEN: Das ehrwürdige Herrenhaus Owlpen Manor ist von solcher Ruhe und Besinnlichkeit umgeben, dass es selbst Königin Margarete von Anjou fast 600 Jahre nach ihrem Tod noch immer dorthin zieht.

## Minster Lovell Hall

*Minster Lovell, Oxfordshire*

Die Ruinen dieses Herrenhauses liegen versteckt hinter der hübschen Kirche St. Kenelm am friedlichen Ufer des River Windrush in einer der schönsten Ortschaften Englands. Dort spukt der Geist von Francis, dem ersten Viscount Lovell, einem leidenschaftlichen Yorkisten, der nach der Niederlage seines Königs, Richard III., in der Schlacht von Bosworth im August 1485 von den britischen Inseln floh. Danach machte sich Francis auf den Weg nach Irland, wo der Thronanwärter Lambert Simnel zum König gekrönt wurde. Zusammen mit Simnel kehrte Francis nach Yorkshire zurück, wo er eine Armee aufstellte und im Juni 1487 gegen die Truppen von Heinrich VII. zu Felde zog (Schlacht von Stoke). Nach seiner erneuten Niederlage soll Francis seinen Feinden entkommen sein, indem er mit seinem Pferd den River Trent durchquerte, in sein Herrenhaus zurückritt und sich in einem Kellerraum einschloss, von dem nur ein alter Gefolgsmann wusste. Dort befand er sich nur in Gesellschaft seines Hundes und musste darauf vertrauen, dass ihn sein treuer Diener mit Speisen und Getränken versorgte. Eines Tages ereilte den Diener jedoch ein plötzlicher Tod und so ließ er seinen Herrn hilflos und eingeschlossen in jenem unterirdischen Versteck zurück, das auf diese Weise zu seinem Gefängnis und schließlich zu seinem Grab wurde. Erst im 18. Jahrhundert, als man im Haus einen neuen Kamin errichten ließ, entdeckten die Bauarbeiter ein großes unterirdisches Gewölbe, wo sie das auf einem Tisch ausgebreitete Skelett eines Mannes fanden sowie die Gebeine eines kleinen Hundes zu seinen Füßen. Seitdem wandelt der traurige Geist des Mannes als einsame Gestalt mit wehendem Umhang in der Ruine umher und wird oft vom gespenstischen Klang „dumpfen Stöhnens, stapfender Schritte und raschelnden Papiers" begleitet, der von „irgendwo unter der Erde" empordringt.

## Rollright Stones

*Long Compton, Oxfordshire*

Zu den geheimnisvollen Steinen, die sich auf einem Berg in der Nähe des Dorfes Long Compton befinden, erzählt man sich die folgende Legende. Einst soll ein König mit seiner Armee ausgezogen sein, um das Land zu erobern. Als er auf dem Gipfel des Berges ankam, traf er eine Hexe, die zu ihm sprach:

*Sieben Schritte sollst du tun,*
*Und wenn Long Compton siehest du,*
*Englands König bist im Nu.*

Der König, der sich sicher war, dass ihm der unverhüllte Gipfel einen herrlichen Blick auf das darunter liegende Dorf bescheren würde, erwiderte höhnisch:

*Stock, Stab, Stein,*
*Englands König werd' ich sein.*

Voller Überzeugung trat er sieben lange Schritte nach vorn, musste aber feststellen, dass die erwartete Aussicht von einem riesigen Erdhügel verdeckt war. Als er sich zu der kichernden Alten umdrehte, hörte er sie singen:

*Da Long Campton nicht in Sicht,*
*Englands König wirst Du nicht!*
*Stock empor, Stein steh fein.*

*Englands König sollst nicht sein,*
*Zu Stein ihr werdet, die Deinen und Du,*
*Und ich ein alter Baum dazu.*

So ereilte den König sein Schicksal. Noch heute ist der „King's Stone" (Königsstein) auf dem Hügel zu sehen, der über die kleine Ortschaft ragt. Daneben steht ein größerer Kreis aus etwa sechzig bis achtzig Steinen, bei denen es sich um „King's Army", die Armee des Königs, handeln soll. Es wird behauptet, dass die genaue Anzahl der Steine nicht bekannt sei, da bei keinem Zählversuch die gleiche Summe ermittelt werden kann. Am Rand eines nahe gelegenen Feldes stehen fünf größere Steine verschwörerisch zusammengedrängt. Diese werden „Whispering Knights" (flüsternde Ritter) genannt, weil es sich dabei um fünf Krieger handeln soll, die gerade ein Komplott gegen den König schmiedeten, als der Fluch über sie hereinbrach.

## St. John's College

*Oxford, Oxfordshire*

Oxford, die Stadt mit den verträumten Türmen, hat eine beträchtliche Schar berühmter Persönlichkeiten zu bieten, deren Geister in die ehrwürdigen College-Kapellen und alten Gemäuer zurückgekehrt sind. Keiner ist jedoch so schaurig wie der Geist des Erzbischofs William Laud (1573 – 1645), der im St. John's College spukt.

William Laud, der am St. John's College studiert hatte und 1611 dort Rektor wurde, verließ das College jedoch später, um eine geistliche Laufbahn einzuschlagen. Im Jahre 1629 kehrte er zurück und übernahm das Amt des Kanzlers der Universität Oxford, bis er 1633 schließlich Erzbischof von Canterbury wurde. Das führte dazu, dass er in die politischen und religiösen Auseinandersetzungen verwickelt wurde, die schließlich im englischen Bürgerkrieg gipfelten, aus dem die Parlamentarier als Sieger hervorgingen. Laud, ein überzeugter Anhänger der königlichen Herrschaft und Verfechter des Ritualismus der anglikanischen Hochkirche, wurde im Jahre 1644 vom Parlament wegen Hochverrats vor Gericht gebracht. Seine glanzvolle Karriere endete schließlich mit seiner Enthauptung im Jahre 1645 in London, aber sein Leichnam wurde erst 18 Jahre später nach Oxford gebracht und in der Kapelle des St. John's College beigesetzt.

An diesem Ort scheint er jedoch keine Ruhe zu finden, denn schon oft hat man seinen düsteren Geist auf dem Gelände seines ehemaligen Colleges umherwandeln sehen. Viele derer, die ihm begegnet sind, haben seiner Erscheinung zunächst kaum Beachtung geschenkt. Erst als er plötzlich seinen Kopf von den Schultern hob und ihnen den boshaft grinsenden Klumpen aus Knorpel und Knochen entgegenrollte, ergriffen sie panisch die Flucht oder fielen vor Schreck in Ohnmacht.

OBEN: Der Geist des Erzbischofs William Laud tritt im St. John's College in Oxford auf schaurige Weise in Erscheinung.

GEGENÜBER: Auf einem Hügel in der Region Oxfordshire steht eine versteinerte Armee, über welcher der Fluch einer Hexe hängt.

# Grausame Morde *und* Horrorgeschichten

*Die Stadt ist ganz aus Nacht,*
*doch niemals schlafestrunken,*
*denn der erschöpfte Geist sinkt nie*
*in süße Ruh;*
*die Stunden währen Jahre,*
*kriechen lahm wie kalte Unken*
*durchs Grenzenlose und auf immer*
*neue Höllen zu.*
*Es denkt und grübelt ständig*
*hinter allen Stirnen,*
*ein kurzer Stupor steigert*
*noch die Marter in den Hirnen*
*und der Verstand verwirrt sich und*
*verrückt im Nu.*

AUS: *NACHTSTADT*
VON JAMES THOMSON

# London, Berkshire, Buckinghamshire, Bedfordshire & Hertfordshire

London besitzt den Ruf, die gespenstischste Hauptstadt der Welt zu sein, mit Jahrhunderte alten Geistern, die Einblicke in eine dunkle und unheilvolle Vergangenheit gewähren. Die nördlich und westlich der Stadt gelegenen Grafschaften Hertfordshire, Bedfordshire, Berkshire und Buckinghamshire stecken voller Sagen und Legenden. Der Satan und seine teuflischen Kohorten scheinen im Mittelalter stark präsent gewesen zu sein, denn in diesen Gegenden deuten viele eigenartige Erscheinungen auf dämonischen Einfluss hin. Bei vielen der hier lebenden Menschen ist zudem ein starke religiöse Verbundenheit zu verspüren und auch John Bunyans Roman ***Pilgerreise*** ist unauflöschlich mit der Region verknüpft, da viele seiner Beschreibungen noch immer auf diese zauberhafte Landschaft zutreffen, von der es so viel Gespenstisches zu berichten gibt.

## Highgate Cemetery

### *Highgate, London*

Der 1839 eröffnete Friedhof von Highgate, dessen hügelige Grasfläche sich über zwanzig Morgen Land erstreckt, etablierte sich schnell zur begehrtesten Ruhestätte ganz Londons und jeder, der etwas auf sich hielt, wollte an keinem anderen Ort bestattet werden. Anfang des 20. Jahrhunderts lagen in der geheiligten Erde inzwischen tausende von Menschen begraben, unter denen sich auch viele bekannte und illustre Persönlichkeiten befanden. Die Grabsteine wurden immer aufwendiger, da die Familien miteinander wetteiferten, wer seinen verstorbenen Angehörigen wohl die prachtvollste Ruhestätte schenkte. Nachdem die Schatten des Zweiten Weltkrieges auf die Hauptstadt und auch auf den Friedhof gefallen waren, lag der einst stolze Gottesacker seit den 1960er Jahren brach. Verfall und Verwahrlosung machten sich bald ungestört zwischen den Gräbern breit; die Wurzeln der ungehemmt wuchernden Vegetation sprengten die Grabsteine in Stücke, die sich zwischen den umgestürzten Säulen verteilten.

VORHERIGE SEITEN: Der Ehrfurcht gebietende Tower von London ist das wahrscheinlich gespenstischste Gebäude Großbritanniens.

GEGENÜBER: Streifen tatsächlich Vampire auf den verworrenen Wegen des Highgate-Friedhofs umher?

Bald machten Gerüchte über finstere Sekten die Runde, die des Nachts in den verlassenen Ruinen seltsame Zeremonien abhielten. Die Lokalzeitung ***Hampstead an Highgate Express*** bekam daraufhin Briefe verängstigter Leser, die von gespenstischen Begebenheiten auf dem Friedhofsgelände berichteten. Ein Mann, der mit seinem Auto auf der Straße vor den Toren des Friedhofs liegen geblieben war, wurde voller Entsetzen einer abscheulichen Gestalt gewahr, die ihn mit rot glühenden Augen durch das rostige Eisengitter hindurch anstarrte. Ein anderer

OBEN: Der klagende Blick dieser Engelsfigur erinnert an den traurigen Niedergang des Friedhofs von Highgate, der einst prachtvollsten Begräbnisstätte im viktorianischen London.

Mann wurde auf seinem Weg durch die schaurige Gasse namens Swain's Lane plötzlich von einer grausigen Gestalt niedergeschlagen, die von der Friedhofsmauer „herabzugleiten schien". Zu seinem Glück erstrahlten in diesem Moment die Scheinwerfer eines herannahenden Autos und das „Wesen" löste sich in Luft auf. Als man daraufhin vermutete, dass auf dem alten Friedhof ein Vampir sein Unwesen treibe, fiel ein ganzer mit Kruzifixen und Knoblauchzwiebeln bewaffneter Schwarm von Journalisten, Kamerateams, eifrigen Okkultisten und neugierigen Gaffern über die verfallenen Gräber her und machte sich auf die Jagd nach dem Unsterblichen.

Inzwischen füllten sich die Seiten der Lokalzeitung mit immer mehr Leserbriefen, in denen von Furcht erregenden Begegnungen in der Gegend um die Swain's Lane die Rede war. So berichtete eine zu Tode erschrockene junge Mutter von einem gespenstischen Radfahrer, der keuchend die steile Steigung emporstrampelte, während andere Anwohner wiederum einem hoch gewachsenen Mann begegnet waren, der lässig die Straße überquerte und schließlich hinter der Friedhofsmauer verschwand. Ihren Angaben zufolge wurde sein Spaziergang durch den Nebel stets vom düsteren Geläute der Glocken in der alten, leer stehenden Kapelle begleitet.

Im Rahmen eines umfassenden Restaurationsprojekts, das in den 1980er Jahren von der Vereinigung der Freunde des Highgate-Friedhofs ins Leben gerufen wurde, versuchte man die Vernachlässigung des Geländes in den vorangegangenen Jahrzehnten wieder gutzumachen. Nachdem die Wege gesäubert und viele der prächtigen Gräber freigelegt worden waren, ließen auch die Spukerscheinungen nach. Heute beschränken sich die Begegnungen mit Gespenstern lediglich auf zwei Geister, auf die einer verrückten alten Frau, die mit lang wehendem weißem Haar zwischen den Gräbern umhereilt und nach ihren Kindern sucht, die sie angeblich in einem wahnsinnigen Wutanfall ermordet haben soll, sowie auf eine verhüllte Gestalt, die nachdenklich ins Leere starrt und ihre Beobachter nicht wahrzunehmen scheint. Wenn man sich ihr jedoch zu sehr nähert, löst sich die Gestalt plötzlich in Luft auf, um in geringer Entfernung erneut in der gleichen nachdenklichen Pose zu erscheinen.

## St. Botolph's Church

### *Bishopsgate, London*

Im Jahre 1982 machte der Fotograf Chris Brackley ein Foto vom Inneren dieser historischen Kirche, wo er sich in jenem Moment mit seiner Frau ganz allein befand. Nachdem er das Foto entwickelt hatte, bemerkte er jedoch erstaunt, dass darauf eine Gestalt in einem altertümlichen Gewand zu sehen war, die auf der Empore rechts neben dem Altar stand. Als das Negativ daraufhin von Fachleuten eingehend untersucht wurde, stellte man fest, dass der Film weder doppelt belichtet war, noch dass Brackleys Fotoausrüstung irgendwelche Defekte aufwies. Das Erscheinen dieser geheimnisvollen Gestalt ließ sich nur damit erklären, dass in dem Moment, in dem das Foto gemacht wurde, tatsächlich jemand auf der Empore gestanden hatte. Ein paar Jahre später setzte sich ein Bauarbeiter, der an den Restaurationsarbeiten in der Krypta der Kirche beteiligt war, mit Brackley in Verbindung. Er erzählte ihm, dass ihm beim Abreißen einer Mauer aus Versehen ein Stapel alter Särge in Unordnung geraten war. Einer der Särge, der sich dabei zufällig geöffnet hatte, enthielt einen gut erhaltenen Leichnam, dessen Gesicht eine erschreckende Ähnlichkeit mit der Gestalt auf dem Foto besaß.

RECHTS: Auf diesem Foto vom Inneren der Kirche St. Botolph ist eine gespenstische Gestalt (Ausschnitt oben) zu erkennen.

# Der Tower von London
*London*

Seit seiner Errichtung unter Wilhelm dem Eroberer im Jahre 1078 beherrscht der grimmige und Ehrfurcht gebietende Tower das Londoner Stadtbild und die englische Geschichte. Heute ist es das vielleicht spukreichste Gebäude Englands.

Im Wakefield Tower spukt der Geist Heinrichs VI., des englischen Monarchen mit dem wohl tragischsten Schicksal, dessen schwacher und erfolgloser Herrschaft mit seiner Ermordung am 21. Mai 1471 „eine Stunde vor Mitternacht“ ein Ende gesetzt wurde. Der Legende nach war es der Duke of Gloucester [später der berüchtigte Richard III.], der den zum Gebet niederknieenden Monarchen „mit tötlichen Messerstichen“ den Garaus machte. Am Jahrestag seines Todes soll Heinrichs trauriger Geist in der Stunde vor Mitternacht erscheinen und unruhig im Wakefield Tower umherwandeln, bis er beim letzten Glockenschlag zu Mitternacht langsam zwischen den steinernen Mauern verblasst und ein weiteres Jahr in Frieden ruht.

Der mächtige White Tower (Weißer Turm) ist das älteste und schaurigste Gemäuer der Festungsanlage. Auf seinen steinernen Fluren geht der Geist einer „weißen Frau“ um, die einst dabei beobachtet wurde, wie sie an einem der Fenster stand und einer Gruppe von Kindern im gegenüberliegenden Gebäude zuwinkte. Vielleicht ist es ihr „billiges Parfum“, das die Luft am Eingang der St. John Kapelle durchdringt und das schon so manchen Wachmann zum Erbrechen brachte, als er den beißenden Geruch einatmete.

OBEN: Auf der Liste derer, die einst durch das Verräter-Tor als Gefangene in den Londoner Tower gebracht wurden, sind viele der bedeutendsten Namen der englischen Geschichte zu finden.

Schon mehrere Wachmänner haben davon berichtet, dass sie auf der Galerie, wo die prunkvolle Rüstung Heinrichs VIII. ausgestellt ist, beim Eintreten plötzlich einen schrecklichen Druck verspürten, der jedoch sofort wieder nachließ, sobald sie zitternd aus dem Raum wankten. Einen Wachmann, der in einer stürmischen Nacht hier gerade seinen Kontrollgang machte, überkam ganz plötzlich ein beängstigendes Gefühl, als hätte jemand einen schweren Umhang über ihn geworfen. Als er versuchte, sich davon zu befreien, schien es, als würde der Umhang von hinten ergriffen und fest um seinen Hals gezogen. Der Mann konnte sich jedoch aus dem gespenstischen Griff befreien und stürzte in seinen Wachraum zurück. Würgemale an seinem Hals zeugten vom Gerangel mit dem unsichtbaren Angreifer.

Auf dem Tower-Anger erinnert ein Denkmal an all die unglücklichen Seelen, die hier im Laufe der Jahrhunderte hingerichtet wurden. Hier sollen nicht nur die Geister von Anne Boleyn und Lady Jane umherwandeln, sondern auch der Geist von Margaret Pole, Gräfin von Salisbury, welcher allerdings auf besonders schaurige Weise in Erscheinung tritt. Im Alter von zweiundsiebzig Jahren wurde Margaret unwissentlich und ungerechterweise zur Zielscheibe für die kleinlichen Rachegelüste Heinrichs VIII. Ihr Sohn, Kardinal Pole, hatte nämlich den Anspruch des Königs, das Oberhaupt der englischen Staatskirche zu sein, missbilligt. Da Pole jedoch fernab in Frankreich weilte, ließ Heinrich am 27. Mai 1541 dessen Mutter auf das Schafott bringen. Als ihr der Henker befahl niederzuknien, weigerte sich die energische alte Dame mit den höhnischen Worten: „Das sollten nur Verräter tun und ich bin keiner." Der Henker hob daraufhin sein Beil und jagte die Gräfin so lange um den Richtklotz, bis er sie schließlich zu Tode gehackt hatte. Am Jahrestag ihres Todes hat sich dieses schaurige Schauspiel, bei dem ihr kreischender Geist unaufhörlich von einem gespenstischen Henker gejagt wird, schon mehrere Male wiederholt.

Der Bloody Tower (Blutturm), dessen Name bereits die verschiedensten Gräueltaten vermuten lässt, beherbergt die wohl ergreifendsten Geister der gesamten Festungsanlage, nämlich die zweier Prinzen. Nach dem unerwarteten Tod Eduards IV. im April 1483 sollte sein zwölfjähriger Sohn als Eduard V. seine Nachfolge antreten. Bevor es jedoch zu Eduards Krönung kommen konnte, wurden er und sein jüngerer Bruder, Richard, vom Parlament für unehelich erklärt, woraufhin der Duke of Gloucester den Thron als Richard III. übernahm. Die beiden Brüder hatte man während der Krönungsvorbereitungen inzwischen in den Tower von London gesandt, wo man sie des Öfteren fröhlich auf dem Gelände spielen sah. Vom August des Jahres 1484 an wurden sie jedoch nie wieder gesehen. Es wurde stets vermutet, dass die beiden auf Richards Geheiß ermordet und irgendwo auf dem Festungsgelände begraben worden waren. Nachdem man im Jahre 1674 unter einer Treppe im White Tower zwei Skelette gefunden hatte, bei denen es sich vermutlich um die Überreste der beiden Brüder handelte, ließ man ihnen schließlich ein königliches Begräbnis in der Westminster-Abtei zuteil werden. Die in weiße Nachtgewänder gehüllten wimmernden Geister der beiden Kinder, die sich ängstlich aneinander festkrallen, sind schon oft in den spärlich beleuchteten Räumen ihres einstigen Gefängnisses gesehen worden. Alle, die ihnen begegnen, sind von ihrem Anblick so tief gerührt, dass sie den beiden leidenden Geistern am liebsten Trost spenden möchten. Sobald sie sich ihnen aber nähern, ziehen sich die zitternden Gestalten langsam zurück und verschwinden im Mauerwerk.

OBEN: Das Verschwinden der kleinen Prinzen Eduard und Richard aus dem Tower von London im Jahre 1483 gibt eines der größten Rätsel der englischen Geschichte auf.

Aber kehren wir noch einmal zu den furchtlosen Wachmännern zurück, die in tiefster Nacht ihre Runden durch das Innere des White Tower drehen. Eines Nachts wollte sich Arthur Crick auf einem seiner Rundgänge eine kleine Verschnaufpause gönnen. Er setzte sich auf einen Mauervorsprung, zog den rechten Schuh aus und massierte gerade seine müden Zehen, als er hinter sich plötzlich eine geisterhafte Stimme vernahm, die flüsterte: „Hier sind nur du und ich", worauf Arthur erwiderte: „Lass mich nur erst diesen verflixten Schuh anziehen, dann bist nur noch du hier!"

## Das Grosse Bett von Ware

*Victoria and Albert Museum, London*

Bei diesem eindrucksvollen Bett, das unglaubliche 3,38 m lang und 3,30 m breit ist, handelt es sich um das angeblich gespenstischste Bett ganz Großbritanniens. Es war von einem Tischler namens Jonas Fosbrooke im Jahre 1463 eigens für König Eduard IV. gebaut worden. Nachdem Eduards Sohn, Prinz Eduard, zusammen mit seinem Bruder in den Tower gesperrt worden war, wurde das Bett verkauft und wanderte schließlich durch die Schlafzimmer verschiedener Gasthöfe in Ware, Herfortshire. Im 17. Jahrhundert sollen sich während eines Festivals sogar zwölf Ehepaare dieses Bett geteilt haben, da im gesamten Gasthof kein einziges Zimmer mehr frei war! Der überaus pedantische Geist des Tischlers Fosbrooke nahm es jedoch übel, dass irgendein dahergelaufenes Gesindel auf seinem luxuriösen Meisterstück nächtigte, und hinderte jeden Einzelnen mit boshaften Kniffen am Einschlafen. Seine gespenstischen Piesackereien waren bald so bekannt, dass es unter den Gästen in den verschiedenen Gasthöfen zum Brauch wurde, vor dem Zubettgehen einen Toast auf das Bett und den Geist auszubringen.

OBEN: Es stammt wahrscheinlich aus einem späteren Jahrhundert, doch der Legende nach wurde das Große Bett von Ware im 15. Jahrhundert von einem Tischler des Königs geschaffen und mit einem wahrhaft schlechten Ruf belegt.

## Bisham Abbey

### *Bisham, Berkshire*

Die Abtei mit dem dazugehörigen Anwesen beherbergt heute das National Sports Centre und dient unter anderem als Trainingsstätte für die englische Fußballnationalmannschaft, die ohne Zweifel großen Nutzen aus Führungsqualitäten des dort umherspukenden Geistes ziehen könnte. Hierbei soll es sich angeblich um den Geist von Lady Elizabeth Hoby handeln, deren Bildnis noch heute in der nahe gelegenen Allerheiligenkirche zu sehen ist. Zu Lebzeiten war die Dame eine begabte Gelehrte, die fließend Griechisch und Latein sprach und mit Hingabe wissenschaftliche Abhandlungen zu religiösen Themen verfasste. Sie setzte große Hoffnungen in ihren Sohn William, der jedoch keinerlei Begeisterung für die Wissenschaft aufbrachte und sich zu allem Übel als schlechter Schüler erwies, ohne die geringste Begabung für die Sprachen, die seine Mutter so exzellent beherrschte. Des Öfteren schmierte und kleckste er seine Schreibhefte voll und brachte seine tyrannische Mutter damit so sehr in Rage, dass sie gnadenlos auf den armen Jungen einprügelte. Eines Tages, nach einer besonders fruchtlosen Lehr-

RECHTS: Die Bisham Abbey und ihr einstiges Anwesen werden vom Geist der Lady Elizabeth Hoby heimgesucht, die wegen des Mordes an ihrem Sohn zu ewigen Qualen verdammt ist.

LINKS: Auf Grund der schändlichen Taten eines Gastwirts names Jarman aus dem 14. Jahrhundert gehen im Ostrich Inn boshafte Geister um.

stunde, verlor Elizabeth wegen des teilnahmslosen Verhaltens ihres Sprösslings so sehr die Selbstbeherrschung, dass sie ihm eine heftige Tracht Prügel verabreichte und ihn zur Strafe in eine dunkle Kammer sperrte. Unglücklicherweise wurde sie kurz darauf von Königin Elizabeth I. nach London bestellt und vergaß, vor ihrer Abreise die Diener darüber zu informieren, wo sich ihr Sohn befand. Bei ihrer Rückkehr war William bereits verhungert und Elizabeths ewig währendes Schicksal besiegelt.

Sie starb im Jahre 1609 als unglückliche alte Frau und seitdem schleicht ihr Geist auf dem Anwesen der alten Abtei umher. Des Nachts hat man schon oft schwere Schritte auf den Fluren entlangschlurfen hören, die gelegentlich vom Klang einer bitterlich weinenden Stimme begleitet wurden. Das wohl Schaurigste an ihrem reumütigen Geist ist jedoch seine Gestalt, die, Beschreibungen zufolge, mit ihrem schwarzen Gesicht, den schwarzen Händen und dem weißen Kleid an das Negativ eines Fotos erinnert. Sie gleitet durch das Gebäude und wäscht in einer Schüssel, die „ohne sichtbaren Halt" vor ihr her schwebt, bis in alle Ewigkeit das Blut von ihren Händen.

# Ostrich Inn

## *Colnbrook, Berkshire*

Dieser stimmungsvolle alte Gasthof, der sich in dem altertümlichen kleinen Ort Colnbrook befindet, war einst eine wichtige Zwischenstation auf der Hauptstrecke der Postkutsche zwischen London und Bath. Da sich sich seine Besitzer nicht an den endlosen Debatten um den Titel des ältesten Wirtshauses Englands beteiligen möchten, gehen sie auf Nummer sicher und bezeichnen den Ostrich Inn, der im Jahr 1165 zum ersten Mal erwähnt wurde, lieber als viertältestes Gasthaus Englands. Gewiss ist hingegen, dass es sich hierbei um das erste Gasthaus Englands handelt, das jemals in einem Roman Erwähnung fand, nämlich in dem Ende des 16. Jahrhunderts von Thomas Deloney verfassten Roman ***Tage des alten England.***

In seinem Buch erzählt der Autor von den schändlichen Taten eines früheren Gastwirts namens Jarman, durch den der Ostrich Inn in der Region Berkshire zur Legende wurde. Es wird angenommen, dass seine schrecklichen Verbrechen etwa in der Zeit um 1300 stattgefunden haben. In jenen Tagen pflegten wohlhabende Reisende im Gasthof eine Rast einzulegen, um sich ihrer schmutzigen Kleider zu entledigen und stattdessen feine Gewänder anzulegen, mit denen sie im nahe gelegenen Windsor Castle vor den König treten wollten. Die Tatsache, dass viele dieser Herrschaften riesige Geldsummen mit sich führten, blieb auch Jarman nicht verborgen, der einen ausgeklügelten Plan ersann, wie er seine Gäste sowohl ihres Reichtums als auch ihres Lebens berauben könne.

Immer wenn ein scheinbar wohlhabender Herr in seinem Gasthof eintraf, machte sich Jarman sogleich daran, ihm ein hochprozentiges Getränk zu verabreichen. Er hatte für solche besondere Gäste stets sein „bestes Zimmer" vorgesehen und wartete geduldig, bis sie betrunken ins Bett fielen. Als er sicher war, dass sein Opfer tief schlief, öffnete er zwei Riegel an der Decke des darunter befindlichen Raumes, sodass sich das Bett im 45-Grad-Winkel nach unten neigte und der schlafende Gast direkt in einen Bottich mit kochendem Wasser stürzte, den Jarman im unteren Raum stets bereithielt. Danach nahm er dessen Habe an sich, verkaufte das Pferd und die Kleider an Zigeuner und versenkte den Leichnam im nahe gelegenen Fluss.

Jarmans Schandtaten, mit denen er Unmengen an Geld scheffelte, blieben über Jahre hinweg unentdeckt, bis er eines

UNTEN: Der gespenstische Handabdruck, der des Öfteren auf dieser Glasscheibe des Wirtshauses The Royal Stag erscheint, erinnert an das arme Kind, das im 19. Jahrhundert vor dem Fenster erfror.

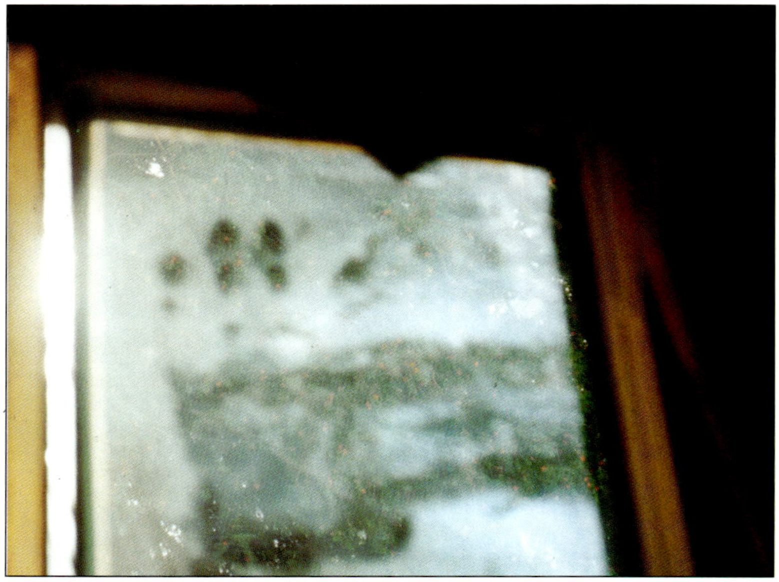

Nachts ein weiteres Opfer auserkoren hatte. Der Mann, der sich gerade betrunken in sein Bett geschleppt hatte, stand jedoch sofort wieder auf, da er sich wegen der großen Mengen an Alkohol, die er getrunken hatte, genötigt sah, den Nachttopf zu benutzen. Als er gerade seine Notdurft verrichtete, musste er voller Entsetzen mit ansehen, wie sich der Kopfteil seines Bettes plötzlich senkte und im Fußboden verschwand. Durch seine Schreie wachten die anderen Gäste auf und Jarmans mörderische Laufbahn war zu Ende. Am Galgen prahlte Jarman zwar damit, mehr als sechzig Menschen umgebracht zu haben, aber in Wirklichkeit scheinen es eher um die fünfzehn gewesen zu sein.

Das Personal des Gasthofes, der sich seinen ehrwürdigen Charme bis heute bewahrt hat, fühlt sich des Öfteren von der „unheilvollen Atmosphäre" bedroht, die in bestimmten Teilen des Hauses vorzuherrschen scheint, und mehrere Wirtsleute haben sich schon darüber beschwert, dass ihre Nachtruhe durch knarrende Dielen, schaurige Seufzer, gespenstisches Rumoren und andere unheimliche Geräusche gestört wurde, die von einem der einstigen Opfer Jarmans stammen.

## The Royal Stag

*Datchet, Berkshire*

In diesem zauberhaften Pub, der sich in der Ortschaft Datchet gleich neben der Dorfkirche befindet, kann man sich an kalten Winterabenden wunderbar die Zeit vertreiben. Die Tatsache, dass in diesem Ambiente die Stunden wie im Fluge vergehen, hat einst zu einer Tragödie geführt, die eine der wohl ungewöhnlichsten Spukerscheinungen in einem englischen Pub zur Folge hatte. An einem düsteren verschneiten Wintertag irgendwann im Viktorianischer Zeitalter kam ein Arbeiter mit seinem kleinen Sohn zum Pub. Der Mann, ein verantwortungsbewusster Vater, schickte seinen Sohn zum Spielen auf den angrenzenden Kirchhof und ließ sich selbst in dem gemütlichen Wirtshaus nieder. Nachdem der Junge eine Weile lang im Schnee gespielt hatte, begann es ihn jedoch zu frösteln und so lief er zu dem Wirtshausfenster, das noch heute auf den kleinen Kirchhof zeigt, und versuchte, seinen Vater auf sich aufmerksam zu machen. Dieser amüsierte sich jedoch gerade so gut, dass er dem Befinden des Jungen keinerlei Beachtung schenkte und seinen Sprössling schlichtweg ignorierte. Bei seinem letzten verzweifelten Versuch, den Vater vom Bierglas wegzulocken, presste der Junge seine Hand fest gegen die Fensterscheibe und sank in den Schnee, wo er schließlich erfror. Seit diesem tragischen Ereignis ist der gespenstische Handabdruck schon des Öfteren an der Fensterscheibe erschienen. Manchmal ist er dort monatelang ununterbrochen zu sehen und manchmal nur ein paar Stunden lang. Als der Abdruck im Jahre 1979 erneut zu sehen war, wurde die Scheibe auf Veranlassung einer englischen Zeitung entfernt und einer wissenschaftlichen Untersuchung unterzogen. Der Analyse zufolge handelte es sich lediglich um eine einfache alte Glasscheibe, an der sich nichts Besonderes feststellen ließ. Inzwischen ist der gespenstische Handabdruck jedoch auch auf der neuen Glasscheibe erschienen, die man in das Fenster gesetzt hatte. Als der Abdruck im Februar 2000 erneut auftauchte, wurde er auf einem Foto festgehalten, das auf der gegenüberliegenden Seite abgebildet ist.

OBEN: Sir Edmund Verney, dessen Hand die Standarte der Royalisten während der Schlacht von Edgehill fest umklammert hielt.

## Claydon House

*Middle Claydon, Buckinghamshire*

In diesem Gebäude soll der Geist des früheren Besitzers, Sir Edmund Verney, spuken. Verney war in der Schlacht von Edgehill im Jahre 1642 als Standartenträger der Royalisten im Einsatz (siehe S. 38), bei dem er von Cromwells Truppen gefangen genommen und zur Übergabe der Flagge gezwungen wurde. Er weigerte sich jedoch mit den Worten: „Mein Leben gehört mir, aber meine Flagge dem König". und wurde daraufhin getötet. Als man jedoch versuchte, dem Toten die Standarte zu entreißen, ließen sich seine Finger nicht von der Stange lösen, sodass man seine ganze Hand abhacken musste. Als die Royalisten ihre Flagge schließlich zurückeroberten, stellten sie fest, dass sich Verneys Hand noch immer daran festkrallte. Sein Leichnam konnte zwar nicht gefunden werden, aber dafür sandte man seine Hand mit dem unverwechselbaren Siegelring am Finger nach Claydon zurück, wo sie bestattet wurde. Seitdem hat man Sir Edmunds gequälten Geist schon des Öfteren dabei beobachtet, wie er in seiner Tracht aus dem 17. Jahrhundert unruhig durch die Flure schreitet oder traurig auf der Treppe steht und mit entsetztem Blick seine Hand sucht, die er aus Treue zu seinem König verloren hat.

*„Mein Leben gehört mir, aber meine Standarte dem König."*

SIR EDMUND VERNEY, ALS ER FÜR KARL I. SEIN LEBEN OPFERTE

# St. Mary the Virgin

## *Marston Moretaine, Bedfordshire*

Diese hübsche Kirche, die im Jahre 1445 vollkommen wieder erbaut wurde, birgt mehrere interessante Schnitzarbeiten und Fensterbilder. Ihr mächtiger Westturm steht seltsamerweise mit etwas Abstand vom übrigen Gebäude entfernt und war wahrscheinlich als Zufluchtsort vor Überschwemmungen vorgesehen, da sich die Kirche in einem tiefen Tal befindet. Der hiesigen Sage nach soll dieses Tal vom Teufel stammen, der eines Nachts den Kirchturm stehlen wollte. Dieser war ihm jedoch viel zu schwer, sodass er ihn nach ein paar kurzen Schritten wieder absetzte.

OBEN: Im Mittelalter glaubte man, dass der Teufel ganze Kirchen stehlen würde.

LINKS: T. W. Latchmore hat im Jahre 1907 in den verfallenen Ruinen der Minsden Kapelle in Hertfordshire angeblich einen Geistermönch fotografiert.

# Minsden Chapel

## *Bei Hitchin, Hertfordshire*

Versteckt hinter einem kleinen Wäldchen, führt ein schlammiger Fußweg zu den zerborstenen Ruinen der Minsden Kapelle, die seit mindestens dreihundert Jahren dem Verfall preisgegeben ist. Die Kapelle wurde im 14. Jahrhundert als Raststätte für die Pilger erbaut, die zur St. Alban Abtei unterwegs waren. Im 18. Jahrhundert, als man die geheiligte Stätte auf Grund ihrer romantischen Lage gern für Hochzeiten nutzte, befand sich das Gebäude jedoch bereits in schlechtem baulichen Zustand. Im Jahre 1738, als Mary Horn ihrem Liebsten, Enoch West, gerade das Eheversprechen gab, löste sich plötzlich ein Steinbrocken vom Dach, fiel herab und schlug dem Pfarrer das Gebetbuch aus der Hand. Das war eindeutig zu viel des Guten und die Kapelle wurde geschlossen. Seitdem sind nur noch ihre traurigen Überreste zu sehen. Anfang des 20. Jahrhunderts nahm sich jedoch der Historiker Reginald Hine aus Hertfordshire der

Ruine an und mietete sie für den Rest seines Lebens von der Kirche. Er sprach an alle „Unbefugten und Kirchenschänder" die scharfe Warnung aus, dass er mit den härtesten Mitteln des Gesetzes gegen sie vorgehen und auch nach seinem Tod mit aller Macht seines Geistes die geheiligten Mauern schützen würde. Nach seinem Tod im Jahre 1949 wurde er an diesem Ort beigesetzt und sein mit Rissen übersäter Grabstein ruht heute unter einem saftigen Teppich aus Unkraut und Moos. Es überrascht nicht, dass in der verfallenen Ruine ein Geistermönch umgeht, der zu Mitternacht an Halloween in Erscheinung tritt und an der nordöstlichen Ecke der alten Kapelle eine längst verschwundene Treppe emporsteigt. Seinem Erscheinen geht stets das mysteriöse Geläute der schon längst nicht mehr vorhandenen Glocken der Kapelle voraus und sein Weg wird vom feierlichen Klang wehmütiger Musik begleitet. Im Jahre 1907 fotografierte T. W. Latchmore die alte Ruine und behauptete auf einem Foto die Gestalt des Geistermönches eingefangen zu haben. Das stimmungsvolle Foto ist auf der gegenüberliegenden Seite abgebildet, sodass Sie selbst entscheiden können, ob sie es für echt oder für eine gelungene Fälschung halten.

UNTEN: Das Grab der Anne Grimston, die sich auf dem Sterbebett weigerte, ihrem Glauben zu entsagen. Stattdessen spottete sie: Wenn es wirklich ein Leben nach dem Tode gäbe, würden sieben Bäume unter ihrem Grabmal hervorwachsen.

# St. Peter's Church

## *Tewin, Hertfordshire*

Die an einem leichten Abhang kauernde Backsteinkirche ist nicht sonderlich beeindruckend. Sie steht inmitten eines verträumten Friedhofs, auf dem eine Ketzerin begraben liegt, deren Ruhestätte von einem schmiedeeisernen Zaun umgeben ist. Es handelt sich dabei um Lady Anne Grimston, die zu Lebzeiten eine Sadduzäerin gewesen sein soll und deshalb nicht an die Wiederauferstehung nach dem Tode glaubte. Als sie im November 1780 im Sterben lag, ignorierte sie die eindringliche Bitte des Pfarrers, sich von ihrem Glauben loszusagen, und verweigerte den Empfang der Sterbesakramente. „Wenn es hiernach tatsächlich Leben gibt", soll sie gespottet haben, „dann werden unter meinem Grab Bäume hervorwachsen."

Anne Grimston wurde auf dem Friedhof der Kirche beigesetzt, wo – entweder durch die Hand des Schicksals oder durch das gezielte Eingreifen eines Geistlichen – tatsächlich mehrere Bäume aus ihrem Grab hervorzusprießen begannen, die das steinerne Grabmal leicht aus den Angeln hoben, sodass sich große moosbedeckte Brocken davon auf dem Teppich aus Unkraut und Sträuchern verteilten, unter dem Anne Grimstons sterblichen Überreste nun liegen.

# Geisterschiffe, historisce Hügel *und* Englands gespenstischstes Dorf

*The land's sharp features seemed to be*
*The Century's corpse ouleant,*
*His crypt the cloudy canopy,*
*The wind his death-lament.*
*The ancient pulse of germ and birth*
*Was shrunken hard and dry,*
*And every spirit upon earth*
*Seemed fervoruless as I.*

Aus: *The Darkling Thrush*
von Thomas Hardy

# Surrey, West Sussex, East Sussex & Kent

Diese Grafschaften sind überaus geschichtsträchtig und reich an Sagen und Legenden. Auf ihren Eroberungszügen strömten Römer, Sachsen und Jütländer durch die Küstenregionen, bis Wilhelm, Herzog der Normandie, im Jahre 1066 in der Schlacht von Hastings König Harold besiegte und den englischen Thron bestieg. Mehr als ein Jahrhundert später unterzeichnete König Johann in Surrey die Magna Carta und legte somit einen der wichtigsten Grundsteine des englischen Verfassungsrechts. Um solch historisch bedeutsame Momente ranken sich vielerlei Legenden. Man erzählt sich, dass in diesen Grafschaften gespenstische Soldaten durchs Land ziehen und es heißt, König Johann sei so von Hass erfüllt gewesen, dass noch Jahre nach seinem Tod sein Geist in Gestalt eines ungeheuerlichen Werwolfs durch die Gegend von Surrey streift! Heinrich VIII. hat mit seinen tyrannischen Untaten viele Geister heraufbeschworen, sodass im Hampton Court Palace allein drei seiner Ehefrauen spuken. Im 20. Jahrhundert hat die kleine Ortschaft Pluckley in Kent als gespenstischstes Dorf Englands Weltruhm erlangt.

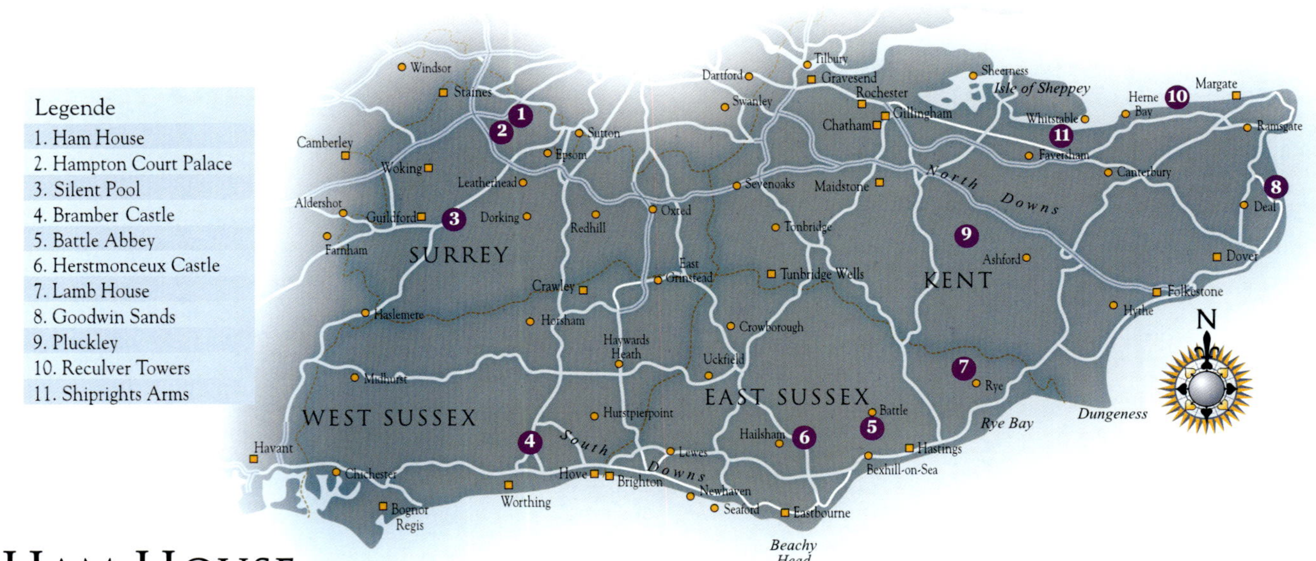


## Ham House
*Petersham, Surrey*

Das als Dornröschen der Landhäuser bezeichnete Gebäude hat sich seit dem 17. Jahrhundert kaum verändert. Es wurde im Jahre 1610 von Sir Thomas Vavasour als bescheidener Landsitz erbaut und ging 1637 in den Besitz von William Murray, dem ersten Earl of Dysart, über, der in jungen Jahren einen „beneidenswerten" Posten als Prügelknabe des zukünftigen Königs Karl I. bekleidete. Seine Hauptfunktion bestand darin, für das Fehlverhalten des Prinzen bestraft zu werden! Im Jahre 1651 vermachte er das Anwesen seiner Tochter, Elizabeth Murray, Countess of Dysart und Ehefrau von Sir Lyonel Tollemache, dem sie elf Kinder gebar. Man munkelte, dass sie auch die Geliebte von Oliver Cromwell gewesen sei, der angeblich der Vater ihres zweiten Sohnes, Thomas, war. Im Zuge der Restauration der englischen Monarchie wurde sie die Geliebte des Duke of Lauderdale, den sie nach Sir Lyonels Tod im Jahre 1672 heiratete.

Einer Legende zufolge soll im 19. Jahrhundert einst die sechsjährige Tochter eines im Ham House angestellten Butlers von den damaligen Besitzern in das Landhaus eingeladen worden sein. In den frühen Morgenstunden erwachte das Mädchen plötzlich und sah, wie eine alte Frau mit den Fingern an einer Wand entlangkratzte. Als es sich hinsetzte, um das Geschehen

VORHERIGE SEITEN: Man hat schon des Öfteren ein Gespensterschiff auf die tückischen Sandbänke Goodwin Sands in Kent zusteuern sehen.

besser beobachten zu können, schien sich die Alte jedoch gestört zu fühlen und kam ans Fußende des Bettes, wo sie dem Kind mit schaurigem Blick in die Augen starrte. Das Mädchen brach in entsetztes Kreischen aus, sodass die anderen Hausbewohner aufschreckten und ins Zimmer stürzten. Dort fanden sie von der alten Frau keine Spur, entdeckten aber in der Wand ein Geheimfach mit Dokumenten, die bewiesen, dass Elizabeth, Countess of Dysart, ihren ersten Ehemann ermordet hatte, um den Duke of Lauderdale heiraten zu können.

## Hampton Court Palace

### *Hampton Court, Surrey*

Im Jahre 1525 ließ Kardinal Wolsey am Ufer der Themse einen prächtigen Palast errichten. Darin residierte er mit solch verschwenderischem Luxus, dass ganz Europa von seiner Gastfreundschaft sprach. Als es ihm jedoch nicht gelang, den Papst zu einer Annullierung der Ehe von Heinrich VIII. und Catherine von Aragon zu überreden, war sein Niedergang besiegelt. In einem letzten verzweifelten Versuch, das Wohlwollen des Königs zurückzugewinnen, bot er Heinrich VIII. seinen „Juwel an der Themse" an. Dieser nahm das Geschenk dankbar an und forderte Wolsey unverzüglich auf, sich einer Anklage wegen Hochverrats zu stellen. Sowohl geistig als auch körperlich angeschlagen, machte sich Wolsey von seinem Bistum York aus auf den Weg nach Süden. Auf seiner Reise starb er jedoch in der Nähe von Leicester mit dem reumütigen Gedanken, dass er doch besser hätte Gott so eifrig dienen sollen, wie er seinem König gedient habe.

OBEN: Ham House, das „Dornröschen der Landhäuser", in dem der Geist von Oliver Cromwells Mätresse den Beweis dafür lieferte, dass sie ihren ersten Ehemann umgebracht hatte.

König Heinrich führte kurz darauf seine zweite Ehefrau, Anne Boleyn, für die er sich von Catherine von Aragon hatte scheiden lassen, in Wolseys prachtvollen Palast ein. Nachdem Anne im Jahre 1536 wegen angeblicher Untreue enthauptet worden war – der wahre Grund scheint jedoch gewesen zu sein, dass sie dem König keinen männlichen Erben gebar – blieb ihr Geist im Schloss zurück und wandelt in einem blauen Gewand einsam durch die Flure und Gemächer. Jane Seymour, der Heinrich bereits den Hof gemachte hatte, als Anne noch am Leben war, wurde seine dritte Ehefrau. Sie schien dem tyrannischen Herrscher zu wahrer Zufriedenheit zu verhelfen und schenkte ihm am 12. Oktober 1537 den lang ersehnten Sohn und Thronerben. Kurz darauf jedoch starb Jane Seymour (eines natürlichen Todes) und seitdem wandelt ihr Geist alljährlich am Geburtstag ihres Sohnes durch das Schloss. Mit einer Kerze in der Hand und traurig gesenktem Haupt gleitet sie gespenstisch durch die Flure und durch geschlossene Türen hindurch. Einst hat sie ein paar Bedienstete im Schloss durch ihr stummes Erscheinen so sehr in Schrecken versetzt, dass diese auf der Stelle ihren Dienst quittierten.

Catherine Howard, die fünfte Ehefrau Heinrichs VIII., tritt im Hampton Court Palace allerdings auf die wohl schauerlichste Weise in Erscheinung. Obwohl Catherine noch sehr jung war, als sie der König im Jahre 1540 heiratete, verfügte sie dennoch über gewisse sexuelle Erfahrungen. Zuvor hatten zu ihren Liebhabern Henry Mannock sowie ein junger Adliger namens Dereham gehört. Da Catherine den König körperlich abstoßend fand, suchte sie Trost in den Armen von Thomas Culpeper, einem jungen Mann bei Hofe. Durch den Klatsch der Bediensteten kamen Catherines frühere Affairen ans Licht und bald darauf wurde auch ihr Seitensprung bekannt. Heinrich war über den Ehebruch so erzürnt, dass er den unglücklichen Culpeper in den Tower warf und zusammen mit Mannock und Dereham hinrichten ließ. Die untreue Königin wurde hingegen in ihre Gemächer im Hampton Court Palace gesperrt, wo sie über ihr unvermeidliches Schicksal nachgrübelte und schießlich zu dem Schluss kam, dass ihre einzige Hoffnung darin bestand, den König um ihr Leben anzuflehen. Am 4. November 1541, als Heinrich zum Gebet in der Kapelle weilte, entwischte sie ihren Wärtern, rannte über den heute als „Spukgalerie“ bezeichneten Durchgang, warf sich gegen die verschlossene Kapellentür und flehte ihren Mann laut schreiend um eine Audienz an. Der König lauschte ihrem Flehen mit eisigem Schweigen und kurz darauf wurde das hysterisch kreischende Mädchen von den Wärtern ergriffen und wieder in ihre Gemächer zurückgeschleift. Am 3. Februar 1542 schritt die gerade einmal 20 Jahre alte Catherine Howard tapfer zum Richtklotz und sprach: „Ich sterbe als Königin, aber ich wäre lieber als die einfache Frau von Tom Culpeper gestorben. Gott sei gnädig mit meiner Seele. Betet für mich.“ Als das Beil niedersauste, lächelte sie. Seitdem haben Bedienstete, Adlige und in jüngster Zeit auch Wachmänner davon berichtet, ihren Geist gesehen zu haben, der in einem weißen Gewand auf die Kapelle zustürzt und das Gesicht zu einem Furcht erregenden gespenstischen Schrei verzerrt. An der Eingangstür zur Kapelle haben schon viele Schlossbesucher eine seltsame eisige Kälte und ein starkes Gefühl trauriger Verzweiflung verspürt und einige haben sogar eine beringte Hand an die Tür klopfen sehen. Erst kürzlich, im Jahre 1999, fielen zwei Frauen bei unterschiedlichen Führungen in der Spukgalerie genau an derselben Stelle in Ohnmacht. Die Frauen berichteten, sie hätten, kurz bevor sie das Bewusstsein verloren, einen kalten Schauer und einen Schlag verspürt.

OBEN: Der Geist von Jane Seymour, der dritten Ehefrau Heinrichs VIII., wandelt mit einer Kerze über die Flure des Hampton Court Palace.

Mehr als dreißig Geister spuken in den alten Mauern des Hampton Court Palace, wo die Geschichte zum Leben erwacht und man auf den Spuren berühmter oder längst vergessener Könige, Königinnen, Lords und Ladies wandelt.

## Silent Pool

### *Bei Shere, Surrey*

Eine seltsame Stille hängt über diesem unheilvollen kleinen See, der am Fuße der North Downs einsam vor sich hin plätschert. Im 13. Jahrhundert war diese Gegend ein dichtes Waldgebiet und einer Legende zufolge soll hier einst ein prächtig gekleideter Fremder zu einem armen Holzfäller gekommen sein, der Witwer war und mit seinem Sohn und seiner wunderschönen jungen Tochter in einer armseligen Hütte hauste. Trotz seiner Armut lud der Holzfäller den Fremden in seine Hütte ein und bewirtete ihn, so gut es ihm möglich war. Nachdem sich der edle Gast gestärkt hatte, ging die Tochter des Holzfällers hinaus um an jenem warmen Tag im See ein Bad zu nehmen. Als sie im Wasser war, hörte sie plötzlich, wie sich jemand durch das knackende Dickicht näherte. Sie eilte zum Ufer, doch ehe sie dort ankam, schoss der Fremde aus dem Gehölz hervor und ließ sein Pferd auf ihren Kleidern aufbäumen. Das Mädchen tauchte eiligst in den See zurück, doch der Fremde ritt ihr hinterher. Sie war eine schlechte Schwimmerin und paddelte bald hilflos an der tiefsten Stelle des Sees umher. In diesem Moment kam ihr Bruder, der ihre Schreie vernommen hatte, herbeigeeilt und sprang in den See, um sie zu retten. Da er ein ebenso schlechter Schwimmer wie seine Schwester war, schlug sein Rettungsversuch fehl und die beiden ertranken. Der Fremde, der von ihrem traurigen Schicksal völ-

RECHTS: Die steinernen Löwen im Hampton Court Palace sind schon Zeugen vieler gespenstischer Erscheinungen geworden.

OBEN: Noch heute verspürt man eine bedrückende Melancholie am Silent Pool (Stiller See), in dem einst die Kinder eines Holzfällers durch das Verschulden König Johanns ertrunken sein sollen.

lig unberührt war, lenkte sein Pferd aus dem Wasser und galoppierte davon.

Kurze Zeit später kam der Holzfäller auf der Suche nach seinen Kindern zum See und sah ihre leblosen Körper auf der Wasseroberfläche treiben. Als der tief betrübte Mann die beiden Leichen aus dem Wasser holte und ans Ufer brachte, sah er an einem Ast eine Feder vom Hut des Fremden hängen und erkannte, was geschehen war. Der Holzfäller schwor bittere Rache und machte sich in der gesamten Gegend auf die Suche nach dem Mörder. Bald hatte er herausgefunden, dass es sich bei dem edlen Herrn um keinen Geringeren handelte als um Prinz Johann, den Regenten Englands, dessen Bruder, Richard, sich gerade auf einem Kreuzzug befand.

Mit der Hilfe eines der zahlreichen Feinde Prinz Johanns gelang es dem Holzfäller, eine Audienz beim Regenten im Guildford Castle zu erhalten. Johann, der den Holzfäller nicht wieder erkannte und sich offensichtlich auch nicht an sein eigenes schändliches Verhalten erinnerte, zeigte sich über den Vorfall entrüstet und befahl, dass „jener Fremde" bestraft werden müsse. Daraufhin warf ihm der Holzfäller die Feder vor die Füße und entlarvte Johann als Täter. Leider geht aus der Geschichte nicht hervor, wie die Audienz schließlich endete – aber die Legende besagt, dass die Barone wegen des traurigen Schicksals der beiden Kinder umso mehr dazu entschlossen waren, Johann zur Unterzeichnung der Magna Carta in Runnymede im Jahre 1215 zu zwingen.

Diese Tragödie aus längst vergangenen Tagen ist angeblich der Grund für die seltsam bedrückende Stille, die oft aus dem geheimnisvollen See emporzusteigen scheint, unter dessen kräuselnder Oberfläche der Geist des toten Mädchens zuweilen umhertreiben soll.

## Bramber Castle

### *Bramber, West Sussex*

Von der einst imposanten normannischen Festung, die stolz auf einem Hügel thronte, ist heute nur noch ein 23 Meter hohes Fragment der Festungsmauer zu sehen. Während der Herrschaft König Johanns befand sich die Festung im Besitz von William de Braose, der für seinen verschwenderischen Lebensstil vom Monarchen beneidet wurde, aber später, auf Grund seiner Beteiligung an den Ereignissen, die im Jahre 1215 zur erzwungenen Unterzeichnung der Magna Carta führten, beim König in Ungnade fiel. Mit der Absicht, de Braose als abschreckendes Beispiel hinzustellen, befahl ihm der intrigante König, seine vier kleinen Kinder als Geiseln für das in Zukunft bessere Verhalten ihres Vaters auszuliefern. Als de Braose die Erfüllung des Befehls verweigerte, sandte der König eine Armee nach Bramber, um sich der Kinder mit Gewalt zu bemächtigen. Als de Braose von diesem Plan erfuhr, floh er mit seiner gesamten Familie nach Irland, wo man sie jedoch gefangen nahm, nach England zurückbrachte und in den Kerker des Windsor Castle steckte. Dort ließ der rachsüchtige Monarch die Kinder verhungern und machte somit den aufsässigen Baronen unmissverständlich klar, dass mit ihm nicht zu spaßen war. Obwohl sie im Windsor Castle den Tod fanden, kehren die traurigen Geister der Kinder bevorzugt zur Weihnachtszeit in die düsteren Ruinen des Bramber Castle zurück. Die zerlumpten, hohläugigen kleinen Geister zweier Mädchen und eines Jungen wandeln durch die verfallenen Überreste ihrer einstigen Wohnstätte und strecken ihre abgemagerten Hände aus, als ob sie die Menschen, die ihnen begegnen und von den kleinen traurigen Gestalten zu Tränen gerührt sind, um Essen anbetteln würden.

## Battle Abbey

*Battle, East Sussex*

Edward der Bekenner ernannte Wilhelm, Herzog der Normandie, im Jahre 1051 zu seinem Thronerben. Nach Edwards Tod im Januar 1066 riss jedoch Harold Godwinson die englische Krone an sich. Wilhelm war darüber so entrüstet, dass er einen Angriff plante, und sich im September 1066 mit seinen Schiffen auf den Weg nach England machte und schließlich in der Pevensey Bucht an Land ging. Harold, der sich zu dieser Zeit im Norden Englands befand, wo er an der Stamford Brücke gerade einen großen Sieg über die Wikinger davongetragen hatte, eilte in den Süden zurück, um Wilhelm an der Übernahme des englischen Thrones zu hindern. Am 13. Oktober 1066 traf er mit seiner Armee auf dem Caldbec Hill nordwestlich von Hastings ein.

Als seine Truppen am nächsten Morgen zum nahe gelegenen Senlac Ridge weitermarschierten, war die Armee der normannischen Eindringlinge dort bereits auf dem niedriger gelegenen Abhang positioniert – und die Schlacht von Hastings begann. Die Engländer leisteten heftigen Widerstand und Harold brachte mit seiner zweischneidigen Kampfaxt viele Gegner zu Fall. Einen Moment lang waren die Engländer dem Sieg nahe, da in den Reihen der normannischen Truppen plötzlich das Gerücht von Wilhelms Tod umging und sich seine Männer dadurch zum Rückzug genötigt sahen. Wilhelm jedoch nahm seinen Helm ab, ritt tapfer vor seinen entmutigten Männern her und brüllte: „Seht her! Ich lebe und mit Gottes Hilfe werde ich der Sieger sein! Daraufhin sammelten sich seine Truppen wieder und Wilhelm kam auf die glorreiche Idee, sich den fingierten Rückzug strategisch

*„Falls wir gewinnen – und, bei Gott, das werden wir – will ich hier eine Abtei errichten für die Rettung der Seelen derer, die in dieser Schlacht fallen.“*

WILHELM DER EROBERER – AM VORABEND DER SCHLACHT VON HASTINGS

UNTEN: Der blutüberströmte Geist von König Harold spukt in den Ruinen der Battle Abbey, die genau an der Stelle errichtet wurde, an der er in der Schlacht von Hastings im Jahre 1066 gefallen war.

OBEN: Die imposante Pforte des Herstmonceux Castle, wo ein gespenstischer Trommler seit Jahrhunderten schon das Trommelsignal für seinen eigenen Todes schlägt.

zu Nutze zu machen, indem er kleinere Abteilungen der normannischen Kavallerie zum Schein die Flucht ergreifen ließ und die gegnerischen Fußtruppen dadurch veranlasste, ihre Deckung aufzugeben und die Verfolgung aufzunehmen, woraufhin seine Reiter wieder kehrtmachten und ihre Verfolger niedermetzelten. Diese Taktik erwies sich als äußerst erfolgreich und Wilhelm konnte die gegnerische Armee auf diese Weise deutlich schwächen. Bei Anbruch der Dunkelheit, als die Normannen einen Pfeilhagel auf ihre Gegner niederprasseln ließen, ging auch König Harold zu Boden, wo er von normannischen Schwertern schließlich getötet wurde. Seine Männer ergriffen daraufhin die Flucht und die Schlacht war vorüber. Nachdem Wilhelm seine Zelte aufgeschlagen und eine euphorische Siegesfeier abgehalten hatte, legte er sich zur Ruhe und verbrachte die Nacht umringt von den leblosen Körper der gefallenen Soldaten. Den nächsten Tag waren seine Truppen mit der grausigen Aufgabe beschäftigt, die Leichen der gefallenen Normannen zu begraben, und auch die sächsischen Frauen kamen, um die Körper ihrer niedergemetzelten Männer zu bergen. Edith Swanneck, Harolds Mätresse, identifizierte den Leichnam des Königs anhand bestimmter Male auf seinem Körper, von denen nur sie allein wusste. Wilhelm lehnte die Bitte von Harolds Mutter ab, ihr den Leichnam ihres Sohnes zu überlassen, und begrub ihn stattdessen unter einem Felsen am Meeresufer. Später wurden Harolds sterbliche Überreste jedoch in die Waltham-Abtei verlegt, wo man ihnen ein christliches Begräbnis zuteil werden ließ.

Im Jahre 1070 ließ Wilhelm auf dem einstigen Schlachtfeld die Battle Abbey (Schlacht-Abtei) errichten, deren Hochaltar sich genau an der Stelle befindet, an der Harold gefallen war. Heute ist von dieser Abtei nur noch eine Ruine übrig, in der Harolds blutüberströmter Geist stets am Jahrestag der Schlacht von Hastings umherwandeln soll. Man sagt, dass der Boden auf diesem Gelände bei Regen Blut schwitzt und dass aus dem Hochaltar zuweilen eine Blutfontäne gen Himmel steigt und an das grausame Gemetzel jenes längst vergangenen Oktobertags erinnert, an dem die englische Geschichte eine unabänderliche Wendung nahm.

## HERSTMONCEUX CASTLE

### *Herstmonceux, East Sussex*

Dieses beeindruckende Schloss, das im Jahre 1441 von Sir Roger de Fiennes erbaut wurde, beherbergt heute zwar eine kanadische Universität, aber das Gelände ist dennoch öffentlich zugänglich und gewährt verlockende Blicke auf die von einem Graben umgebene rote Backsteinfestung, die seit ihrer Restaurierung Anfang des 20. Jahrhunderts wieder in altem Glanz erstrahlt. Einer Legende aus dem Mittelalter zufolge soll einer der Söhne Sir Richards einst versucht haben, einem Mädchen aus dem Dorf Gewalt anzutun, stieß dabei aber auf heftige Gegenwehr. Das Mädchen entkam seiner Umklammerung, indem es in den Burggraben sprang. Der unbarmherzige Angreifer bekam es jedoch zu fassen und schleppte es in das Schloss, wo er sich an ihm

LINKS: Eine gespenstische Frau soll dem amerikanischen Autor Henry James bei seiner schriftstellerischen Arbeit geholfen haben, wann immer sie ihn in seinem Haus in Rye besuchte.

verging und es schließlich ermordete. Man vermutet, dass es sich bei dem unglücklichen Mädchen um die „weiße Frau" handelt, deren schweigender Geist des Nachts verzweifelt im Burggraben schwimmt oder am Ufer stehend in ewig währender Pein die verwelkten Hände ringt.

Der wohl berühmteste Schatten in diesen alten Mauern ist jedoch der so genannte „Geistertrommler", der des Nachts auf den Festungsmauern entlangschreitet. Einige nehmen an, dass es sich dabei um den Geist eines Trommlers aus dem 15. Jahrhundert handelt, der in der Schlacht von Agincourt starb und seitdem mit blaue Funken sprühenden Schlagstöcken seinen Zapfenstreich trommelt. Andere hingegen glauben, dass dies der Geist des Lord Dacre ist, der einst seinen Tod vorgetäuscht hatte, aber in aller Heimlichkeit mit seiner schönen jungen Frau in seinem Schloss weiterlebte. Um die zahlreichen Freier abzuschrecken, die seiner vermeintlichen Witwe ihre Aufwartung machten, kleidete er sich in die Uniform eines Trommlers, rieb sein Gesicht, seine Kleidung und die Trommel dick mit Phosphor ein und trieb sich im Schloss als vermeintlicher Geist herum. Seine junge Frau soll von den Täuschungsmanövern ihres Mannes jedoch bald so die Nase voll gehabt haben, dass sie ihn in seinem Zimmer einschloss und verhungern ließ. Dacre war wegen der demütigenden Art seines Todes so aufgebracht, dass sein Geist weiterhin und bis zum heutigen Tage auf dem Schlossgelände umhermarschiert.

## Lamb House
### *Rye, East Sussex*

In diesem hübschen roten Backsteinhaus lebte der aus Amerika stammende Schriftsteller Henry James von 1898 bis zu seinem Tod im Jahre 1916. Der Autor behauptete, dass er häufig von einem Poltergeist behelligt wurde und dass ihn des Öfteren der mit einem Schultertuch bekleidete Geist einer alten Dame besuchte und ihm bei seiner schriftstellerischen Arbeit behilflich war. Niemand außer ihm hatte die Frau jemals zu Gesicht bekommen, aber ein Hobbyfotograf, der das Haus später besichtigte, stellte überrascht fest, dass auf einem seiner Fotos die gespenstische Dame zu sehen war. Der Schriftsteller E. F. Benson, der nach James' Tod das Haus gemietet hatte, berichtete ebenfalls von den Aktivitäten eines Poltergeists. Einige Zeit später bezog Rumer Godden, die Autorin von ***Schwarzer Narziss***, das Anwesen und als der Poltergeist erneut anfing, sein Unwesen zu treiben, bestellte sie einen Pfarrer in das Haus und ließ ihn „alles darin segnen, einschließlich des Kühlschranks"!

OBEN: Das Geisterschiff *Lady Lovibond* segelt alle fünfzig Jahre, immer am 13. Februar, zu den tückischen Sandbänken namens Goodwin Sands vor der Küste Kents.

## Goodwin Sands
### *Deal, Kent*

Bei den Goodwin Sands handelt es sich um eine Reihe von Sandbänken, die laut Legende einst eine fruchtbare Insel namens Lomera gewesen sein sollen. Die Sandbänke, die mehrere Meilen vor der Küste der Grafschaft Kent liegen, sind zwar bei Ebbe fast immer zu sehen, können aber nur im Juni, wenn spe-

OBEN: In der Dering-Kapelle, die sich in der Kirche St. Nicholas in Pluckley befindet, ist des Öfteren ein dumpfes Klopfen zu hören, das von unten aus der Gruft empordringt.

zielle Exkursionen dorthin angeboten werden, auf sicherem Wege erreicht werden.

In Seemannskreisen hat jahrhundertelang allein die Erwähnung ihres Namens selbst dem hartgesottensten Matrosen das Blut in den Adern stocken lassen. Es ist weithin bekannt, dass die Sandmassen ständig in Bewegung sind und nur darauf warten, ganze Schiffe samt Besatzung zu verschlingen. Am 27. November 1703 ereignete sich an den lauernden Sandbänken eine der schlimmsten Katastrophen der britischen Seefahrtsgeschichte, als eine ganze Flotte englischer Kriegsschiffe unter dem Kommando von Sir Cloudesley Shovel in einen der heftigsten Stürme der englischen Geschichte geriet und auf die Sandbänke getrieben wurde. In jener Nacht gingen insgesamt dreizehn Schiffe unter und mehr als 1900 Männer ließen ihr Leben, und noch Wochen später trieben an den Sandbänken die Überreste der Flotte auf dem Meer umher.

Von den unzähligen Schiffen, die den tückischen Sandbänken zum Opfer fielen, hat eines die geheimnisvollen Gefilde der Gespensterwelt erreicht und ist zum Mythos emporgestiegen. Es handelt sich dabei um einen dreimastigen Schoner namens ***Lady Lovibond***, dessen Käpitän, Simon Peel, seine frisch angetraute Ehefrau, Annette, mit auf die Reise genommen hatte. Die Besatzung des Schiffes war durch die Gegenwart der Frau allerdings beunruhigt, da man in Seemannskreisen daran glaubte, dass eine Frau an Bord Unglück brächte. In diesem Fall war die Gefahr sogar begründet, da der Maat, ein Mann namens Rivers, einst ebenfalls um die Gunst der Frau geworben hatte und seinen Groll über ihre Zurückweisung mit an Bord nahm. Als das Schiff an den Goodwin Sands vorbeisegelte, gipfelte seine rasende Eifersucht schließlich in einem Tobsuchtsanfall. Nachdem er den Steuermann umgebracht hatte, steuerte er das Schiff auf die Sandbank zu und tötete damit alle an Bord befindlichen Personen.

Fünfzig Jahre später, am 13. Februar 1789, berichtete der Kapitän des Küstenschiffs ***Edenbridge***, dass er beinahe mit einem dreimastigen Schoner kollidiert sei, der direkt auf die tückischen Sandbänke zusteuerte. Am gleichen Tag im Jahre 1848 meldeten mehrere Personen, dass sie in der Nähe der Goodwin Sands einen Schoner auf Grund laufen sahen, aber die Küstenwache von Deal, die sich auf den Weg machte, um die Besatzung zu bergen, fand von dem Schiff keine Spur. Die Legende besagt, dass das „Geisterschiff" alle fünfzig Jahre am Jahrestag der Tragödie an den Sandbänken in Erscheinung tritt. Trotz [oder vielleicht gerade wegen] des großen Interesses der Medien und der Öffentlichkeit an dem vorhergesagten Wiedererscheinen des Geisterschiffs, wartete man am 13. Februar 1998 vergeblich auf die ***Lady Lovibond*** und nun bleibt abzuwarten, ob das Schiff im Jahre 2045 erneut auf die tückischen Goodwin Sands zusteuern wird.

## PLUCKLEY

### *Pluckley, Kent*

Im grünen Herzen der Grafschaft Kent liegt die malerische Ortschaft Pluckley, die lange Zeit den zweifelhaften Ruf genoss, das gespenstischste Dorf Englands zu sein. Dieser Ruf könnte ihr durch Prestbury in Gloucestershire (siehe S. 41) streitig gemacht werden, doch gibt es keinerlei Zweifel daran, dass große Teile dieser ländlichen Siedlung ein hohes Maß an übernatürlicher Energie besitzen und der Kirchhof, die Pubs, Wohnhäuser und Straßen von vielerlei Geistern heimgesucht werden.

Viele der Geistererscheinungen stehen mit der Dering-Familie in Verbindung, die vom 15. Jahrhundert bis zum

Ersten Weltkrieg das alte Gut bewohnte. Dessen edle Bogenfenster, die hier so viele der Gebäude zieren, erinnern noch heute an den einstigen Reichtum der Familie. Während des Bürgerkriegs konnte Lord Dering, ein überzeugter Royalist, einer Gefangennahme durch Cromwells Truppen entkommen, indem er Hals über Kopf durch ein solches Fenster sprang. Zur Erinnerung an seine gelungene Flucht ließ er bei späteren Baumaßnahmen am Gebäude überall Fenster in diesem Stil einsetzen, der daraufhin im ganzen Dorf Nachahmer fand.

Die Derings hinterließen in Pluckley auch eine etwas gespenstischere Spur, und zwar in der Dorfkirche St. Nicholas. Viele Mitglieder der Dering-Familie liegen in der Dering-Kapelle begraben, in der man des Öfteren schon ein seltsames flackerndes Licht gesehen hat. Es geht mit dumpfen Klopfgeräuschen einher, die aus dem Grabgewölbe unter dem Boden empordringen. Anfang der 1970er Jahre schloss sich eine Gruppe von Parapsychologen mit Erlaubnis des dortigen Pfarrers, Reverend John Pittock, eine ganze Nacht lang im Kircheninneren ein. Mit Kameras, Tonbandgeräten und anderen notwendigen Apparaten bewaffnet, legten sie sich in der Kirche auf die Lauer. Als sie der Pfarrer am nächsten Morgen wieder herausließ, beklagten sie sich darüber, dass sie eine völlig ereignislose Nacht verbracht hätten. Ihre einzige Abwechslung sei der Hund des Pfarrers gewesen, der sie ab und zu besucht habe. „Eigentlich“, antwortete darauf der Pfarrer, „habe ich gar keinen Hund!“

Im Kirchhof spukt zudem der Geist zweier Frauen, von denen man annimmt, dass sie zur Dering-Familie gehörten. Da gibt es zum einen die „rote Frau“, deren Kind angeblich bei der Geburt gestorben sein soll und in einem namenlosen Grab bei-

UNTEN: Die Geister zweier Frauen streifen über den Friedhof der Dorfkirche in Pluckley, Englands spukreichstem Dorf.

OBEN: Die Zwillingstürme der Kirche St. Mary in Reculver, wo in stürmischen Nächten der jammernde Geist eines kleinen Kindes zu hören ist.

GEGENÜBER: Der Geist eines Seemanns ist der älteste „Stammgast" im Wirtshaus Shipwrights Arms bei Faversham.

gesetzt wurde, weil es wahrscheinlich unehelich war. Die Frau, die kurze Zeit später selbst starb, wandelt seitdem als Geist über den Friedhof und ruft nach ihrem verlorenen Kind. Sie teilt ihr trauriges Schicksal mit einer „weißen Frau", die zu Lebzeiten so schön gewesen sein soll, dass ihr Ehemann es nach ihrem frühen Tod nicht ertragen konnte, ihren schönen Leib verrotten zu lassen. Er kleidete die Tote deshalb in ein Gewand von unschätzbarem Wert und bettete sie mit einer roten Rose auf der Brust in einen luftdichten Bleisarg. Dieser wurde in weitere luftdichte Särge gepackt, die man wiederum in eine Truhe aus massivem Eichenholz setzte und in einer tiefen Gruft begrub. An einem nebligen Herbstmorgen bricht die Tote jedoch aus ihrem Gefängnis aus und erscheint auf dem Kirchhof, wo sie mit wehendem schwarzen Haar in einem strahlend weißen Gewand umherwandelt und in der Hand eine rote Rose hält.

In der Nähe der Kirche befindet sich der im 14. Jahrhundert erbaute Gasthof Black Horse Inn, in dem ein schelmischer Geist umherspukt, der am liebsten die persönlichen Gegenstände der Angestellten und Gäste versteckt. Es wurde von Gläsern berichtet, die wie von selbst langsam auf den Regalen entlangglitten oder von Besteckteilen, die wie von Geisterhand angehoben und fein säuberlich an der Theke aufgereiht wurden. Unweit von Gasthof und Kirche verläuft eine Straße namens Station Road, auf der angeblich eine Atmosphäre trauriger Verzweiflung zu verspüren ist. Diese Stimmung macht sich vor allem zwischen dem großen weißen Gebäude namens Greystones und dem benachbarten hübschen Häuschen namens Rose Court bemerkbar. Einer Legende zufolge lebte im 16. Jahrhundert einst ein Mönch an der Stelle, wo heute das Greystones-Haus steht. Dieser verliebte sich in eine Frau, die im benachbarten Rose Court wohnte und auch die Mätresse eines Angehörigen der Dering-Familie war. Wann immer möglich, trafen sich die beiden zu einem Spaziergang durch die nahe gelegenen Gassen und wurden dabei stets von dem kleinen Hündchen der Frau begleitet. Die Frau konnte die Dreiecksgeschichte irgendwann jedoch nicht länger ertragen und nahm sich mit einem tödlichen Cocktail aus giftigen Beeren das Leben. Der von Gram geplagte Mönch starb kurze Zeit später an gebrochenem Herzen. Auf ihrem Weg durch die Station Road haben schon viele Leute das verspielte Kläffen eines unsichtbaren Hundes vernommen, das vom angeregten Geplauder eines Mannes und einer Frau begleitet wird. Die gespenstischen Stimmen kommen immer näher, bis sie den erschrockenen Zuhörer fast zu überkommen scheinen, und verschwinden danach immer weiter die Straße entlang.

Am Dorfrand befindet sich der zu Recht so genannte „Fright Corner" (Furchtecke), wo einst vor einem Eichenbaum, der bis vor kurzem noch an dieser Stelle stand, ein Wegelagerer verzweifelt letzten Widerstand leistete. Der Mann konnte von seinen Widersachern jedoch übermannt werden und wurde mit mehreren Schwerten rücklings an den Baum gespießt. Es sind schon mehrere Leute im schwindenden Licht frostiger Wintertage Zeugen seines letzten Kampfes geworden und so manche Autofahrer erstarrten vor Schreck, als sie im Scheinwerferlicht seinen blutüberströmten Geist erblickten, der an eine große gespenstische Eiche gespießt war.

Jenseits der zum Dorf gehörigen Felder befindet sich das Elvey Farm Country Hotel. Das im 15. Jahrhundert als Scheune erbaute Gebäude wurde im 16. Jahrhundert aufgestockt und später zu einem gemütlichen Wohnhaus umgebaut. In der Zeit, in der das Gebäude noch ein Bauernhaus war, erschien dort des Öfteren ein junger blonder Mann mit Stoppelbart. Des Nachts öffneten sich Türen wie von selbst, man hörte gespenstische Schritte auf den Fluren und Lichter wurden wie von Geisterhand ein- und ausgeschaltet. Die Legende besagt, dass dort einst ein Bauer nach dem Tod seiner Frau und dem Fehlschlagen seiner Geschäfte in den 1850er Jahren Selbstmord begangen haben soll. In den 1990er Jahren wurde das Hotel von einem japanischen Fernsehteam besucht, das ein Medium mitbrachte, um mit dessen Hilfe zu den Geistern des Hauses Kontakt aufzunehmen. Kaum war diese Frau aus dem Auto gestiegen, überkam sie plötzlich das starke Gefühl, dass ein Mensch ertrinke – sie konnte jedoch nicht gewusst haben, dass sich der Parkplatz genau an der Stelle befand, wo früher ein Teich war.

## Reculver Towers

*Reculver, Kent*

Die mächtigen Zwillingstürme der Kirche St. Mary wurden an der Stelle errichtet, wo einst das römische Fort Regulbium aus dem 3. Jahrhundert stand. Seit vielen Jahren wird davon berichtet, dass in stürmischen Nächten aus der Ruine die Laute eines weinenden Kindes dringen. Einer Legende zufolge sollen die Römer beim Bau des Forts als Opfergabe einen Säugling lebendig begraben haben. Diese Legende fand Bestätigung, als man bei Ausgrabungen in den 1960er Jahren in und unter den Mauern des römischen Forts die Skelette von elf Säuglingen fand. Ende des 20. Jahrhunderts wurde auch des Öfteren von zwei in Kapuzen gehüllten Gestalten berichtet, die des Nachts um die beiden Türme schlichen und sich sofort in Luft auflösten, sobald man sich ihnen näherte.

## Shipwrights Arms

*Faversham, Kent*

Einsam und abgelegen inmitten einer schlammigen Moorlandschaft verströmt dieses dreihundert Jahre alte Wirtshaus mit seiner Schindelfassade eine schaurige Atmosphäre, in der die Zeit stillzustehen scheint. In der mit allerlei Seemannszeug ausgestatteten Gaststube treibt schon seit jeher der Geist eines alten Seebären sein Unwesen. Im Winter, wenn eisige Winde unaufhörlich an den Fenstern und Türen rütteln, haben sich schon so manche Gäste und Wirtsleute zu Tode erschrocken, als plötzlich der stämmige Seemann mit seinen rot glühenden Augen, seiner schweren Matrosenjacke und der Schirmmütze auf dem Kopf vor ihnen auftauchte. Seine gespenstischen Auftritte kündigen sich stets durch den überwältigenden Geruch von Rum, Teer und Tabak an und werden von einem spürbar kalten Hauch begleitet. Der Legende nach soll es sich dabei um den Geist eines Kapitäns aus dem 19. Jahrhundert handeln, dessen Schiff in der Swale auf Grund lief und sank. Der Mann konnte sich jedoch mühsam an Land retten und schleppte sich zu den erleuchteten Fenstern des verschindelten Hauses, die er schon von weitem erblickt hatte. Erschöpft und durchgefroren hämmerte er an die Tür, doch der Hausherr war nicht gewillt, zu so später Stunde noch an die Tür zu gehen, und jagte ihn davon. Am nächsten Morgen fand er den Fremden tot auf der Türschwelle liegen. Es scheint, als habe er sich damit den Geist des alten Kapitäns ins Haus geholt, der seit diesem Tage dort umherspukt.

So schreckte eine Wirtin des Öfteren nachts aus dem Schlaf und sah den gespenstischen Kapitän am Fußende ihres Bettes stehen und sie mit rot glühenden Augen anstarren. Der Geist wurde auch in einer kleinen Kammer neben der Bar gesehen. Viele Gäste haben schon mit Entsetzen beobachtet, wie der bärtige Geist plötzlich zur Tür hereinkommt und direkt vor ihnen wieder verschwindet. Das wohl ungewöhnlichste Erlebnis hatte jedoch Barry Tester, der Sohn eines früheren Wirtes. Als dieser nämlich einst in einer kalten Winternacht aufwachte, musste er mit Entsetzen feststellen, dass der gespenstische „Jack Tar" doch tatsächlich zu ihm ins Bett gestiegen war!

# *Die* Hexen-Counties

*The say that the Dead die not, but remain*
*Near to the rich heirs of their grief and mirth.*
*I think they ride the calm mid-heaven, as these,*
*In wise majestic melancholy train,*
*And watch the moon, and the still raging seas,*
*And men, coming and going on the earth.*

Aus: *Clouds*
von Rupert Brooke

# ESSEX, SUFFOLK, NORFOLK & CAMBRIDGESHIRE

Es ist eine traurige Tatsache, dass im Zuge der Hexenverfolgung im 16. und 17. Jahrhundert in den Grafschaften des einstigen Königreiches East Anglia mehr Menschen hingerichtet wurden als in anderen Teilen des Landes. Das lag zum Teil daran, dass sich die Gegend im Würgegriff der Puritaner befand. Diese verboten das Weihwasser, schafften den Exorzismus ab und überließen so die dort lebenden gottesfürchtigen Menschen dem unguten Gefühl, dem Teufel und vielen anderen bösen Geistern, an die sie noch immer glaubten, schutzlos ausgeliefert zu sein. Die Gegend ist reich an Legenden und ihre abergläubischen Bräuche stammen aus der dänischen Sagenwelt. Die so genannten Hexen-Counties mit ihren Gegensätzen und ihrer Geschichte haben überraschend viel Abwechslung zu bieten und verströmen eine faszinierende Atmosphäre der Abgeschiedenheit.

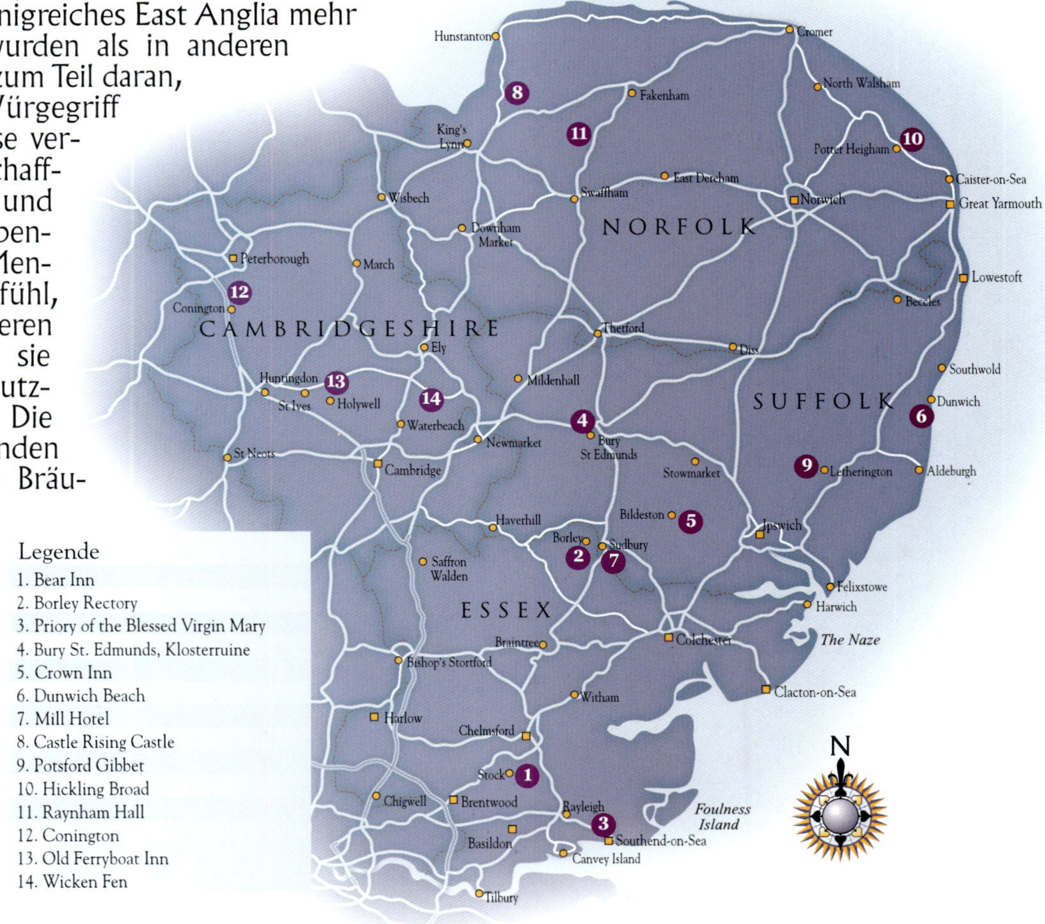


## BEAR INN

*Stock, Essex*

Das weiß getünchte alte Giebelhaus mit seinen hohen Tudor-Kaminen und dem roten Ziegeldach befindet sich in dem kleinen, idyllischen Ort Stock in Essex und ist zweifellos eines jener Wirtshäuser, in denen die Zeit nur langsam fortzuschreiten scheint. Zu jeder Tages- und Nachtzeit kann man dort irgendeinen Dorfbewohner antreffen, der an der Bar gemütlich sein Bier trinkt und sich einen langen Sommernachmittag oder Winterabend nur allzu gern damit vertreibt, fremden Besuchern mit gedämpfter Stimme „alles über den Geist" zu erzählen.

Ende des 19. Jahrhunderts war ein gewisser Charlie Marshall als Stallknecht in dem vierhundert Jahre alten Gasthof angestellt. Der kleine drahtige Mann wurde wegen seines seltsamen Ganges mit Spitznamen „Spider" (Spinne) genannt. Er hatte die Angewohnheit, immer, wenn er betrunken war, den Schornstein in der Schankstube hinaufzukriechen und mit Ruß beschmiert aus dem Kamin im Nachbarraum wieder herauszuklettern.

GEGENÜBER: In Raynham Hall spukt seit ewiger Zeit eine geheimnisvolle Dame in Braun.

Durch dieses Kunststück wurde er in der gesamten Gegend so etwas wie eine Berühmtheit und viele Leute kamen nur deshalb in das Wirtshaus, um ihn in Aktion zu erleben. Einst am Heiligabend, als er wieder einmal den Kamin hinaufgestiegen war, setzte er sich in den Kopf, einfach nicht wieder hinunterzuklettern. Er hockte sich auf den Räucherboden an der Verbindungsstelle der beiden Kamine und ignorierte das eindringliche Bitten des Wirts und der anderen Angestellten, doch wieder herunterzukommen. Seine Kollegen waren bald so aufgebracht, dass sie auf dem Kaminrost ein kleines Feuer anzündeten, um ihn zum Hinabsteigen zu zwingen. Der Mann erstickte jedoch an dem aufsteigenden Rauch im Kamin, wo sich seine gut geräucherten Überreste angeblich noch immer befinden! Sein Geist kommt des Nachts jedoch oft herabgestiegen. In weiße Kniebundhosen und glänzende Stiefel gekleidet, sieht man ihn in allen Winkeln und dunklen Nischen des alten Wirtshauses entlanghuschen – mit jenem seltsamen Gang, der ihm einst seinen Spitznamen eingebracht hat.

UNTEN: Das längst verschwundene Pfarrhaus in Borley, dessen gespenstischer Ruf noch immer zahlreiche Geisterjäger in das winzige Örtchen an der Grenze zwischen Suffolk und Essex lockt.

# Borley Rectory

## *Borley, Essex*

Von dem einst als „gespenstischstes Gebäude Englands" bezeichneten Pfarrhaus ist heute nichts weiter übrig als ein paar vereinzelte Haufen bröckliger Ziegelsteine, die unter einem Teppich aus Moos und Unkraut begraben liegen. Die Dorfbewohner interessieren sich schon lange nicht mehr für die zweifelhafte Ehre, die ihnen dieses Pfarrhaus eingebracht hat. Sein einstiger Standort ist seltsamerweise gar nicht so leicht zu finden und es gibt nur wenige Wegweiser, die den neugierigen Geisterjäger in die richtige Richtung weisen. Die Dorfkirche hält man stets verschlossen, um die Begeisterung der Besucher in Grenzen zu halten, die schon seit langem in großen Zahlen in den kleinen Ort pilgern. Wer es wagt, einen der Dorfbewohner auf die gegenwärtige „Spuksituation" anzusprechen, muss mit einer deutlich ablehnenden Reaktion rechnen.

Während Parapsychologen noch immer heftig über den Spuk im alten Pfarrhaus diskutieren, hört man Leute, die diesen ländlichen Winkel tatsächlich besucht haben, von seltsamen Erscheinungen und unerklärlichen Geschehnissen berichten.

OBEN: Harry Price (1881–1948), der dem alten Pfarrhaus in Borley mit seinen Nachforschungen zu dem Ruf verhalf, „das gespenstischste Haus Englands" zu sein.

nahmen immer weiter zu und wurden immer aggressiver und in der Zeit, als Reverend Bulls Sohn Harry im Jahre 1892 die Nachfolge seines Vaters antrat, gehörten sie bereits zum normalen Tagesgeschehen. Das führte sogar dazu, dass sich einige Bedienstete weigerten, an einem Ort zu arbeiten, an dem man immer mit einer Geisterkutsche rechnen musste, die plötzlich durchs Esszimmer jagt und durch die Wand wieder draußen auf dem Rasen verschwindet. Das Haus hatte bald einen so schlechten Ruf, dass nach Harrys Tod im Jahre 1927 ganze zwölf Geistliche das angebotene Amt als Pfarrer ablehnten.

Im Jahre 1928 wurde das leer stehende Gebäude schließlich von Reverend G. E. Smith und dessen Frau bezogen, die den Spukgeschichten sehr skeptisch gegenüberstanden. Einige Wochen nach ihrem Einzug setzte der Spuk jedoch wieder ein. Die Geisternonne ging weiterhin auf ihre nächtlichen Wanderungen, wurde dabei aber offensichtlich von einem weiteren schaurigen Mitstreiter begleitet, nämlich dem Geist von Harry Bull höchstpersönlich. In tiefer Nacht hallten gespenstische Schritte aus den leer stehenden Räumen, man vernahm seltsames unverständliches Geflüster sowie das sanfte Stöhnen einer Frauenstimme, die immer lauter wurde, bis der Schrei „Nein, Carlos, nicht! zu hören war und danach im Haus wieder Stille einkehrte.

Im Juni 1929 erschien in der englischen Tageszeitung ***Daily Mirror*** ein Bericht über die gespenstischen Geschehnisse in Borley. Harry Price, der Gründer des britischen Instituts für Parapsychologische Forschung, war von dem Artikel so fasziniert, dass er das Pfarrhaus am 12. Juni 1929 besuchte und dort eine Untersuchung einleitete, die das abgelegene kleine Borley weltweit ins Rampenlicht der Öffentlichkeit katapultierte.

Die Geister reagierten auf seine Ankunft mit einem mächtigen Aufgebot an Spukerscheinungen. Gespenstische Finger klopften Botschaften auf einen Spiegel; unsichtbare Hände warfen Vasen gegen die Wand; Schlüssel sprangen aus Schlüssellöchern heraus und wurden auf den Boden geworfen; eine Flut von Haushaltsgegenständen stürzte die Treppe hinunter; eine Fensterscheibe wurde zerbrochen; und einer der verärgerten Geister warf Harry Price sogar einen Kerzenständer an den Kopf.

Im Juli 1929 hatten Reverend Smith und seine Frau schließlich die Nase voll und zogen aus. Erst im Oktober 1930 fand sich endlich wieder ein neuer Pfarrer. Lionel Algernon Foyster, so sein Name, war mit dem ursprünglichen Eigentümer des Hauses verwandt und kam bereits bei seiner Ankunft mit den dunklen

Das nicht sonderlich attraktive rote Backsteingebäude wurde im Jahre 1863 von Reverend Henry Bull errichtet und befindet sich laut Legende auf dem einstigen Gelände eines mittelalterlichen Mönchsklosters. Man erzählt sich, dass einer der Mönche eine streng verbotene Liaison zu einer Nonne aus dem benachbarten Nonnenkloster in Bures unterhielt und zusammen mit ihr durchbrennen wollte. Ihre Pläne wurden jedoch vereitelt und die beiden für ihr Vergehen zum Tode verurteilt. Den Mönch ließ man hängen, die Nonne wurde im Kellergewölbe des Mönchsklosters lebendig eingemauert. Der Geist der Nonne wurde seitdem schon des Öfteren an der Stelle gesehen, wo ihre sterblichen Überreste in den Mauern begraben liegen.

Zunächst hielt man die Erscheinung für den gewöhnlichen Geist einer Nonne – einer von den hunderten, die wegen ihrer fleischlichen Gelüste dazu verdammt ist, bis in alle Ewigkeit in irdischen Gefilden zu wandeln. Der Bau des Pfarrhauses, das genau auf der Route ihrer gespenstischen Ausflüge errichtet wurde, schien sie jedoch ganz außerordentlich verärgert zu haben; ihr Missfallen darüber brachte sie in großer Deutlichkeit zum Ausdruck. So geschah es des Öfteren, dass die zum Abendessen am Tisch versammelten Hausbewohner aufblickten und ihren Geist mit traurigem Blick draußen vor dem Fenster stehen sahen. Reverend Bull war über die Dreistigkeit des gespenstischen Beobachters so empört, dass er schließlich das Fenster zumauern ließ! Davon ließ sich die Geisternonne jedoch nicht beirren und tyrannisierte die Bewohner daraufhin mit allerlei Poltergeist-Aktionen. Ihre gespenstischen Aktivitäten

Mächten des Pfarrhauses in Berührung. Seine Frau Marianne wurde von einem unsichtbaren Angreifer ins Gesicht geschlagen; Gegenstände verschwanden und wurden entweder nie gefunden oder tauchten an den seltsamsten Orten wieder auf.

Als sich Harry Price an seinem ersten Abend im Pfarrhaus zum Abendessen mit der Familie an den Tisch setzte, hießen ihn die Geister gleich willkommen, indem sie den Wein in Tinte verwandelten. Das interessanteste Phänomen für Price waren jedoch die so genannten „Mariannenbotschaften". Diese oftmals unleserlichen Kritzeleien, die an den Wänden erschienen, waren an die junge Frau des Pfarrers gerichtet und flehten sie an, Hilfe zu holen.

Im Jahre 1937, nachdem Reverend Foyster mit seiner Familie ausgezogen war, entschloss sich Harry Price dazu, das Gebäude für ein Jahr zu mieten. Auf seine Zeitungsannonce meldeten sich zweihundert Personen als freiwillige Helfer, von denen schließlich vierzig Leute für das geplante Forschungsprojekt ausgewählt wurden. Während einer spiritistischen Sitzung erzählte ihnen ein Geist, der sich als Harry Bull ausgab, dass die Leichen einer Nonne und eines Mönchs namens Fadenoch im Garten begraben seien. Ein weiterer Geist, bei dem es sich um

RECHTS: Die gespenstischen Botschaften waren nur eine der Spukerscheinungen im Pfarrhaus von Borley.

UNTEN: Die Kirche und der Kirchhof von Borley, wo noch heute von seltsamen Geschehnissen berichtet wird.

OBEN: In den verfallenen Ruinen der Abtei von Bury St. Edmunds, wo einst Mönche in friedlicher Andacht weilten, gehen heute bei Vollmond düstere Gestalten um.

die Nonne handelte, sagte, sie heiße Marie Lairre, und sie erzählte, wie sie von einem Angehörigen der hier ansässigen einflussreichen Waldengrave-Familie von Frankreich nach Borley gelockt worden war. Sie berichtete den versammelten Menschen, dass sie ihn so gern geheiratet hätte, aber das er sie erwürgt und ihren Leichnam unter dem Keller vergraben habe. Bei einer weiteren Sitzung erzählte ihnen ein Geist, der sich Sunex Amures nannte, dass das Pfarrhaus in jener Nacht niedergebrannt werden würde – aber nichts dergleichen geschah.

Nachdem Harry Price das Haus 1938 verlassen hatte, zog ein neuer Mieter namens Captain W. H. Gregson in das Pfarrhaus ein. Als Gregson am 27. Februar 1939 gerade seine Bücher im Wohnzimmer einsortierte, fiel einer der Bücherstapel um und brachte eine Paraffinlampe zum Umkippen, die das Haus in Brand steckte. Nach Angaben mehrerer Augenzeugen waren in den Flammen gespenstische Gestalten zu sehen und an einem der brennenden Fenster soll der Geist einer Nonne gestanden haben. Im Jahre 1943 kehrte Harry Price zu den Überresten des abgebrannten Hauses zurück, wo er bei Ausgrabungen einen Meter unter dem Keller die Gebeine einer jungen Frau fand. Seit dem Tod von Harry Price im Jahre 1948 herrscht unter den Parapsychologen eine heftige Debatte darüber, ob es sich bei der Geschichte tatsächlich um Spukerscheinungen gehandelt habe oder nur um einen geschickt inszenierten Schwindel.

Es gibt jedoch weiterhin Berichte über gespenstische Erscheinungen auf dem kleinen Kirchhof. Die Geisternonne begibt sich noch immer auf ihre nächtlichen Spaziergänge auf dem so genannten „Nun's Walk" (Nonnenweg). Die Dorfkirche und ihr Gelände sind so gespenstisch wie eh und je und viele Besucher sind schon beim Betreten des kleinen verwahrlosten Kirchhofs ganz plötzlich von jenem Gefühl übermannt worden, das gar Schauriges erahnen lässt.

Aus dem Inneren der leeren Kirche hat man des Öfteren gespenstische Orgelklänge nach außen dringen hören. Forscher haben dort gespenstische Schritte, geheimnisvolle Klopfgeräusche und sogar einen Schrei aufgenommen, der so schaurig ist, dass allen, die sich das Tonband anhören, ein eisiger Schauer den Rücken hinunterläuft. Auf vielen Fotos, die vom Äußeren des Gebäudes gemacht wurden, sind gespenstische Gestalten zu sehen, die zwischen den versunkenen Gräbern stehen oder auf den unwegsamen Pfaden eines der nach wie vor spukreichsten Orte Englands entlanggleiten.

## The Priory of the Blessed Virgin Mary

*Prittlewell, Essex*

Die Überreste der Priorei gehören heute zu einem schönen Museum, wo in bestimmten Nächten ein Geistermönch umgeht. In einem der Räume ist ein geheimnisvoller Stein ausgestellt, auf dem ein Gesicht mit schmerzverzerrter Miene deutlich zu erkennen ist. Es handelt sich dabei angeblich um das Gesicht eines Pfarrers namens Rainaldus aus dem Mittelalter, der seine Seele an den Teufel verkaufte. Eines Tages, als er in der Kirche St. Mary im benachbarten Runwell gerade einen Gottesdienst abhielt, kam der Teufel plötzlich aus seinem Mund heraus und entfesselte einen solch schrecklichen Sturm, dass die Kirchgänger in wilder Panik davonliefen. Als sie in Begleitung eines anderen Priesters zurückkamen, war von Rainaldus nichts weiter übrig als eine blubbernde dunkle Pfütze, in deren Mitte dieses steinerne hohläugige Gesicht mit zerquetschter Nase und schreckensverzerrten Zügen lag.

## Bury St. Edmunds Klosterruine

*Bury St. Edmunds, Suffolk*

In der alten Benediktinerabtei befand sich einst die letzte Ruhestätte des Heiligen Edmund, des Märtyrerkönigs von Suffolk, der im Jahre 870 von dänischen Eindringlingen getötet wurde, weil er sich weigerte, seinem christlichen Glauben zu entsagen. Zur Reformationszeit hatte sein Heiligengrab so viel Berühmtheit erlangt, dass es zur zweitwichtigsten Pilgerstätte in Canterbury nach dem Grab von Thomas Becket wurde. Bei der Auflösung des Mönchsklosters im Jahre 1539 wurde das Grab jedoch entweiht.

Heute erinnern nur noch ein paar steinerne Rundbögen an die einst imposante Abtei, die im Laufe der Zeit dem Verfall zum Opfer fiel. Die mächtigen Pfeiler sind eingestürzt und die steinernen Säulen ragen jetzt gespenstisch über die zerbröckelten Mauern, während die hohlen Fenster traurig auf die Trümmer der Kreuzgänge und Flure blicken, wo Mönchsfüße einst in friedlicher Andacht entlanggeschlurft sind. Wenn der silberne Vollmond jedoch seine tanzenden Schatten auf die Ruine wirft, dann wandeln gespenstische Mönche zwischen den einst mächtigen Mauern umher oder verweilen stumm am alten Torhaus jenes von spiritueller Energie erfüllten Ortes.

## Crown Inn

### *Bildstone, Suffolk*

Schon beim Betreten dieses Gasthofs aus dem 15. Jahrhundert, der mit seiner alten Kaminecke und den niedrigen Holzbalken an längst vergangene Tage erinnert, hat man ein Gefühl von Zeitlosigkeit. In der gemütlichen Wirtshausatmosphäre und beim dumpfen Gemurmel der Gäste fällt es nicht schwer, die Augen zu schließen und sich die unzähligen Ereignisse vorzustellen, von denen das alte Gemäuer in der Vergangenheit einst Zeuge gewesen sein muss. Im Jahre 1855 gab es zum Beispiel jene berüchtigte Wahlkampagne, bei welcher der Gasthof von einem der Kandidaten als politisches Hauptquartier genutzt und von Anhängern der Gegenseite angegriffen wurde. Dabei zerschlugen die Angreifer die Fensterscheiben, zerschmetterten das Geschirr und unternahmen, nachdem sich ihre Wut gelegt hatte, den rühmlichen Versuch, den Pub leer zu trinken! Wenn man seine Gedanken noch etwas weiter in die neblige Vergangenheit zurückschweifen lässt, kann man sich die freudige Aufregung des Wollhändlers und seiner Familie lebhaft vorstellen, als diese im Jahre 1495 ihr nagelneues Haus bezogen, das eigens für sie errichtet worden war. Danach, wenn man die Augen wieder öffnet, bekommt man vielleicht sogar einen der vielen Geister flüchtig zu Gesicht, die hier durch die Räume huschen.

An einem der Fenster, die auf den Parkplatz zeigen, wurde eine geheimnisvolle „graue Frau" gesehen, die den abreisenden Gästen zum Abschied zuwinkte. An mehreren Stellen innerhalb des Wirtshauses sind den erschrockenen Gästen zwei Kinder in viktorianischen Gewändern erschienen und an der Theke hat man auch des Öfteren einen alten Mann mit einem Dreispitz sitzen sehen. Wer gern etwas mehr von der gespenstischen Gastfreundschaft genießen möchte, sollte sich im Gästezimmer Nummer vier einquartieren, da dort schon so mancher Gast bei Nacht seltsamen Dingen begegnet ist. Vielleicht erfährt man ja die Ehre, von der grauen Frau besucht zu werden oder von jenem „freundlichen Missionar", dessen Existenz von mehreren Gästen entdeckt wurde, die im Gasthof weilten. Für alle, denen das noch immer nicht zu einer schönen unruhigen Nacht verhilft, gibt es die eiskalten Finger, die den schlafenden Gästen angeblich über den Nacken streichen.

UNTEN: Ein Großteil der Stadt Dunwich liegt heute unter den unruhigen Fluten der Nordsee begraben, aber die Geister ihrer längst verstorbenen Bewohner wandern im Licht der Dämmerung angeblich am Kiesstrand und auf den bröckligen Klippen entlang.

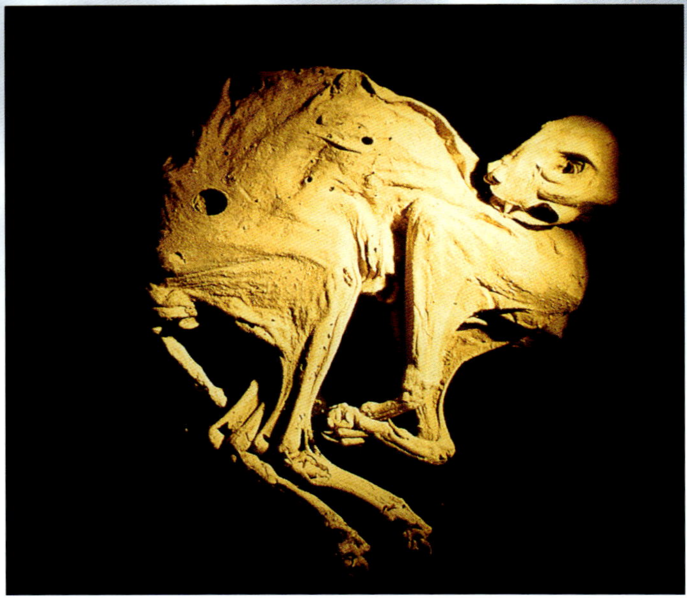

OBEN: Im Mill Hotel in Sudbury kann man die schaurigen Überreste einer mumifizierten Katze besichtigen, die das Gebäude vor Unheil zu schützen scheint.

## Dunwich Beach

### *Suffolk*

Die einst sechstgrößte Stadt Englands ist heute nichts weiter als ein kleiner, aber malerischer Ort am Meer, wo man bei einem Spaziergang entlang der Küste im Licht der Dämmerung einen wahrhaft schaurigen Hauch zu spüren bekommt. Die Möwen kreisen über dem Wasser und ihre krächzenden Schreie vermischen sich mit den donnernden Schlägen der sich brechenden Wellen. Der Legende zufolge soll es sich bei diesen Vögeln um die Seelen toter Fischer handeln.

Er wird erzählt, dass hier unter den schäumenden Fluten die einst mächtige Stadt Dunwich begraben liegt. In einem Moment der Stille, wenn die Möwen verstummt sind und sich die wilden Wellen zurückgezogen haben, um sich auf den nächsten Ansturm vorzubereiten, kann man vielleicht die gespenstischen Glocken der Kirchen von Dunwich hören. Ihr trauriges Todesgeläut dringt aus den Fluten empor und wird von der Meeresbrise davongetragen. Vielleicht bekommt man auch die nebligen Geister der längst verstorbenen Bewohner zu Gesicht, deren unruhige Seelen bei Einbruch der Dunkelheit auf den Klippen entlangwandeln sollen. Und genau in diesem Moment der friedlichen Einsamkeit bekommt man das Gefühl, mit den Geistern an der Dunwich-Küste entlanggewandert zu sein.

## Mill Hotel

### *Sudbury, Suffolk*

Das malerische Hotel mit seiner Schindelfassade, das am friedlichen Flüsschen Stour liegt, war einst eine Mühle. Das alte Mühlrad hat die Wirren der Zeit gut überstanden und kann heute noch immer hinter Glas besichtigt werden. Unterhalb der Hotelrezeption befindet sich jedoch ein schauriges Artefakt, von dem das Schicksal des alten Gemäuers abhängen soll.

Es handelt sich dabei um eine mumifizierte Katze, die im Dach des ursprünglichen Gebäudes lebendig eingemauert worden war. Das Tier wurde im Jahre 1971 entdeckt, als man das Gebäude zu einem Hotel umbaute. Bei der Errichtung neuer Häuser war es einst Brauch, lebendige Katzen in den Grundmauern zu begraben, da man das Gebäude damit vor Feuer und Unheil zu schützen glaubte.

Nachdem man die Katze entdeckt und in ein benachbartes Atelier gebracht hatte, stürzte im Hotel plötzlich ein schwerer Holzbalken zusammen, sodass das Gebäude großen baulichen Schaden nahm. Nach Beendigung der erforderlichen Reparaturen mussten die weiteren Bauarbeiten am Gebäude allerdings auf Grund finanzieller Probleme zeitweilig unterbrochen werden. Als in dem Atelier, in dem man das Tier zeitweilig untergebracht hatte, zu allem Übel auch noch ein Feuer ausbrach, waren die Besitzer schließlich davon überzeugt, dass sie es hier mit höheren Mächten zu tun hatten, und holten die Katze ins Hotel zurück, wo man sie noch heute hinter einer Glasscheibe im Boden besichtigen kann.

Als man die Katze im Jahre 1999 wegen notwendiger Baumaßnahmen noch einmal entfernen musste, wurde das Gebäude erneut von Unheil heimgesucht. Während ihrer zweiwöchigen Abwesenheit kam es auf der Straße vor dem Haus zu einer Explosion, stand das Büro des Geschäftsführers mehrmals unter Wasser und erlitt die Person, von der die Katze entfernt worden war, einen Unfall. Nachdem man das Tier aber an seine Ruhestätte zurückgebracht hatte, kehrte endlich Frieden ein.

## Castle Rising Castle

### *Castle Rising, Norfolk*

Die imposante normannische Festung, die auf einem gewaltigen künstlichen Erdwall mit massiven Mauern und tiefen Gräben thront, wurde im Jahre 1140 von Wilhelm Albini anlässlich seiner Hochzeit mit der Witwe Heinrichs I. errichtet. In den darauf folgenden vierhundert Jahren diente sie als prachtvolle Residenz, bis sie nach der Hinrichtung ihres letzten Eigentümers, des Duke of Norfolk, im Jahre 1572 schließlich verlassen wurde und fast zu einer Ruine verfiel, wo sich ganze Horden wilder Kaninchen niederließen und unter den Mauern ihre Höhlengänge gruben.

Heute ist die Burgruine so eindrucksvoll wie eh und je und gehört zu den größten und schönsten steinernen Festen ganz Englands. Wenn man die große Steintreppe hinaufgestiegen ist und den Hauptturm betritt, trifft man auf ein rätselhaftes Gewirr aus Korridoren und Durchgängen, die zu einer faszinierenden Serie von Räumen, Galerien und winzigen Treppen führen. In den oberen Gemächern spukt angeblich der Geist einer ehemaligen Schlossbewohnerin, der Geist Isabellas, der Wölfin von Frankreich.

Als einstige Mätresse von Roger Mortimer war Königin Isa-

RECHTS: In der Ruine des Castle Rising Castle soll das verrückte Gegacker von Königin Isabella zu hören sein.

bella maßgeblich an der Absetzung und grausamen Ermordung ihres Ehemanns, Eduard II., im Jahre 1327 beteiligt (siehe S. 40). Es wird fälschlicherweise angenommen, dass sie nach der Hinrichtung ihres Komplizen, Roger Mortimer, von ihrem Sohn, Eduard III., im Jahre 1331 im Castle Rising eingesperrt worden ist. In Wirklichkeit lebte Isabella dort mit königlichem Prunk und durfte sich mit ihrem Gefolge frei zwischen ihren verschiedenen Residenzen hin und her bewegen, so wie es einer Dame von hohem Rang zustand. Der Legende zufolge soll die gefährliche Frau im Alter jedoch von heftiger Demenz geplagt gewesen sein und ihre letzen umnachteten Jahre in den weiß getünchten Räumen der oberen Stockwerke verbracht haben. Am 23. August 1358 starb sie schließlich in ihrem Schloss in Hertford und wurde im Greyfriars-Kloster in Newgate, London, beigesetzt.

Das Echo ihrer letzten Jahre des Wahnsinns soll jedoch noch immer durch die gespenstischen Flure des Castle Rising Castle hallen. Schon so mancher Besucher hat voller Entsetzen das hysterische Gegacker im oberen Stockwerk des Gebäudes vernommen und die Leute aus dem benachbarten Dorf sind zuweilen von schaurigem Geschrei und wahnsinnigem Gelächter geweckt worden, das in den frühen Morgenstunden aus der Festung drang.

## Potsford Gibbet

### *Letheringham, Suffolk*

Das Waldgebiet Potsford Wood ist ein schauriger Ort, selbst an einem sonnigen Sommertag. Aber in stürmischen Winternächten herrscht dort eine wahrhaft Furcht einflößende Stimmung. Die nackten Bäume ragen hager und düster in die Höhe und ihre knackenden Äste sind in grimmiger Umarmung ineinander verhakt. Das dichte Dach aus Ästen und Zweigen schottet den Wald, der einen unheilvollen und gespenstischen Ruf hat, vom Einfall des nebligen Mondlichts ab und verursacht eine düstere Stimmung. Hier gibt es eine ganz bestimmte Stelle, an der schon so mancher dem wahren Grauen begegnet ist.

Inmitten des Teppichs aus Farnkraut und Nesseln liegen die verfallenen Überreste des Galgens von Potsford, der am 14. April 1699 zum letzten Mal benutzt wurde, als man Jonah Snell wegen des Mordes an einem Müller namens John Bullard und an dessen Sohn hinrichtete. An dieser Stelle haben Passanten, die auf der Straße am Waldrand unterwegs waren, bei Nacht seltsame blinkende Lichter in der Luft umherschwirren sehen und voller Entsetzen eine düstere Gestalt neben dem Galgen beobachtet, deren Erscheinen oftmals von einem schaurigen Ächzen begleitet wird.

Selbst an einem warmen Sommertag ist niemand vor den unheilvollen Mächten gefeit, die im Potsford Wood umgehen. Es haben schon mehrere Spaziergänger, die bei strahlendem Sonnenschein im Wald unterwegs waren, Halt gemacht, um die seltsamen Reste des alten Galgens genauer zu betrachten. Als sie sich wieder umdrehten um weiterzugehen, sahen sie plötzlich eine dunkle Gestalt hinter sich stehen und bemerkten voller Entsetzen, dass sich unter dem Kapuzenumhang ein Totenschädel befand, der sie mit seinen leeren Augenhöhlen schaurig anstarrte!

## Hickling Broad

### *Potter Higham, Norfolk*

Im Sommer versammeln sich auf den glitzernden Fluten des Flusses Hickling Broad alle nur vorstellbaren Arten von Segelschiffen. Wenn der Winter jedoch das Wasser in Eis verwandelt hat und scharfe Winde durch die dunklen Tage und Nächte heulen, dringen aus den Tiefen des zugefrorenen Flusses zuweilen entfernte Trommelschläge empor, mit denen ein gespenstischer Trommler bis in alle Ewigkeit nach seiner längst verlorenen Liebe sucht.

Einst im Winter vor der Schlacht von Waterloo verliebte sich ein junger Tambour in die Tochter eines wohlhabenden und einflussreichen Mannes aus der Nachbarschaft. Das Mädchen erwiderte seine Zuneigung, ihr Vater aber missbilligte diese Liebe und verbot seiner Tochter jeglichen Kontakt zu dem jungen Mann. Diese ignorierte jedoch das Verbot ihres Vaters und schlich jeden Abend aus dem Haus, um sich in einer kleinen Hütte am Ufer des Hickling Broad mit ihrem Liebsten zu treffen, der stets auf Schlittschuhen über den zugefrorenen See kam und seine Ankunft mit rhythmischen Trommelschlägen auf seiner Kesselpauke ankündigte. Einst in einer kalten Februarnacht, als das Mädchen der Trommel lauschte, die ihm die Ankunft des Liebsten verriet, verstummte jedoch plötzlich ihr Klang. Der junge Mann war auf dem Eis eingebrochen und hatte in den eisigen Fluten des Flusses den Tod gefunden.

Wenn sich an kalten, nebligen Abenden im Februar die Nacht über den Hickling Broad ausbreitet, dann hört man noch immer die traurigen Trommelschläge des gespenstischen Trommlers, der auf seinen Schlittschuhen aus der Dunkelheit kommt und nach dem Mädchen sucht, das ihm einst sein Herz schenkte, aber dessen Seele er schon längst verloren hat.

## Raynham Hall

### *Fakenham, Norfolk*

In Raynham Hall, der Residenz des Marquess of Townshend, spukt seit über zweihundertfünfzig Jahren eine geheimnisvolle Dame in Braun. Obwohl es keinerlei Beweise gibt, geht man davon aus, dass es sich hierbei um den Geist von Dorothy Walpole handelt, der Ehefrau des zweiten Marquess of Townshend und Tochter des ersten englischen Premierministers, Sir Robert Walpole.

Dorothy war sechsundzwanzig Jahre alt, als sie Lord Charles Townshend im Jahre 1712 heiratete. Das Paar kannte sich bereits seit seiner Kindheit, aber Dorothys Vater, der gleichzeitig auch als Charles' gesetzlicher Vormund fungierte, war anfänglich gegen diese Eheschließung, aus Angst, dass die Öffentlichkeit glauben würde, er wolle nur Nutzen aus dieser Verbindung ziehen. Also heiratete Townshend eine andere und Dorothy wurde die Mätresse des in zügellosem Lebenwandel schwelgenden Lord Wharton, der später aus dem Land fliehen musste, um seinen Gläubigern zu entkommen. Nach dem Tod von Townshends Ehefrau im Jahre 1711 nahmen er und Dorothy ihre Beziehung wieder auf und traten 1712 schließlich vor den Traualtar. Unglücklicherweise hielt Dorothy die Einzelheiten über ihre Affaire mit Wharton vor ihrem frisch angetrauten Ehemann geheim. Als dieser jedoch durch Zufall davon erfuhr, geriet er so sehr in Wut, dass er seine Frau in ihre Gemächer in Raynham Hall sperrte. Dorothy starb im Jahre 1726 offiziell an Pocken, aber inoffiziell an gebrochenem Herzen oder – laut Legende – an einem Genickbruch, den sie bei ihrem rätselhaften Sturz von der großen Haupttreppe erlitt.

Seitdem ist ihr Geist des Öfteren im Hause zu Besuch. Anfang des 19. Jahrhunderts weilte einst König Georg IV. in Raynham Hall, wo er im Prunkgemach nächtigte. Als er in den frühen Morgenstunden erwachte, sah er plötzlich eine Frau in einem braunen Gewand an seinem Bett stehen. Der König war so entsetzt, dass er „keine weitere Stunde in diesem verwünschten Hause" verbringen wollte.

Der viktorianische Schriftsteller Captain Marryat ging eines Nachts in Begleitung zweier Neffen Lord Townshends über den Flur des Hauses. Als ihnen plötzlich eine Frau entgegenkam, versteckten sich die drei aus Anstand hinter einer Tür, da sie nur in ihre Nachtgewänder gekleidet waren. Da die Frau eine Lampe bei sich hatte, konnte man erkennen, dass sie ein braunes Kleid trug. Beim Vorbeigehen drehte sie sich zu den Dreien um und warf ihnen einen, so Marryat, „diabolischen Blick" zu. Daraufhin zog Marriat seine Pistole und feuerte einen Schuss auf die schaurige Erscheinung ab. Zu seinem Entsetzen glitt die Kugel jedoch einfach durch die Frau hindurch und der Spuk verschwand. Die Kugel aber steckte noch immer in der Tür, vor welcher der Geist gestanden hatte.

*„Das echteste Geisterfoto, das wir haben"*

ROBERT THURSTON HOPKINS
ÜBER DAS FOTO VON RAYNHAM HALL

OBEN: Das Geisterfoto, das im Jahre 1936 von der Treppe in Raynham Hall gemacht wurde.

Im September 1936 beauftragte Lady Townshend den Fotografen Indre Shira damit, ein paar Aufnahmen vom Inneren des Gebäudes zu machen. Als Shira und sein Assistent, Mr. Povand, gerade ein Foto von der großen Haupttreppe machen wollten, erschien auf der unteren Stufe plötzlich „ein nebliges Gebilde, das allmählich die Gestalt einer in einen Schleier gehüllten Frau annahm". Shira rief seinem Assistenten zu, dass er ein Foto machen solle. Povand, der zwar nichts erkennen konnte, richtete seine Kamera auf die Treppe und drückte auf den Auslöser. Auf dem entwickelten Foto war tatsächlich der geisterhafte Umriss einer menschlichen Gestalt zu sehen.

Das Foto, das am 1. Dezember 1936 in der Zeitschrift *Country*

*Life* veröffentlicht wurde, erregte großes Aufsehen und selbst Experten konnten nach eingehenden Untersuchungen keinerlei Beweise dafür finden, dass es sich hierbei um eine Fälschung handelte. Der Geisterforscher Robert Thurston Hopkins bezeichnete das Foto als das „echteste Geisterfoto, das wir besitzen und das in keiner Studie zu übernatürlichen Phänomenen fehlen darf".

## CONINGTON
### *bei Peterborough, Cambridgeshire*

Wenn die Schnellzüge in Richtung London mit immer höherer Geschwindigkeit an dem kleinen Ort Conington in Cambridgeshire vorbeirauschen, passieren sie auch einen winzigen Bahnübergang, der auf Grund der tragischen Unfälle, die sich einst dort zugetragen haben, einen solch unheilvollen Ruf erlangte, dass man ihm den Namen „Bahnübergang des Todes" gab. In den 1940er Jahren starben dort sechs deutsche Kriegsgefangene, als sich eine Lokomotive in den Laster bohrte, mit dem die Männer an einem nebligen Montagmorgen unterwegs waren. Am Nachmittag des 16. Oktober 1948 gegen fünf Uhr dreißig fuhr Colonel A. H. Mellows mit seinem schwarzen Chrysler auf den Bahnübergang zu. Nachdem er angehalten hatte, damit sein Beifahrer, A. F. Percival, aussteigen und die Schranken öffnen konnte, fuhr der Colonel, während sich ein Schnellzug in Richtung London näherte, mit seinem Wagen weiter nach vorn, direkt auf die Gleise. Bei dem Aufprall bohrte sich die Lokomotive tief in den Wagen und der Colonel und sein Hund wurden getötet. Während Colonel Mellows mit allen Ehren beigesetzt wurde, begrub man seinen Hund direkt neben dem Gleisabschnitt, an dem der tragische Unfall stattgefunden hatte. Bei einer solch grauenvollen Geschichte ist es nicht verwunderlich, dass der Bahnübergang bald den Ruf erlangte, verhext zu sein. Stellwärter, die im Stellwerk von Conington arbeiteten, hörten des Öfteren ein Geräusch, als ob die Schranken geöffnet und wieder geschlossen würden, und manchmal konnten sie sogar einen flüchtigen Blick auf ein großes schwarzes Auto erhaschen, das sich dem Übergang näherte, aber bereits wieder verschwunden war, als sie herbeigeeilt kamen, um die Schranken zu öffnen. Norman Jinks, der während der 1960er Jahre das Stellwerk leitete, vernahm des Öfteren das Geräusch von Reifen, die knirschend über den Kiesweg fuhren, ohne dass jemals ein Auto zu sehen war. In den 1970er Jahren wurde das Stellwerk geschlossen, vornehmlich aus technischen Gründen und nicht wegen der gespenstischen Vorkommnisse, aber sobald die Nacht ihre langen Schatten über der Gegend um Conington ausbreitet, halten sich die Leute noch immer vom „Bahnübergang des Todes" fern.

OBEN: Das berühmte Grab der Selbstmörderin Juliet Tewslie aus dem 11. Jahrhundert im Old Ferry Boat Inn, aus dem sich ihr Geist angeblich jedes Jahr am 17. März zu Mitternacht erhebt.

## OLD FERRY BOAT INN
### *Holywell, Cambridgeshire*

Der Old Ferry Boat Inn am grünen Ufer des Great Ouse mit seinem Rieddach, den alten Eichenbalken und den massiven Kaminen, die eine einladende Behaglichkeit verströmen, ist eines der stimmungsvollsten Wirtshäuser in Cambridgeshire. Auf dem Steinfußboden liegt heute ein Plüschteppich und nur an einer Stelle ist eine alte Granitplatte frei gelassen worden, die keiner jemals zu bedecken wagt, da sich darunter die sterblichen Überreste von Juliet Tewslie befinden sollen.

Untröstlich darüber, dass sie ihr Liebhaber Tom so sehr vernachlässigte, soll sich die Frau an einem 17. März ungefähr im Jahre 1078 erhängt haben. Als Tom ihren Leichnam fand, war er sehr von Trauer und Gewissensbissen geplagt. Er schnitt sie vom Strang, wiegte ihren leblosen Körper in seinen Armen und, nachdem er ihr ein letztes Lebewohl gesagt hatte, begrub er sie genau an der Stelle, wo sie gestorben war, und bedeckte ihr Grab mit einer Granitplatte, über der man später den Old Ferry Boat Inn errichtete.

Im Wirtshaus findet jedes Jahr am 17. März des Nachts so etwas wie eine Feier statt. Bei den ersten Glockenschlägen zu Mitternacht soll sich Juliet Tewslie nämlich aus ihrem Grab erheben und im Wirtshaus umherschweben. Ihr Geist hat inzwischen so viel Berühmtheit erlangt, dass sich Dorfbewohner, Geisterjäger aus aller Welt oder einfach nur Neugierige zu tausenden dort versammeln und auf das Erscheinen des armen Mädchens warten, das durch seinen tragischen Tod und seine darauf folgenden nächtlichen Ausflüge zu einer der beständigsten alljährlichen Attraktionen in Cambridgeshire geworden ist.

OBEN: Eine Stimmung schauriger Unbehaglichkeit herrscht auf den siebenhundert Morgen der Marschlandschaft Wicken Fen, durch die viele finstere Geister streifen.

## WICKEN FEN
### *Cambridgeshire*

Das Marschland Wicken Fen in der Nähe der Ortschaft Wicken hat sich seit den Tagen, an denen Hereward the Wake dort gegen normannische Eindringlinge kämpfte, nur wenig verändert. Es ist ein seltsam urzeitlicher geheimnisvoller Ort, fast dreihundert Hektar groß, an dem eine deutlich spürbare Stimmung schauriger Unbehaglichkeit herrscht. Des Nachts thronen die wilden Alleen aus Birken und Ebereschen über dem hohen Teppich aus Riedgras. Zwischen den Halmen schlängelt sich der schaurig säuselnde Wind hindurch und ein plötzlich vorbeihuschendes Nagetier kann leicht mit etwas anderem verwechselt werden, dessen Natur weitaus unheilvoller und unerklärlicher ist.

Könnte es sich dabei vielleicht um die sich seltsam windenden Schatten römischer Legionäre handeln? Berichten zufolge sollen diese nämlich ganz plötzlich aus dem Nichts auftauchen und sich danach genauso schnell wieder in der stillen Dunkelheit auflösen. Hier kann man auch die Geräusche längst vergangener Schlachten hören, die zwischen zwei Geisterarmeen immer aufs Neue ausgetragen werden, ohne dass man sie jemals zu Gesicht bekommen hat. Durch das dunkle Wasser soll auch ein böser schwarzer Hund waten, der seine unsichtbare Beute fest im Blick behält. Von all den bösen Geistern, die durch diese einsame Wildnis streifen, gibt es jedoch nichts Furcht einflößenderes als die geheimnisvollen Irrlichter, die auf der dunklen Wasseroberfläche tanzen oder ziellos auf den Riedgrasflächen umherhüpfen. Dabei soll es sich um böse Geister handeln, die nichts weiter im Sinn haben, als ahnungslose Sterbliche in ihr schlammiges Reich zu locken, in dessen Tiefen sie ein schrecklicher Tod ereilt.

# Finstere Mächte *und* teuflische Hexen

*Thou art the whisper in the gloom,*
*The hinting tone, the haunting laugh:*
*Thou art the adorner of my tomb,*
*The minstrel of mine epitaph.*

Aus: *The Dark Angel*
von Lionel Johnson

# Northamptonshire, Leicestershire, Lincolnshire, Nottinghamshire & West Midlands

Aus den Grafschaften, die sich von der Küste in Lincolnshire bis zu den flachen, fruchtbaren Weideländern der östlichen und westlichen Midlands erstrecken, stammen die bekanntesten Legenden der englischen Geschichte. Wer kann schon durch Nottinghamshire reisen, ohne gleich an den bekanntesten aller Gesetzlosen, Robin Hood, zu denken? Und wer kann seinen Blick über die weite Ebene von Bosworth Field schweifen lassen, ohne sich dabei die bucklige Gestalt von Shakespeares Richard III. vorzustellen, wie er einen ganzen Winter lang nur Ränke schmiedete und schließlich mit dem verzweifelten Versuch endete, sein Königreich für ein Pferd herzugeben?

In diesen Gegenden sind auch viele Spuren von Hexerei und ihren sichtbaren Auswirkungen zu finden und auf einem Grab in der hübschen Dorfkirche von Bottesford in Leicestershire steht sogar geschrieben, dass zwei Jungen durch „bösen Zauber und Hexerei" getötet worden seien. Weiter im Süden ist die Grafschaft Northampshire unauslöschlich mit dem Schicksal Maria Stuarts verbunden, durch deren Enthauptung im einstigen Fotheringay Castle der Gespensterwelt Großbritanniens der wohl aktivste Geist beschert wurde.

## St. Mary's Church
*Woodford, Northampshire*

In der malerischen Marienkirche in Woodford befindet sich ein geheimnisvolles Relikt. Ende der 1540er Jahre verlor John Styles, der damalige Pfarrer, seinen Pfarrbezirk auf Grund seines Hangs zum Katholizismus. Einen wertvollen, reich verzierten Trinkbecher im Gepäck, floh er in ein Mönchskloster in Belgien, wo er jedoch kurz nach seiner Ankunft verstarb. Andrew Powlet, der seine Nachfolge in der Pfarrkirche angetreten hatte, konnte den wertvollen Becher jedoch wiedererlangen und brachte nicht nur diesen, sondern – aus welchen Gründen auch immer – auch das Herz von John Styles nach Woodford zurück. Im Laufe der Zeit verschwanden jedoch die beiden Relikte und existierten nur noch in der Erinnerung der Menschen, bis im Jahre 1862 Powlets Geist neben einer bestimmten Holzplatte in der Wand des Pfarrhauses gesichtet wurde. Als man die Stelle genauer untersuchte, entdeckte man eine Geheimkammer, in der sich der Becher befand sowie ein Brief, aus

VORHERIGE SEITEN: Wer kann schon auf der Straße nach Bosworth Field entlangfahren, ohne an die missliche Lage König Richards III. zu denken?

dem hervorging, dass sich das weit gereiste Organ in einer Säule in der Kirche befand. Das Herz kann noch heute hinter einer Glasplatte in der Marienkirche besichtigt werden.

## TALBOT HOTEL

### *Oundle, Northampshire*

OBEN: Bei der historischen Treppe im Talbot Inn, die angeblich aus dem benachbarten Fotheringay Castle stammt, soll es sich um die Treppe handeln, die Maria Stuart im Jahre 1587 auf dem Weg zu ihrer Hinrichtung hinabgeschritten ist.

Maria Stuart muss eine außerordentlich enge Beziehung zum Übersinnlichen gehabt haben, denn fast jedes Schloss oder Haus, in dem sie einst weilte, wird von ihrem traurigen Schatten heimgesucht, ebenso wie viele andere Gebäude, die sie persönlich gar nicht besucht hat. Der Ort, an dem man ihren Geist am ehesten vermuten würde, ist natürlich Fotheringay Castle, wo sie am 8. Februar 1587 enthauptet wurde. Man hat die Festung jedoch schon vor langer Zeit abgerissen und ihr einziger Überrest ist ein kleiner Hügel auf dem Anwesen eines Bauernhofes. Viele der Steine verwendete man für den Bau von neuen Gebäuden in der Nachbarschaft und auch zahlreiche Einrichtungsgegenstände aus der Festung wurden überall verstreut.

Das Talbot Hotel wurde ursprünglich im Jahre 636 errichtet, aber Anfang des 17. Jahrhunderts umfassend modernisiert. Als Marias Stuarts Sohn, Jakob I., Fotheringay Castle vollkommen abreißen ließ, witterte William Whitwell, der Besitzer des Talbot Hotels, die Gelegenheit, sein Wirtshaus ohne übermäßige Kosten in großem Stil aufzupolieren, und kaufte deshalb viele der Einrichtungsgegenstände auf, zu denen auch die großen Hornfenster gehörten. Whitwell erwarb auch die Holztreppe, auf der die Königin einst zu ihrer Hinrichtung hinabgeschritten ist, und bekam ihren Geist gleich gratis mit dazu.

Auf der polierten Balustrade ist noch immer der Abdruck einer Krone zu sehen, den der Legende nach Maria Stuarts Ring hinterließ, als sie sich auf dem Weg zum Richtblock am Geländer festhielt. Weniger auffällig ist allerdings die Erscheinung ihres unruhigen Geistes, mit dem schon viele Gäste Bekanntschaft gemacht haben. Einige klagten, dass sie beim Hinabsteigen der Treppe ein unbehagliches Gefühl überkommen habe. Eine Frau, die in einem der Gästezimmer im Bett lag, verspürte eines Nachts plötzlich einen Druck auf ihrer Bettdecke. Als sie nach dem Lichtschalter greifen wollte, war es ihr jedoch unmöglich sich zu bewegen, da sie irgendetwas fest aufs Bett zu drücken schien. Zuweilen werden Möbelstücke von einer unsichtbaren Hand umhergerückt und das Bild mit der Darstellung von Marias Hinrichtung ist schon so manches Mal ganz plötzlich von der Wand gesprungen. Gäste haben draußen vom Hof aus das gespenstische Gesicht einer Frau gesehen, welche von einem der Hornfenster, die aus dem Fotheringay Castle stammen, auf sie herabstarrte.

Die Behauptung, dass es sich bei dem Geist, der im Talbot Hotel umherspukt, tatsächlich um Maria Stuart handelt, ist natürlich rein spekulativ und einige zweifeln selbst die Echtheit der Treppe an. Allerdings gibt es eine direkte Verbindung zwischen der Königin und dem alten Wirtshaus. In der Nacht vor Marias Enthauptung logierte nämlich ihr Henker im Talbot Inn, wo er laut Aufzeichnungen „Taubenpas-

UNTEN: Das Herz des Pfarrers John Styles befindet sich hinter dieser Glasplatte in einer Säule in der Marienkirche zu Woodford.

tete aß, einen Liter vom besten Ale trank und bis zum frühen Morgen eine heitere Unterhaltung mit der jungen Servierein führte".

## BELPER ARMS

### *Newton Burgoland, Leicestershire*

In diesem hübschen Wirtshaus, von dem einige Gebäudeteile mehr als siebenhundert Jahre alt sein sollen, treibt ein unsichtbarer Geist regelmäßig sein Unwesen. Der Pub, der einst als Herberge für die am Bau der Dorfkirche beteiligten Steinmetzen errichtet worden war, wurde um 1700 zwar weiter ausgebaut, aber der Geist scheint trotzdem die älteren Gebäudeteile zu bevorzugen. Da er immer fünf Minuten vor vier Uhr morgens oder nachmittags erscheint, hat man ihm den Spitznamen „Five-to-Four-Fred" (Fünf-vor-Vier-Fred) gegeben. Ein sicheres Zeichen für seine Ankunft ist ein plötzlicher Temperaturrückgang und was danach geschieht, hängt ganz vom Geschlecht der Person ab, die er mit seiner gespenstischen Berührung beglückt. Während er einer Frau mit kalten Liebkosungen sanft über die Wangen streicht, verspürt ein Mann ein Paar kalte, klamme Hände in seinem Gesicht, die ihn zu ersticken drohen. Da Fred auch nichts mit den Prinzipien eines korrekten Umgangs im Sinn hat, bekam schon so manche Kellnerin bei ihrer Arbeit einen gespenstischen Klaps auf dem Hintern zu spüren.

## BOSWORTH HALL HOTEL

### *Husbands Bosworth, Leicestershire*

Bosworth Hall mit seinen verwinkelten Fluren, gewundenen Treppen und gemütlichen Räumen kann auf eine lange Geschichte religiöser Zwistigkeiten zurückblicken. In dem seit über dreihundert Jahren als katholische Hochburg fungierenden Gebäude spukt ironischerweise ein protestantischer Geist, obwohl in dem hübschen Hotel heute noch immer voller Stolz ein Relikt aus seiner katholischen Vergangenheit ausgestellt wird.

In der Zeit, in der Oliver Cromwell als Lordprotektor Englands herrschte und der Katholizismus verboten war, nahmen die damaligen streng katholischen Besitzer des Anwesens, die Familie Maxwell, gerade an einem geheimen Gottesdienst in der Kapelle von Bosworth Hall teil, als sie plötzlich erfuhren, dass sich eine Gruppe von Cromwells Truppen dem Gebäude näherte. In gut geübter Routine eilte der Pfarrer daraufhin zu einer der vielen kleinen Geheimtüren, die sich noch heute überall im Gebäude befinden. In seiner Hast stieß er dabei entweder den Becher mit dem Messwein um oder aber zog sich eine Schnittwunde zu – je nachdem welcher Version der Geschichte man Glauben schenken möchte. Auf jeden Fall hinterließ er bei seiner Flucht einen Fleck, der sich selbst nach über dreihundert Jahren aus unerklärlichen Gründen noch immer feucht anfühlt.

Im Jahre 1881 heiratete die streng protestantische Lady Lisgar, das Oberhaupt der Familie, Sir Francis Fortescue-Turvile und zog nach Bosworth Hall. Die neue Hausherrin ließ am Gebäude zahlreiche Veränderungen vornehmen, bleibt aber vor allem wegen einer äußerst unrühmlichen Tat in Erinnerung, die von boshafter Bigotterie getragen war. Als nämlich eine ihrer katholischen Dienerinnen im Sterben lag, weigerte sich Lady Lisgar schlichtweg, einen Priester ins Haus zu holen, um die Frau segnen zu lassen. Aus diesem Grund ist Lady Lisgars Seele dazu verdammt, bis in alle Ewigkeit in Bosworth Hall zu weilen. Man hat ihren Geist auf den Treppen und Korridoren als stumm trauernden, fast durchsichtigen Schatten gesehen, der seinen ewig währenden Qualen nicht entrinnen kann, welche die Strafe für jenen Akt der Unbarmherzigkeit sind.

## ST. MARY-THE-VIRGIN

### *Bottesford, Leicestershire*

Die Kirche zu Bottesford steht in enger Verbindung zum nahe gelegenen Belvoir Castle, von dessen Bewohnern viele dort begraben liegen. Die Grabstätte von Francis, dem sechsten Earl of Rutland, ist dabei besonders interessant, weil sie oft als das „Witchcraft Tomb" (Hexengrab) bezeichnet wird.

Francis lebte Anfang des 17. Jahrhunderts im Belvoir Castle. Unter den ortsansässigen Leuten, die als Bedienstete in seinem Haushalt angestellt waren, befanden sich auch eine Frau namens Joan Flower und deren zwei Töchter, Margaret und Phillipa. Diese waren bei den anderen Leuten nicht sonderlich beliebt und viele Nachbarn hielten Joan für „scheußlich und boshaft", da sie eine ungepflegte Frau mit tief liegenden Augen war, die mit ihrer Gottlosigkeit prahlte, mit Geistern verkehrte und ihre Freude daran hatte, den Nachbarn mit ihren Flüchen und Verwünschungen Angst einzujagen. Kaum jemand zweifelte daran, dass

LINKS: In dem gemütlichen Wirtshaus Belper Arms in Newton Burgoland spukt ein Geist namens „Five-to-Four-Fred".

die drei Frauen Hexen waren, und auch Comtess Cecilia hegte ein wachsendes Misstrauen gegen sie. Als man Margaret Flower im Schloss beim Stehlen erwischte, wurde sie von der Comtess auf der Stelle entlassen. So zog sich die Comtess den Zorn der Hexen zu, die drei Frauen begannen den Earl und dessen Familie mit Flüchen zu belegen, und schon bald darauf wurden Francis und Cecilia von „außergewöhnlichen Krämpfen" geplagt.

Die beiden konnten sich zwar erholen, aber dafür wurde ihr ältester Sohn, Henry Lord Roos, von einer plötzlichen Krankheit befallen und starb. Darauf starb auch ihr zweiter Sohn, Francis Lord Roos, an den Folgen einer „äußerst schrecklichen und unmenschlichen Krankheit". Ihre Tochter, Lady Katherine, war das nächste Racheopfer, über das die Hexen „mit ihren teuflischen Praktiken" herfielen, aber sie konnte sich wieder erholen.

Als Francis und Cecilia erneuten Flüchen ausgesetzt waren, die verhinderten, dass sie weitere Kinder bekamen, ließ man die drei Frauen endlich verhaften. Während des Verhörs verlangte Joan Flower nach einem Butterbrot und rief, dass es in ihr stecken bleiben würde, wenn sie schuldig wäre. Als sie sich das Brot in den Mund steckte, erstickte sie auf der Stelle. Somit war ihre Schuld bewiesen und damit auch das Schicksal ihrer beiden Töchter besiegelt, die am 11. März 1618 im Lincoln-Gefängnis gehängt wurden.

*„Zwei Söhne…, welche beide schon in früher Kindheit durch bösen Zauber und Hexerei ums Leben kamen."*

Inschrift auf dem Grabmal von Francis, dem sechsten Earl of Ruthland, in Bottesford

Oben: Der rote Fleck am Handgelenk der Figur von Lady Anne Smith in der Michaeliskirche erinnert an die Nacht, in der sich die angebliche Hexe in eine Katze verwandelt haben soll.

Heute befindet sich in der friedlichen Marienkirche eine steinerne Statue von Francis, dem sechsten Earl of Rutland, die zwischen den Figuren seiner ersten Frau, Frances, und der seiner zweiten Frau, Cecilia, steht. Seine beiden Söhne knien am Fuße des Grabmals und halten einen Totenschädel als Symbol ihres tragischen Todes in den Händen. Ein Teil der Grabinschrift erinnert daran, wie Francis „im Jahre 1608 Lady Cecilia Hungerford heiratete, die ihm zwei Söhne schenkte, welche beide schon in früher Kindheit durch bösen Zauber und Hexerei ums Leben kamen".

## St. Michaels Church

### *Edmonthorpe, Leicestershire*

Im Inneren der Kirche befindet sich das aus dem 17. Jahrhundert stammende Grabmal von Sir Roger Smith und dessen beiden Ehefrauen. Die untere Figur, bei der es sich um die 1652 verstorbene Lady Anne Smith handelt, hat einen dunklen Fleck auf dem Handgelenk. Man sagt, dieser Fleck solle daran erinnern, dass die edle Dame zu Lebzeiten eine Hexe war, die sich eines Nachts in eine Katze verwandelt habe, um ihr nächtliches Unwesen zu treiben. Einer der Diener wurde jedoch auf die Katze aufmerksam und hieb mit einem Hackmesser in ihre Pfote. Als Lady Anne ihre menschliche Gestalt wieder annahm, war an ihrem Handgelenk die Wunde zu sehen.

# Thornton Abbey

## *East Halton, Lincolnshire*

Einsam, beinahe majestätisch ragt das imposante burgartige Torhaus der sechshundert Jahre alten Thornton-Abtei als stolzes Zeugnis kirchenbaulicher Kunstfertigkeit in die Höhe. Das Bauwerk aus bröckligem braunem Gestein und von Hand gehauenen Ziegeln ist von einer unwiderstehlich schaurigen Aura geprägt, die jeden in ihren Bann zieht. Steinerne Gesichter, die im Laufe der Zeit schwarz geworden sind, starren mit tief liegenden Augen höhnisch auf den Besucher herab und stecken ihm mit teuflischem Gespott die Zunge heraus, während ihn eine bärtige düstere Gestalt mit teuflisch ausgebreiteten Armen begrüßt und jeden seiner Schritte verfolgt, als wache sie stumm über ein schreckliches Geheimnis.

Das Torhaus und die wenigen Überreste der Abtei, die hinter den geborstenen Toren liegen, beherbergen angeblich den Geist von Thomas de Gretham, dem vierzehnten Abt von Thornton. Dieser soll sich der schwarzen Magie und Hexenkunst verschrieben und seinen fleischlichen Gelüsten hingegeben haben. Wegen seiner schweren Vergehen ließ man ihm eine besonders strenge Strafe zuteil werden. Er wurde in die Tiefen des Klosters gebracht und dort in einer dunklen Kammer lebendig eingemauert.

Kein Wunder, dass man seine dunkle Gestalt zuweilen auf dem Gelände der Thornton-Abtei umherhuschen sah oder dass er mit bösem Blick auf die Besucher starrte, die ihn in einem schattigen Winkel des mächtigen Torhauses erblickten. Es ist nicht schwer, sich vorzustellen, dass hier die verschiedensten dunklen Mächte ihr Unwesen treiben.

# Newstead Abbey

## *Ravenshead, Nottinghamshire*

Der englische Dichter George Gordon Noel Byron wurde im Jahre 1788 in London geboren. Seine Mutter, Catherine Gordon, war eine Nachfahrin von Jakob I. von Schottland und sein Vater, Captain „Mad Jack" Byron, war ein dekadenter Verschwender, der seine Frau, nachdem er ihr ganzes Geld verprasst hatte, mit ihrem neugeborenen Sohn sitzen ließ und aus Angst vor seinen Gläubigern nach Frankreich floh. Catherine zog daraufhin mit ihrem Sohn zu ihrer Familie nach Aberdeen, wo sie ein bescheidenes Leben führten. Als der kleine George drei Jahre alt war, starb sein Vater und nachdem im Jahre 1798 auch sein Großonkel William verstorben war, wurde der zehnjährige Knabe der sechste Baron Byron und erbte den Familiensitz seiner Ahnen: Newstead Abbey.

Das Augustinerkloster wurde von Heinrich II. im 12. Jahrhundert als Buße für den Mord an Thomas Becket, dem Erzbischof von Canterbury, errichtet. Im Jahre 1539 wurde das Kloster aufgelöst und ging in den Besitz von Sir John Byron über, der auf dem Gelände eine prachtvolle Residenz errichten ließ. Ein alter Glaube besagt, dass diejenigen, die eine religiöse Stätte beschädigen oder verunstalten, von Pech verfolgt würden. Die Tatsache, dass die nachfolgenden Generationen Sir Johns mit Armut, Skandalen, Familienfehden und Kinderlosigkeit geschlagen waren, scheint Beweis genug zu sein, dass in dieser Theorie tatsächlich ein Fünkchen Wahrheit steckt. William, der fünfte Lord, den man „Devil Byron" (Teufel Byron) nannte, weigerte sich, mit seiner Schwester zu sprechen, nachdem diese in einen Skandal verwickelt gewesen war. Selbst als sie auf dem Sterbebett lag und um Versöhnung bat, ließ er sich nicht erweichen. Ihr trauriger Geist soll noch heute auf dem Gelände umhergehen und laut jammern: „Sprecht mit mir, Mylord, so sprecht doch mit mir." Viele glaubten, dass „Devil Byron" wahnsinnig war, und seine Bemühungen, das Haus und Anwesen herunterzuwirtschaften, um seine Erben in den Ruin zu treiben, scheinen diese Meinung zu bestätigen. Als der zehn Jahre alte George Gordon Byron das Anwesen erbte, befand es sich bereits in durch und durch miserablem Zustand. Feuchtigkeit drang durch die Böden, es regnete durch das Dach und die einzig bewohnbare Stelle im ganzen Haus war eine kleine Ecke in der Küche.

Erst nachdem er sein Universitätsstudium beendet hatte, ließ

sich Byron dauerhaft in Newstead nieder. Er feierte seine Ankunft mit dem ersten seiner legendären Feste, bei denen die in Mönchskutten gekleideten Gäste die Serviermädchen durchs Kloster jagten und, wie Kritiker behaupteten, eine Art kirchenschänderische Orgie feierten. Im Inneren des Gebäudes ist heute eine Nachbildung des Totenschädel-Kelchs zu sehen, aus dem sie ihren Messwein tranken.

Byron war ein Frauenschwarm und seine Affairen wurden in der feinen Gesellschaft zum wichtigsten Gesprächsthema. Man munkelte, dass er ein Verhältnis mit seiner Halbschwester, Augusta Leigh, gehabt hätte, und als Augustas Tochter Medora zur Welt kam, ging das Gerücht um, Byron sei der Vater. Seine wohl berühmteste Affaire, die mit der schönen und ungestümen Lady Caroline Lamb, führte dazu, dass er von Lady Lamb höchstpersönlich als „verrückt, böse und gefährlich" beschrieben wurde. Es war jedoch seine Heirat mit Annabella Milbanke, durch die er, wie er behauptete, mit dem berühmtesten Geist des Anwesens, dem „Schwarzen Mönch", in Kontakt kam.

OBEN: Die Newstead-Abtei, der einstige Wohnsitz Lord Byrons, wo ein Geistermönch seine schaurige Nachtwache abhält und eine „weiße Frau" auf ihren gespenstischen Ausflügen ein süßlichen Duft hinterlässt.

Über eine steinerne Wendeltreppe gelangt man in eine düstere leere Kammer, die so genannten Prior's Oratory (Gebetzimmer des Priors), die sich neben Byrons Schlafzimmer befindet. Die fleckigen Wände und Holzbalken verströmen eine unheilvolle Stimmung und das aufgehängte Mönchsporträt wirkt bedrohlich, fast Furcht einflößend. Hier soll der schwarze Dominikanermönch des Klosters spuken, dessen Erscheinen als schaurige Ankündigung des tragischen Schicksals der Byron-Familie gedeutet wurde. Byron behauptete, dass ihm der Schwarze Mönch in der Nacht vor seiner Hochzeit erschienen sei.

Doch da er seine Heirat später als das unglücklichste Ereignis seines Lebens beschrieb, ist es gut möglich, dass diese Behauptung nichts weiter als eine poetische Finesse war! Dennoch ist das Gebetzimmer des Priors der schaurigste Ort des ganzen Hauses. Es sind schon mehrere Fremdenführer der Abtei ganz plötzlich erkrankt, nachdem sie den geheimnisvollen Raum betreten hatten.

Seine wachsenden Schulden zwangen Byron zum Verkauf der Newstead-Abtei und die Skandale in seinem Privatleben veranlassten ihn dazu, England im Jahre 1816 für immer zu verlassen. Er starb im Jahre 1824 an rheumatischem Fieber, als er an der Seite griechischer Friedenskämpfer im Einsatz war. Sein Leichnam wurde nach England zurückgebracht und in der Familiengruft der Kirche St. Mary Magdalene in Hucknall Torkard in der Nähe der Newstead-Abtei beigesetzt.

Das alte Kloster ist heute ganz von Byrons literarischem Geist erfüllt und in den wunderbar düsteren und stimmungsvollen Mauern gehen viele Gespenster um. Bei dem wohl beständigsten dieser Geister handelt es sich um eine „weiße Frau", deren Erscheinen sich durch einen plötzlichen Temperaturrückgang ankündigt und die den unverwechselbaren süßlichen Duft von Rosenblüten hinterlässt.

UNTEN: Die höhlenartigen Räume und Durchgänge des Wirtshauses „Ye Olde Trip to Jerusalem" in Nottingham, in denen seit Jahrhunderten der Klang gespenstischer Schritte zu hören ist.

# RUFFORD ABBEY

## *Ollerton, Nottinghamshire*

Die Rufford-Abtei wurde im Jahre 1148 für den Zisterzienserorden erbaut und blieb als solche mehr als vierhundert Jahre lang bestehen. Als man das Kloster im Jahre 1536 auflöste, fanden zwei Beamte des Königs heraus, dass der damalige Abt, Thomas Doncaster, Beziehungen zu mehreren verheirateten und ledigen Frauen unterhielt und dass sich die Mönche „schändlicher Vergehen" schuldig gemacht hatten. Die Tage der Rufford-Abtei als Mönchskloster waren vorbei und das Anwesen wurde der mächtigen Talbot-Familie, den Earls of Shrewsbury, überlassen, die das Gebäude in einen prachtvollen Landsitz verwandelten. Im Jahre 1626 ging das Anwesen in den Besitz der wohlhabenden Savile-Familie über. Eines der Familienmitglieder, der achte Baron namens George Savile, soll sich der schwarzen Magie verschrieben und mit seinen satanischen Praktiken den Spuk in Rufford Hall ausgelöst haben. Im Kirchenbuch in der Dorfkirche des benachbarten Ortes Edwinstowe, in dem einige der ältesten Einträge über finstere Ereignisse zu finden sind, ist das Begräbnis eines Mannes vermerkt, der „vor Schreck gestorben ist, als er den Geist von Rufford zu Gesicht bekam". In der Zeit, als sich der Landsitz in voller Blüte befand, berichteten die Bediensteten des Öfteren von einem riesigen Mönch, unter dessen dunkler Kutte ein fleischloser Schädel höhnisch grinste. Manche Gäste sahen seine abscheuliche Gestalt vom Spiegel ihres Toilettentisches aus und einige Damen, die über Nacht in Rufford Hall weilten, bekamen die schaurige Umarmung eines klammen kalten Säuglings zu spüren, der sich zu ihnen ins Bett kuschelte!

Das Herrenhaus und die Abtei sind heute nur noch Ruinen inmitten einer schönen, friedlichen Parkanlage. Es herrscht eine kalte und geheimnisvolle Stimmung an diesem Ort, wo elegante Zierbögen ihre langen Schatten in finstere Winkel werfen und die Mauern mit affenartigen Steinfiguren verziert sind. Noch heute kann man den Geistermönch bei seinen Ausflügen beobachten und eine „weiße Frau" über das Gelände

gleiten sehen, wo sie sich vor den Augen der sprachlosen Besucher in Luft auflöst.

## Ye Olde Trip to Jerusalem

*Nottingham, Nottinghamshire*

Der imposante Sandsteinfelsen, auf dem das Nottingham Castle thront, ist von einem Netz aus unterirdischen Höhlen durchzogen, von denen mehrere zu einem Wirtshaus namens Ye Olde Trip to Jerusalem gehören, das als ältester Gasthof Englands gilt. Der 1189 gegründete Gasthof stammt aus einer Zeit, in der man mit dem englischen Wort „trip" noch eine Art Raststätte für Reisende bezeichnete, und sein ungewöhnlicher Name rührt daher, dass das alte Wirtshaus ursprünglich als Raststätte für die Kreuzritter diente, die sich auf den Weg ins Heilige Land machten. Im Jahre 1330 benutzte Eduard III. den Gasthof, um über die Höhlengänge nach Nottingham zu gelangen, wo er Roger Mortimer, den Liebhaber seiner Mutter, verhaften lassen wollte, da dieser für den grausamen Mord an seinem Vater, Eduard II., im Jahre 1327 verantwortlich war. Nachdem man Mortimer in den königlichen Gemächern gefangengenommen hatte, ignorierte Eduard das Flehen seiner Mutter, „mit dem sanften Mortimer Erbarmen zu haben", und ließ ihn in den Londoner Tower bringen und später in Tyburn hinrichten. Isabellas Flehen dringt angeblich noch immer aus den Tiefen des Felsen empor und in den Höhlen, die als Kellergewölbe des Wirtshauses dienen und mit besonderer Genehmigung besichtigt werden können, sollen gespenstische Schritte zu hören sein.

In den alten höhlenartigen Räumen des Wirtshauses herrscht eine gespenstische Atmosphäre. Der im oberen Stockwerk befindliche Salon namens Rock Lounge mit seinem mächtigen Kamin, der etwa achtzehn Meter durch den Felsen nach oben reicht, beherbergt eines der schaurigsten Relikte des Wirtshauses. In einer Glasvitrine über der Theke befindet sich das verstaubte Modell einer Galeone. Bis vor kurzem hing das Schiff noch vom Schornstein herab, wo es im Laufe der Jahrzehnte eine dicke Schicht aus Staub und Spinnweben angesetzt hatte, die niemand zu entfernen wagte. Von den drei Personen, die jemals versucht haben, das Schiff von Staub und Schmutz zu befreien, ist jede danach ganz plötzlich gestorben. In dem festen Glauben, dass jeden, der dem Modellschiff mit einem Staubwedel zu Leibe rückte, ein Fluch treffen würde, ließen die nachfolgenden Wirtsleute die Finger davon, bis die Beamten vom Gesundheitsamt schließlich befürchteten, dass der Schmutz auf die Speisen und in die Getränke der darunter sitzenden Gäste fallen könnte und anordneten, das Schiff einzuschließen. Da der Gastwirt mögliche Folgen fürchtete, wandte er sich an ein Medium, das den Versuch unternahm, die dem Modellschiff innewohnende Macht auszutreiben. Kurze Zeit später hatte die Frau einen schweren Autounfall und lag mehrere Wochen lang im Koma.

RECHTS: War dieser ungeladene Gast (oben) beim Festbankett der Freeman's Guild im Zunfthaus zu Coventry ein Geist?

## St. Mary's Guildhall

*Coventry, West Midlands*

Obwohl das Zunfthaus von Coventry in dem Ruf steht, gespenstisch zu sein, hat keiner daran gedacht, auch die dort spukenden Geister zum feierlichen Bankett der Freeman's Guild einzuladen, das am 22. Januar 1985 im Zunfthaus stattfand. Einer der Geister muss wohl unangekündigt erschienen sein und sich am oberen linken Tisch neben dem Oberbürgermeister, Walter Brandisch, niedergelassen haben. Es kann sich zwar niemand daran erinnern, ihn während des Abendessens gesehen zu haben, aber auf dem Foto, das an jenem Abend gemacht wurde, ist er dennoch deutlich zu erkennen.

# Gequälte Schatten zwischen den Felsen

*And as the moon from some dark gate of cloud*
*Throws o'er the sea a floating bridge of light,*
*Across whose trembling planks our fancies crowd,*
*Into the realm of mystery and night, -*

*So from the world of spirits there descends*
*A bridge of light, connecting it with this,*
*O'er whose unsteady floor, that sways and bends,*
*Wander our thoughts above the dark abyss.*

Aus: *Haunted Houses*
von Henry Wadsworth Longfellow

# DERBYSHIRE, STAFFORDSHIRE, CHESHIRE & SHROPSHIRE

Als die industrielle Revolution in den Grafschaften Staffordshire, Cheshire, Derbyshire und Shropshire Einzug hielt, wurden Kohle und verschiedene andere Bodenschätze aus den Tiefen des Erde gefördert. Diese Rohstoffe gehörten zu den Triebkräften, die für die Ausweitung des britischen Weltreichs sorgten, während die Schornsteine ihre Schadstoffe unermüdlich in die Atmosphäre bliesen. Trotz allem befindet sich im Herzen dieses Industriegebietes eine der faszinierendsten Gegenden Englands, der Peak District. Hohe Felsen ragen aus den schroffen Moorlandschaften empor, und in unterirdischen Höhlen und Gängen liegt ein magisches Aufgebot an Stalaktiten und Stalagmiten verborgen. Hier findet jeder, der sich auf die Suche nach den Geheimnissen Englands macht, eine herrliche Vielfalt an Sagen und Geisterlegenden.

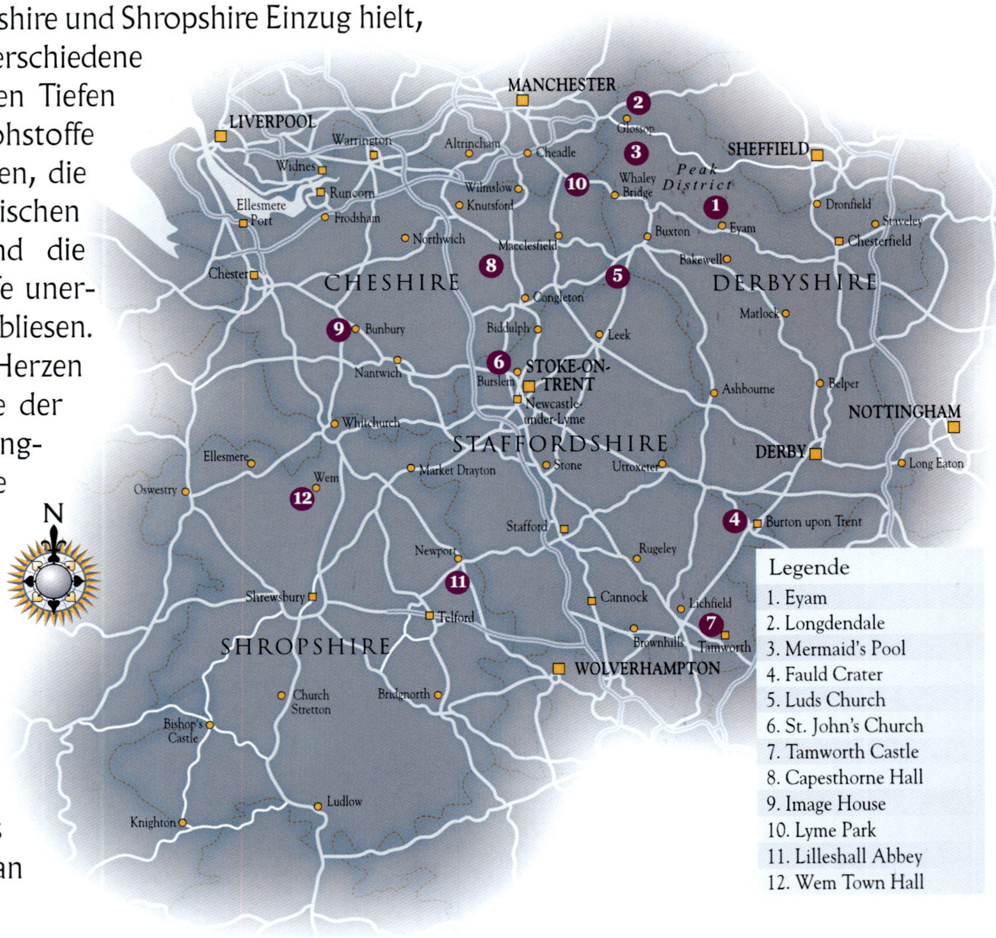


## EYAM

*Derbyshire*

Die abgelegene kleine Ortschaft Eyam kauert in einer verschlafenen Senke, von der aus steile Hügel zu einem hoch gelegenen Moorland führen. Hier ereignete sich vor langer Zeit eine Tragödie, deren Spuren noch heute in den Gärten, an den Mauern der hübschen Steinhäuser und auf den angrenzenden Feldern zu finden sind.

Neben der Dorfkirche befindet sich eine Reihe von Häusern, die den Namen „Plague Cottages" (Pesthäuser) tragen. Im Jahre 1665 lebte hier im Haus von Mary Cooper ein Schneider namens George Vicars, der im September jenes Jahres aus London ein Paket mit feuchtem Stoff erhielt, den er vor dem Kamin zum Trocknen ausbreitete. Der Mann wusste jedoch nicht, dass sich in dem Stoff pestverseuchte Flöhe befanden, durch deren Bisse die kleine Gemeinde in den darauf folgenden zwölf Monaten dezimiert werden würde. Vicars selbst war das erste Opfer, dicht gefolgt von Edward Cooper, dem Sohn seiner Ver-

VORHERIGE SEITE: Am Fuße des Kinder Scout, des höchsten Berges im Peak District, erstreckt sich eine wilde Moorlandschaft.

mieterin. Im Oktober, als sich die Pest bald überall im Ort breit gemacht hatte, trafen die Bewohner unter der Leitung ihres Pfarrers William Mompesson die mutige Entscheidung, das Dorf von der Außenwelt zu isolieren, um eine Ausbreitung der Seuche auf den gesamten Bezirk zu verhindern. Die Lebensmittel wurden bis zu einem Brunnen am Dorfrand geliefert, der heute „Mompeson's Well" (Mompesons Brunnen) heißt und in dessen Steinen noch immer die Vertiefungen zu sehen sind, die man mit Essig auffüllte, um die verseuchten Münzen darin zu reinigen. Die Kirche wurde geschlossen und die Familien begruben ihre Toten im eigenen Garten oder auf den angrenzenden Feldern. Noch heute sind die gespenstischen Gräber überall im Ort zu sehen. Mit ihrem letzen Opfer, das am 1. November starb, hatte die Pest 250 der insgesamt 350 Dorfbewohner in den Tod gerissen.

Heute verweilt man in Eyam nicht mehr in der traurigen Vergangenheit. Allein die Gedenktafeln an den Hauswänden, auf denen die Namen der Toten stehen, oder die verwitterten Grabsteine, die im ganzen Ort verstreut sind, erinnern an jenes tragische Ereignis. Dennoch hängt eine schwere Stille über vielen Gebäuden, in einigen soll es spuken.

In den Räumen der oberen Etage des Herrenhauses Eyam Hall aus dem 17. Jahrhundert spukt der Geist eines alten Mannes, im Wirtshaus Miner's Arms gehen sogar mehrere Geister um. Zu diesen gehört eine ältere Dame mit schwarzer Haube, schwarzem Umhang und schwarzen Stiefeln, bei der es sich wahrscheinlich um die Ehefrau eines ehemaligen Gastwirts handelt, die im 17. Jahrhundert ermordet wurde. Das Wirtshaus, das im Jahre 1630 völlig wiederaufgebaut wurde, nachdem das ursprüngliche Gebäude durch ein Feuer zerstört worden war, beherbergt auch die Geister zweier kleiner Mädchen namens Sarah und Emilie, die bei dem Brand ums Leben kamen. Die Stammgäste sind bereits daran gewöhnt, die Mädchen in den Räumen der oberen Etage umherhüpfen zu hören. Es haben sich schon mehrere Gäste darüber beschwert, dass ihre Nachtruhe durch gespenstischen Schabernack gestört wurde, wie zum Beispiel durch die sich ständig öffnende und schließende Schlafzimmertür. Ihre Neckereien scheinen den kleinen Plagegeistern viel Vergnügen zu bereiten, denn im Anschluss daran schallt immer ein mädchenhaftes Gekicher draußen durch den Korridor.

OBEN: Das „Pest-Haus" in Eyam, wo im Jahre 1665 durch verseuchte Flöhe die Pest ausbrach und die Dorfbevölkerung dezimiert wurde.

## LONGDENDALE

*Bei Glossop, Derbyshire*

Longdendale – das lange Tal – ist ein kahler, aber dennoch schöner Landstrich, der sich über zehn Meilen erstreckt und schon seit langem einen gespenstischen Ruf besitzt. Es ist eine einsame Landschaft voller schauriger Geheimnisse, die Daniel Defoe einst als „die ödeste, wildeste und einsamste Gegend Englands" bezeichnete. Wenn man die kahlen Grasflächen überquert und sich die letzten Strahlen des Tageslichts in der Dämmerung über die bedrohlichen Böschungen ergießen, fühlt man sich wahrhaft allein und verletzlich und kann sich gut vorstellen, warum dieser Ort seit einigen Jahren „Haunted Valley" (Spuktal) genannt wird.

Am 24. März 1997, um etwa zehn Uhr abends, befanden sich zwei Frauen draußen im Hochmoor, weil sie hofften, einen Blick auf den Hale-Bopp-Kometen erhaschen zu können. Plötzlich sahen sie am Himmel ein Flugzeug, das relativ niedrig über sie hinwegflog und schließlich hinter einem der Gipfel verschwand. Zu etwa der gleichen Zeit sah ein Bauer das Flugzeug hinter dem Gipfel hervorkommen und in so geringer Höhe auf sich zufliegen, dass er sich instinktiv duckte. Wenige Augenblicke später vernahmen mehrere Personen das Geräusch eines abstürzenden Flugzeugs und sahen ein oranges Glühen am Himmel. Kurz darauf gingen in den Notrufstellen die Anrufe besorgter Anwohner ein, die von einem Flugzeugabsturz berichteten. Da man von einer größeren Katastrophe ausging, trommelte man die Bergrettungsmannschaften zusammen, die sich in den Hochmooren eiligst auf die Suche nach Überlebenden machten. Fünfzehn Stunden lang suchten mehr als einhundert Leute und ein Hubschrauber der königlichen Luftwaffe jeden Quadratmeter des Moorlandes ab. Von dem abgestürzten Flugzeug fand man jedoch keine Spur und in den darauf folgenden Wochen ging auch keine einzige Vermisstenanzeige ein. Das, was die Augenzeugen gesehen hatten, hatte sich ganz offensichtlich in Luft aufgelöst – der „Phantom-Bomber" von Longdendale war zurückgekehrt.

In den Hochmooren wie dem Bleaklow Moor liegen zahlreiche Flugzeugteile verstreut herum. Es sind die rostigen Überreste von mehr als fünfzig Flugzeugen, die während und nach dem Zweiten Weltkrieg an den Bergspitzen zerschellten. Ein Haufen Schrott ist auch alles, was von einer American B29 übrig geblieben ist, bei deren Absturz im Jahre 1948 alle dreizehn Besatzungsmitglieder ums Leben kamen. Man hat den Geist des Piloten, Captain Landon P. Tanner, angeblich dabei gesehen, wie er zwischen den Wrackteilen umhergelaufen ist. Es wird auch viel darüber spekuliert, ob dieser oder die vielen anderen Abstürze durch eines der seltsamsten Phänomene dieser Gegend, die so genannten „Longdendale Lights", verursacht wurde.

Der Legende zufolge handelt es sich bei diesen flackernden blauen Lichtern um so genannte Teufelsfeuer, mit denen Kobolde oder böse Hexen ihre Opfer hinauslocken wollen. Bereits im 16. Jahrhundert gab es schon Aufzeichnungen über die mysteriösen Longdendale Lights und selbst heute ist es den Bergrettungsmannschaften trotz modernster Technik noch nicht gelungen, ihr Geheimnis zu lüften. Im Juli 1998 wurden die Gäste der nahe gelegenen Jugendherberge Zeugen eines strahlend blauen Lichts, das plötzlich die ganze Gegend erhellte und mehr als drei Minuten lang zu sehen war. Autofahrer auf der A 628 haben die seltsamen Lichter für die Scheinwerfer eines zu dicht auffahrenden Fahrzeugs gehalten, während andere Leute wiederum dachten, dass es sich dabei um die Notsignale von verletzten oder verirrten Wanderern handle, und deshalb den Rettungsdienst verständigten. Mittlerweile haben sich die Leute jedoch längst an die seltsam flackernden Lichter gewöhnt, die langsam verschwinden, sobald man sich ihnen nähert. Es wird angenommen, dass die Piloten, die hier mit ihren Maschinen abgestürzt sind, die Lichter für Leuchtsignale gehalten haben und ihnen zum Berghang gefolgt sind, wo heute verrostete Haufen aus verbeulten Metallteilen an die Flugzeuge erinnern.

Am Donnerstag, dem 22. Juli 1954, verschwanden zwei Jagdflugzeuge vom Typ Sabre 4s über dem Peak District. Am darauf folgenden Sonntag entdeckten zwei Spaziergänger die abgestürzten Maschinen und verständigten den Rettungsdienst, der die Leichen der beiden Piloten bergen konnte, aber die Wrackteile an Ort und Stelle liegen ließ. Die Absturzursache wurde nie öffentlich bekannt gegeben und der Unfall schien zunächst unerklärlich, da beide Maschinen nagelneu und die Männer erfahrene Piloten waren. Das aufgezeichnete Gespräch zwischen den beiden Piloten liefert jedoch einen verdächtigen Hinweis. Ihren Worten lässt sich entnehmen, dass sie auf geringer Höhe durch eine Wolke flogen und die Orientierung verloren hatten. „Wo sind wir?", fragte der eine. „Ich bin mir nicht sicher", lautete die Antwort. Als sie plötzlich ein drittes Flugzeug vor sich erblickten, gab der zweite Pilot den fatalen Befehl: „Folge einfach der anderen Maschine durch die Wolke." Das waren die letzten aufgezeichneten Worte zwischen den beiden Piloten

LINKS UND UNTEN: Der Geist des amerikanischen Piloten Captain Landon P. Tanner spukt zwischen den rostigen Wrackteilen seines Flugzeugs vom Typ B29, mit dem er 1948 im Peak District abstürzte.

und da zu jener Zeit bekanntermaßen keine weiteren Flugzeuge in der Gegend unterwegs waren, vermuten viele Leute, dass es vielleicht der Phantom-Bomber war, der die beiden Männer in den Tod gelockt hat.

OBEN: Trotz moderner Technik ist es nicht möglich, das Phänomen der gespenstischen Lichter von Longdendale zu ergründen.

## Mermaid's Pool

### *Kinder Scout, Hayfield, Derbyshire*

Der hübsche Ort Hayfield im Peak District besitzt eine recht gewöhnliche Kirche, in der einst jedoch etwas Ungewöhnliches geschah. Einem Bericht zufolge öffnete sich am letzten Augusttag des Jahres 1754 plötzlich eines der Gemeinschaftsgräber und hunderte von Leichnamen erhoben sich aus ihren Särgen. „Zum großen Erstaunen und Entsetzen der Augenzeugen" stimmten sie einen Chorgesang an und stiegen zum Himmel empor. Dabei hinterließen sie einen „angenehmen Duft" und eines der ältesten Mysterien des Peak Districts.

Außerhalb des Dorfes erstreckt sich wildes Moorland am Fuße des höchsten Berges dieser Region, des Kinder Scout. Man geht davon aus, dass es sich bei dem Wort „kinder" um eine keltische Form des germanischen Wortes „kunder" handelt, das soviel wie Geschöpf oder Wunder bedeutet. In einer kleinen Schlucht auf einem der höheren Abhänge des Berges befindet sich ein von glucksendem Morast umringter kleiner Teich, in dessen Tiefen angeblich eine Meerjungfrau lebt, bei der es sich wahrscheinlich um das „Geschöpf" handelt, das im Namen des Berges vorkommt.

*„Zum großen Erstaunen und Entsetzen der Augenzeugen"*

EIN AUGENZEUGE, DER IM JAHRE 1754 DIE TOTEN AUS EINEM GEMEINSCHAFTSGRAB IN HAYFIELD ZUM HIMMEL FAHREN SAH.

Der mit morastigem Wasser gefüllte Teich verströmt eine trostlose Stimmung. In seinen dunklen Tiefen schwimmen keine Fische und kein Tier wagt sich herbei, um daraus zu trinken. Die Kelten glaubten, dass Teiche wie dieser die Tore zu einer anderen Welt wären, und es ist bewiesen, dass man dort Menschen opferte, um die unter der finsteren Wasseroberfläche lebenden Geister friedlich zu stimmen. Aus diesem Glauben heraus entstand die Legende um die Meerjungfrau, die in diesem Teich lebt und nur am Ostervorabend um Mitternacht zu sehen ist. Wer an diesem Tag den mühsamen Aufstieg zum Teich auf sich nimmt, kann die Meerjungfrau zur Geisterstunde auf sich zuschwimmen sehen. Sie taucht aus dem Wasser auf, streckt ihre

eiskalte Hand aus und schenkt ihrem Besucher ewiges Leben oder aber zieht ihn mit sich in die unergründlichen Tiefen des Teiches.

# Fauld Crater

## *Bei Hanbury, Staffordshire*

Am Montag, dem 27. November 1944, um 11 Uhr 11 meldeten Seismografen in Genf und Rom eine starke Eruption irgendwo in Nordeuropa. Die Erschütterung kam aus den Gipsbergwerken in Fauld, wo sich 3500 Tonnen der dort gelagerten Bomben und Munitionsgegenstände entzündet hatten und damit die größte Explosion während des Krieges auslösten, die nur noch vom Atombombenabwurf auf Hiroshima und Nagasaki übertrumpft wurde. Dabei wurden mächtige Erdmassen von einer Million Tonnen elf Meter hoch in die Luft geschleudert, sodass sich der dicke schwarze Schlamm auf einer riesigen Fläche von 2,5 Quadratkilometern verteilte.

Es entstand ein gigantischer Bombenkrater mit 40 Metern Durchmesser und etwa 90 Metern Tiefe und aus dem geborstenen Wasserreservoir auf dem Berg oberhalb des Dorfes ergossen sich 4,5 Meter hohe Schlammmassen über das Gelände. Dabei wurden zwei Bauernhöfe vollkommen ausgelöscht, überall lag totes Vieh umher und siebzig Menschen mussten ihr Leben lassen.

OBEN: Es herrscht eine trostlose Stimmung am Fauld-Krater von Staffordshire, wo im Jahre 1944 etwa 3500 Tonnen Sprengstoff detonierten.

Der Krater existiert noch heute und verströmt eine Stimmung absoluter Trostlosigkeit. Viele Besucher sind an diesem Ort von einem Gefühl tiefer Trauer übermannt worden und andere haben dort herzergreifende Schluchzer tief aus dem Boden schallen hören oder eine unmelodische Stimme vernommen, die gespenstisch durch die Lüfte klingt.

# Luds Church

## *Gradbach, Staffordshire*

Diese feuchte, schmale und abgeschiedene Kluft, deren steile Wände mit Farn und Moos bewachsen sind, gilt seit jeher als gespenstischer Ort. Obwohl sich Robin Hood und Bruder Tuck hier auf ihrer Flucht vor den Gesetzgebern versteckt haben sollen, sind es jedoch nicht ihre Geister, die in dieser schaurigen Schlucht umherspuken, sondern der Geist eines Mädchens, das Anfang des 15. Jahrhunderts auf tragische Weise ums Leben kam. Dieser gut versteckte Ort diente einst als Treffpunkt für die Lollarden, die Anhänger des ketzerischen Predigers John Wycliff. Da die Lollarden, deren Name von einem ihrer Anführer, Walter de Lud Auk, abgeleitet ist, überall verfolgt wurden, waren sie gezwungen, ihre Gottesdienste in einem sicheren Versteck wie diesem abzuhalten.

Eines Tages, als Walter eine Schar von vierzehn Anhängern, darunter seine Enkelin Alice, dort versammelt hatte, wurde eine Gruppe vorbeiziehender Soldaten auf ihren begeisterten Gesang aufmerksam. Die Männer näherten sich der Felsspalte, die den Eingang zur Schlucht bildet, und forderten die Gläubigen auf, sich zu ergeben. Während die Lollarden instinktiv nach ihren Schwertern griffen, schoss einer der Soldaten einen Pfeil auf die Gruppe ab, der Alice de Lud Auk auf der Stelle tötete. Traurig singend begruben die Lollarden das Mädchen am Eingang der Schlucht und ergaben sich danach den Soldaten. Walter de Luk Auk starb im Gefängnis in tiefer Trauer um seine geliebte Enkelin, deren stummer, trauriger Geist dabei beobachtet wurde, wie er über der Stelle schwebte, an der ihre sterblichen Überreste begraben liegen sollen. Sobald man sich ihm jedoch nähert, löst er sich vor den Augen der verwirrten und oftmals entsetzten Zeugen einfach in Luft auf.

# St. John's Church

## *Burslem, Staffordshire*

Auf dem Kirchhof dieses Gotteshauses befindet sich das Grab von Molly Leigh (1685–1748), dessen Stirnseiten von Norden nach Süden zeigen anstatt von Osten nach Westen, wie es normalerweise christlicher Brauch ist. Zu Mollys Lebzeiten war das Gebiet um Burslem eine reizvolle Gegend mit kleinen Dörfern, zwischen denen grüne Felder und holprige Wege verliefen. Die hier lebenden Bergleute, Töpfer und Bauern hatten wenig Respekt vor der Religion und kaum Bedarf an Bildung und verbrachten ihre Freizeit lieber mit Trinkgelagen und beim Glücksspiel. Dr. Plot, der Ende des 17. Jahrhunderts in diese Gegend kam, bezeichnete die Bewohner wenig schmeichelhaft als „Moorland-Falschspieler" und fand, dass es im Allgemeinen unmöglich sei, in diese Region hineinzugelangen und fast genauso unmöglich, wieder herauszukommen. Es gab jedoch eines, das die rauen Leute dort wirklich fürchteten – die Macht desjenigen, der das böse Auge besaß. Es war weithin bekannt, dass nur ein flüchtiger Blick einer solchen Person ausreichte, um Menschen zu verhexen, Rinder zu töten, die Ernte zu verderben und der ganzen Gegend unsagbares Unheil zu bescheren. In ganz Großbritannien trugen die Leute Amulette und Talismane, um sich vor diesen unheilvollen Blicken zu schützen. Alle, die damals mit einem Augenfehler, wie zum Beispiel einem Schielblick, zur Welt kamen, galten als besonders gefährlich und mussten damit rechnen, dass ihnen die Nachbarn das Leben schwer machen würden.

OBEN: Einst glaubte man, dass Hexen sich Tiere als Vertraute hielten, die ihnen bei der Ausübung ihrer schwarzen Magie behilflich waren.

Molly Leigh war ein solcher Mensch. Sie war von Geburt an hässlich und eigentümlich, und wurde wegen ihrer seltsam aussehenden Augen seit jeher dafür verantwortlich gemacht, wenn Kinder erkrankten oder das Vieh verseucht war. Molly lebte allein in ihrem winzigen Häuschen in der Nachbargemeinde Hamil. Sie besaß einen finster dreinblickenden schwarzen Raben als Haustier, der jeden mit bösem Blick verfolgte, der am Haus vorbeikam. Die Kinder gingen ihr aus dem Weg, die Erwachsenen schmeichelten sich bei ihr ein und die Behörden ließen sie tunlichst in Ruhe. Molly starb im März 1748 und wurde, wie es damals Brauch war, des Nachts auf dem Friedhof der Kirche St. John beigesetzt. Man richtete ihr Grab in Nord-Süd-Richtung aus, weil man so zu verhindern glaubte, dass ihr Geist in der Gegend umherwandere.

Nach dem Begräbnis ging die Trauergemeinde unter Führung von Parson Spencer zu Mollys Haus, um es zu segnen. Es war eine kalte, feuchte Nacht und deshalb kehrten sie auf dem Weg dorthin noch auf ein Gläschen heißen Punsch im Wirtshaus namens Turk's Head ein. Als Parson Spencer die Tür von Mollys Haus aufstieß, sprang er plötzlich voller Entsetzen zurück und rannte darauf, so schnell er konnte, nach Burslem zurück, dicht gefolgt von den anderen Trauergästen. Völlig außer Atem berichtete er ihnen, er habe Mollys Geist vor dem Kamin sitzen gesehen. Daraufhin geriet die ganze Gegend in Panik. Eine lebendige Hexe war ja schon schlimm genug, aber der Geist einer solchen war einfach zu viel des Guten! Da gab es nur eine Lösung – eine Geisterbeschwörung.

Und so geschah es, dass Parson Spencer sowie drei andere Pfarrer aus den Nachbargemeinden eines Abends um Mitternacht auf den Friedhof gingen und sich nervös daran machten, Mollys Sarg freizuschaufeln. Sobald sie das getan hatten, hörten sie plötzlich das Gekrächze eines Raben, der herbeigeflogen kam und sich auf dem Grabstein niederließ.

Obwohl seine drei Kollegen vor Entsetzen davongelaufen waren, ließ sich Parson Spencer nicht von seinem Vorhaben abbringen, den Geist ein für alle Mal zu vertreiben. Er fing den scheußlichen Vogel ein, hob den Sargdeckel und steckte ihn zu den sterblichen Überresten seiner Herrin. Nachdem er dem Drama ein Ende gesetzt hatte, lief er zu Mollys Haus, wo er darum betete, dass sie diese Gegend nie wieder heimsuchen möge.

Noch viele Jahre danach pflegten die Kinder sich gegenseitig dazu herauszufordern, dreimal um das Grab zu laufen und zu rufen „Molly Leigh, folge mir in alle Löcher, die ich seh“, woraufhin, so hatte man ihnen versichert, ihr Geist aus dem Grab kommen und sie vom Friedhof jagen würde.

RECHTS: Das Grab von Molly Leigh, der gefürchteten Hexe von Burslem. Es steht in Nord-Süd-Richtung, damit ihre Seele nicht umherwandern kann.

# Tamworth Castle

*Tamworth, Staffordshire*

OBEN: Im Tamworth Castle in Staffordshire soll eine rachsüchtige Nonne spuken.

GEGENÜBER, UNTEN: In Capesthorne Hall begegnen den Bewohnern oftmals gespenstische Wesen.

Die Tochter Alfreds des Großen, Aethefleda, die zwischen 899 und 918 über das Königreich Mercia herrschte, ließ den großen Hügel errichten, auf dem man im Jahre 913 Tamworth Castle erbaute. Nach der Eroberung durch die Normannen übergab Wilhelm der Eroberer die Festung seinem Getreuen Robert de Marmion, der den großen Hauptturm und die Curtainwälle errichten ließ, die noch heute existieren. Er veranlasste auch die Vertreibung der Nonnen aus dem nahe gelegenen Kloster von Polesworth und zog damit den Zorn des Geistes der Heiligen Editha, der Gründerin des Klosters, auf sich, die eines Nachts an seinem Bett erschien und ihm einen frühen und gewaltsamen Tod androhte, wenn er die Nonnen nicht in ihr rechtmäßiges Heim zurückkehren ließe. Um ihrer Drohung noch mehr Nachdruck zu verleihen, schlug sie ihm mit ihrem Krummstab auf den Kopf und fügte ihm eine blutende Wunde zu. De Marmion war von der gespenstischen Drohung so eingeschüchtert, dass er den Nonnen das konfiszierte Anwesen schleunigst zurückgab.

Das mittlere Zimmer des normannischen Turms, in dem de Marmion angeblich dem resoluten Geist Edithas begegnete, trägt zur Erinnerung an jenes Ereignis den Namen „Ghost Room" (Geisterzimmer). Hier ist die Geisternonne, die wegen der Farbe ihrer Kleider auch „Black Lady of Tamworth" genannt wird, schon mehreren Leuten erschienen. Es ist jedoch nicht bewiesen, dass sie auch hinter den anderen seltsamen Phänomenen steckt, die in der Burg auftreten. Dort hört man nämlich gespenstische Schritte die Treppe herabkommen, leises Gemurmel aus den leer stehenden Räumen dringen oder das kratzende Geräusch schwerer Möbel, die wie von Geisterhand auf dem Fußboden des Ferrers Room umhergerückt werden.

# Capesthorne Hall

*Monks Heath, Cheshire*

Die strahlend weißen Satellitenschüsseln der Jodrell-Bank bilden einen seltsamen modernen Kontrast zu den roten Backsteinen des imposanten Herrenhauses Capesthorne Hall, das im Jahre 1722 wahrscheinlich von John Wood entworfen wurde, dem berühmten Architekten, der Bath in die vornehmste Stadt der georgianischen Epoche verwandelt hat.

Das Gebäude beherbergt mehrere Geister, deren Pfade sich oft mit denen der lebenden Bewohner kreuzen. So hat man dort zum Beispiel eine schaurige Prozession „sich windender grauer Gestalten" in die Gruft der Kapelle hinabsteigen sehen. Gelegentlich soll auch eine geheimnisvolle „graue Frau" durch die Flure und kleinen Kammern des reizvollen alten Hauses huschen.

Der wohl seltsamsten Erscheinung ist jedoch einer der Bewohner im Jahre 1958 begegnet, als er in einer dunklen stürmischen Nacht vom lauten Geklapper seines Schlafzimmerfensters wach wurde. Als er nachsah, woher das Geräusch kam, erblickte er voller Entsetzen einen abgetrennten Arm, der von draußen versuchte, das Fenster zu öffnen. Der Mann sprang aus dem Bett und stürzte zum Fenster, um es zu verschließen. Doch als er den Riegel berührte, löste sich der gespenstische Arm in Luft auf.

## Image House
### *Bunbury, Cheshire*

Es gab einmal eine Zeit, in der sich die Leute bei ihren Streitigkeiten und Rachegelüsten am liebsten der Macht von „wundersamer" Magie oder Götzenkulten bedienten. Bei dieser Art von Magie, die heute besser unter dem Namen Wodu bekannt ist, stellt man sich meist Leute vor, die lange Nadeln in das aus Wachs geformte Abbild ihrer Gegner hineinstecken, um sich an ihnen zu rächen. Die verwitterten Steinfiguren, welche die Mauern des Image House in Bunbury zieren, erinnern an jene Zeit, in der man sich aus Rache jeder Art von Abbild bediente. Jede Steinfigur soll wahrscheinlich einen der Beamten darstellen, die dafür verantwortlich waren, dass im 18. Jahrhundert ein Wilderer in die Verbannung geschickt wurde. Nachdem er seine Strafe verbüßt hatte und wieder nach England zurückgekehrt war, soll der hasserfüllte Mann angeblich von jedem seiner Peiniger ein solches beeindruckendes Steinrelief angefertigt und den Rest seines Lebens damit verbracht haben, die Figuren mit allen nur denkbaren bösen Flüchen zu belegen, in der Hoffnung, dass sich diese an ihren lebenden Originalen erfüllen!

OBEN: Eines der zahlreichen Steingesichter an der Fassade des Image House. Damit wollte sich ein Wilderer an den Beamten rächen, die für seine Festnahme und Bestrafung verantwortlich waren.

# Lyme Park

## *Disley, Cheshire*

Die verwitterten graubraunen Sandsteinmauern dieses palastartigen Herrenhauses verströmen eine Stimmung der Langeweile. Im Inneren des Gebäudes befindet sich jedoch ein gemütliches Labyrinth aus dunklen Fluren und riesigen Räumen mit beeindruckenden Wandbehängen, aufwendigen Holzschnitzereien und zahlreichen Geheimfächern.

Sechshundert Jahre lang, von 1346 bis 1946, befand sich das Haus im Besitz der Familie Legh. Eines der Familienmitglieder, Sir Piers Leigh, starb im Jahre 1422 in Paris, als er für seinen König und sein Land kämpfte. Sein Leichnam wurde nach Lyme Park zurückgebracht. Dort schaute seine trauernde Witwe, Lady Joane, dem Leichenzug nach, der sich auf den Weg zu der Stelle machte, an der ihr Mann begraben werden sollte, und die man danach „Knight's Low" oder „Knight's Sorrow" (Rittersleid) nannte.

Unter den Trauernden befand sich unbemerkt auch Sir Piers heimliche Geliebte namens Blanche, die nach seiner Beisetzung zum Ufer des River Bolin lief und dort vor Kummer starb. Als man sie später fand, wurde ihr Leichnam gleich an dieser Stelle begraben, die man von da an „Lady's Grave" (Damengrab) nannte. In stürmischen Nächten, wenn die Wolken gespenstisch vor dem Mond entlangziehen und der Wind mit lautem Rauschen durch die Bäume des Parks weht, sieht man einen schaurigen Leichenzug langsam die Auffahrt entlangkommen. Diesem folgt die gespensterhafte Gestalt Blanches, deren schmerzerfüllte Schreie durch den Sturm gellen, wenn sie ihren Geliebten immer aufs Neue auf dem Weg zu seiner letzten Ruhestätte begleitet.

Die beeindruckende Galerie des Hauses führt zum ritterlichen Schlafgemach, dem Knight's Bedroom, das auf Grund der Tatsache, dass es dort spukt, gemeinhin als „Ghost Room" (Geisterzimmer) bezeichnet wird. Die Legende besagt, dass Maria Stuart in diesem Raum geschlafen habe, während sie die Gefangene von Elizabeth I. war. In dem dunklen Zimmer steht ein riesiges Himmelbett, in welches seltsam verzerrte, fast dämonisch anmutende Gesichter geschnitzt sind.

Besucher haben sich oft über einen plötzlichen Temperaturabfall beschwert oder sich über den süßen Orangenduft gewundert, der von Zeit zu Zeit dort durch die Luft zu strömen scheint. Ein kleiner Junge, der im Jahre 1999 den Raum besichtigte, zeigte plötzlich ganz aufgeregt auf das Bett und beteuerte, dass er dort eine Gruppe von Kindern spielen sähe – doch die Erwachsenen im Raum konnten nichts dergleichen erblicken.

GEGENÜBER: Im „Geisterzimmer" von Lyme Park steht ein riesiges Himmelbett, in dem Maria Stuart geschlafen haben soll.

UNTEN: Ist auf dem Foto, das Tony O'Rahilly 1995 vom Feuer im Rathaus von Wem gemacht hat, tatsächlich der Geist eines Mädchens in den Flammen zu sehen?

# Lilleshall Abbey

## *Lilleshall, Shropshire*

Die Ruinen dieses Augustinerklosters aus dem 12. und 13. Jahrhundert ruhen auf grünen Rasenflächen unter uralten Eiben. Dunkle Wendeltreppen schrauben sich zu verfallenen Brüstungen empor, die einen beeindruckenden Ausblick auf die umliegende Landschaft bescheren. Die friedliche Stille dieses einsamen Ortes wird an schönen Sommerabenden jedoch zuweilen vom entsetzlichen Klang qualvoller Schreie erfüllt, die tief aus den Grundmauern empordringen. Das Geschrei klingt, als würde jemand schreckliche Qualen erleiden, und ist von solcher Intensität, dass jedem, der es vernimmt, ein eisiger Schauer den Rücken hinunterläuft.

# Wem Town Hall

## *Wem, Shropshire*

Tony O'Rahilly, der am 19. November 1995 das Feuer im Rathaus von Wem fotografiert hatte, entdeckte auf dem entwickelten Foto die gespenstische Gestalt eines Mädchens, das in dem brennenden Gebäude stand. Es wird vermutet, dass die Erscheinung etwas mit dem verheerenden Großbrand in Wem im Jahre 1677 zu tun hat. Dieser war von einem kleinen Mädchen verursacht worden, das mit einer Kerze versehentlich ein Strohdach in Brand gesetzt hatte.

MALVM

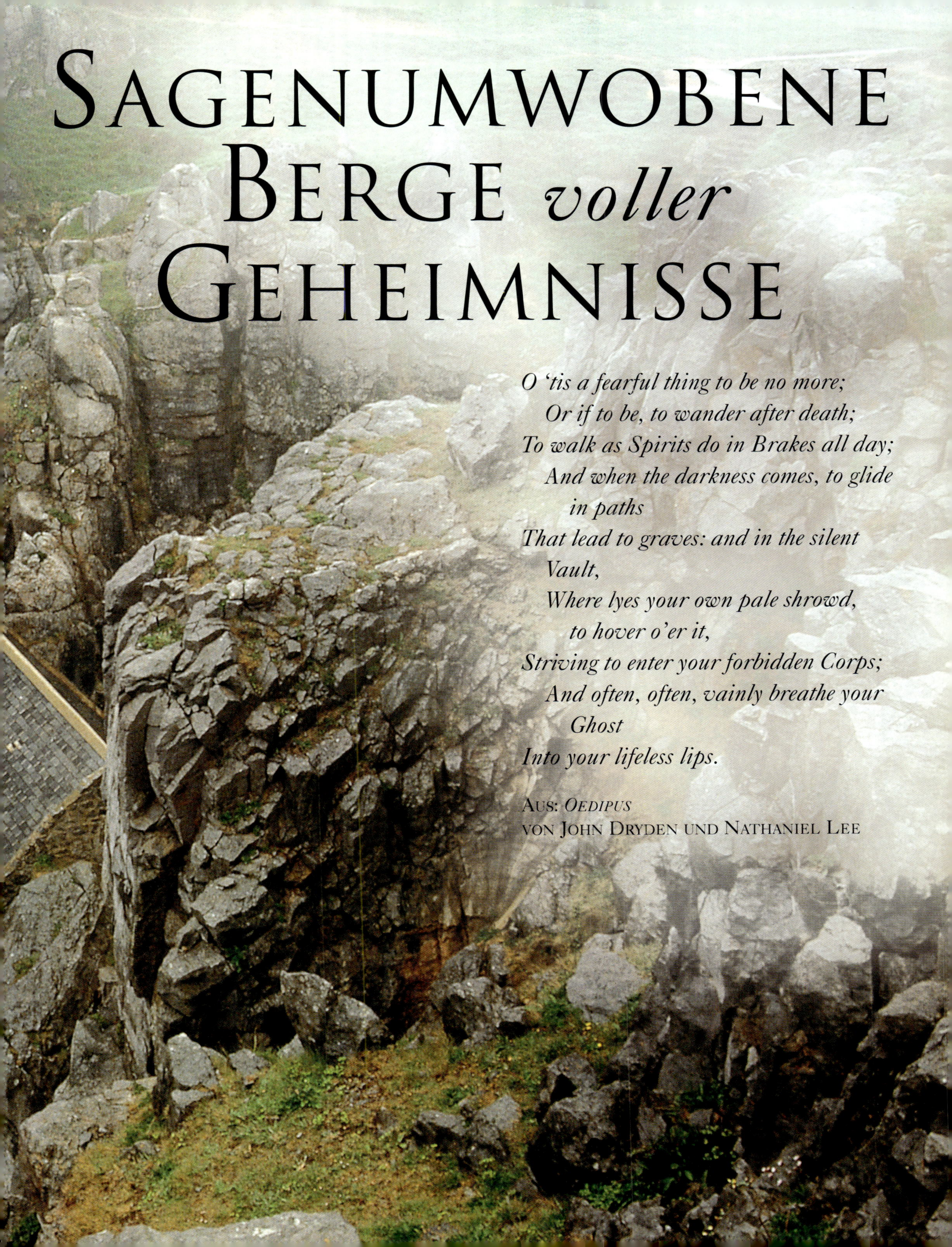

# SAGENUMWOBENE BERGE *voller* GEHEIMNISSE

*O 'tis a fearful thing to be no more;*
*Or if to be, to wander after death;*
*To walk as Spirits do in Brakes all day;*
*And when the darkness comes, to glide in paths*
*That lead to graves: and in the silent Vault,*
*Where lyes your own pale shrowd, to hover o'er it,*
*Striving to enter your forbidden Corps;*
*And often, often, vainly breathe your Ghost*
*Into your lifeless lips.*

AUS: *OEDIPUS*
VON JOHN DRYDEN UND NATHANIEL LEE

# WALES

Trotz jahrhundertelanger politischer Unterdrückung haben sich die Waliser ihre reiche Fantasie bewahrt, deren Wurzeln so tief in der keltischen Vergangenheit vergraben sind, dass kein Eindringling sie jemals zerstören konnte. Die Dichter, Sänger und Geschichtenerzähler konnten sich von einer Fülle tapferer Helden, reizender Jungfrauen und gemeiner Bösewichte inspirieren lassen. Noch heute geht von den in der Ferne emporragenden Gipfeln, den dunklen Wäldern, rauen Küsten und finsteren Seen ein Zauber aus, der die Sinne beflügelt und die Fantasie anregt. Es ist ein Land mit vielen Legenden, in dem die Taten und Geschehnisse der Vergangenheit durch mündliche Überlieferung bis heute unvergessen sind. Wales war, ist und bleibt für seine Menschen immer ***hen wlad fy nhadau***, „Das Land unserer Väter".

Legende
1. St. Govan's Chapel
2. Plas Mawr
3. Devil's Bridge
4. Robber's Grave
5. Skirrid Inn
6. Castell Coch
7. Aberglasney House and Gardens
8. Boathouse

## ST. GOVAN'S CHAPEL

*Bosherston, Pembrokeshire*

Diese winzige Kapelle, die in einer felsigen Schlucht an der beeindruckenden Küste von Pembrokeshire steht, stammt aus dem 13. Jahrhundert, aber einige Teile sind sogar noch siebenhundert Jahre älter. Dorthin gelangt man über eine Steintreppe, die zwischen sechzig und siebzig Stufen besitzt. Die Anzahl der Stufen kann, so besagt es die Legende, jedoch nie genau bestimmt werden und hängt davon ab, ob man die Treppe hinauf- oder hinabsteigt.

VORHERIGE SEITEN: In der Kapelle St. Govan aus dem 13. Jahrhundert lebte einst ein heiliger Einsiedler.

Der Heilige Govan, dem dieser Ort geweiht ist, soll ein irischer Mönch aus dem 6. Jahrhundert gewesen sein, der sich in dieser winzigen Kapelle am Fuße der Felsen niedergelassen hatte und dort ein Einsiedlerleben führte. Als einst eine Bande von Piraten den Geistlichen zu entführen versuchte, öffnete sich plötzlich ein Spalt im Felsen und schloss ihn so lange in seinem Inneren ein, bis die Gefahr vorüber war. Wenn man sich etwas wünscht, während man in dieser Felsspalte steht und sich danach umdreht, ohne es sich anders zu überlegen, dann soll der Wunsch laut Legende in Erfüllung gehen.

# Plas Mawr
## *Conwy*

Der Bau dieses herrlichen elisabethanischen Stadthauses dauerte einundzwanzig Jahre. Da seit seiner Fertigstellung keine bedeutenden Veränderungen mehr vorgenommen worden sind, sieht es heute fast genauso aus wie damals im Jahre 1595, als es sein erster Besitzer, Robert Wynne, bezog.

Die tragischen Ereignisse, die dazu führten, dass es in dem Hause spukt, fanden jedoch irgendwann später statt. Die Geschichte besagt, dass ein früherer Hausherr einst in einen fernen Krieg zog und seine schwangere Frau und seinen kleinen Sohn zurückließ. Die langen Wochen und Monate seiner Abwesenheit verbrachte seine Frau in großer Sorge und zog sich immer mehr zurück. Eines Tages erreichte sie jedoch die Nachricht, dass ihr Gatte nach Hause zurückkehren würde. Aufgeregt nahm sie ihren kleinen Sohn auf den Arm und stieg mit ihm den Turm hinauf, um die Ankunft ihres Mannes zu erwarten. Nachdem sie den ganzen Tag lang umsonst zum Horizont gestarrt hatte, machte sie sich bei Einbruch der Dunkelheit daran, die spärlich beleuchtete Treppe wieder hinabzusteigen. Kurz darauf hörten die Diener Schreie und als sie herbeigestürzt kamen, fanden Sie ihre schwangere Herrin und ihren kleinen Sohn bewusstlos am Fuße der Treppe liegen. Sie legten die beiden auf ein Bett und schickten nach dem jungen Arzt Doktor Dic. Nachdem dieser Mutter und Kind nervös untersucht hatte, verkündete er, dass

UNTEN: Die untere der beiden Brücken wird „Teufelsbrücke" genannt, weil sie angeblich das Werk des Satans ist.

OBEN: Genauso wie es John Davies bei seiner Hinrichtung prophezeit hatte, wuchs auf seinem Grab als Beweis seiner Unschuld kein Gras.

er nichts tun könne. Aus Angst vor dem Zorn ihres Herren, verließen die Diener eilig den Raum, verschlossen die Tür und ließen Doktor Dic mit seinen sterbenden Patienten allein.

In jener Nacht kehrte der Herr des Hauses zurück und als er hörte, was geschehen war, stürzte er in das Zimmer. Seine Frau und sein Sohn lagen tot auf dem Bett, aber von Doktor Dic war nirgends eine Spur zu finden. Der Herr verfluchte den Doktor und machte sich, rasend vor Wut und Schmerz, die ganze Nacht lang auf die Suche nach ihm, bis er am nächsten Morgen erschöpft zusammenbrach und starb.

Der Doktor ward jedoch nie wieder gesehen und es wurde stets vermutet, dass er versucht hatte, über den Kamin zu entkommen, wo seine Knochen noch immer in irgendeiner längst vergessenen Nische liegen sollen. Wenn die Nacht ihre dunklen Schatten über Plas Mawr ausbreitet, dann soll der Geist des Hausherrn auf der Suche nach Doktor Dic im Haus umherwandeln. Er wird erst dann Ruhe finden und sich mit seiner Frau und den Kindern in Frieden vereinen können, wenn man dem unglücklichen Arzt ein anständiges Begräbnis zuteil werden lässt.

## Devil's Bridge

### *Bei Aberystwyth, Ceridigion*

Inmitten der beeindruckendsten Landschaften, die man sich vorstellen kann, befindet sich die Devil's Bridge (Teufelsbrücke), eine der beliebtesten Touristenattraktionen in Wales. Die unvermeidlichen Souvenirgeschäfte und Schnellrestaurants für die Touristen sowie das eiserne Drehkreuz, durch das man in die Schlucht gelangt, nehmen dem Mysterium zwar etwas von seiner Wirkung, aber nachdem man den gefährlichen Abstieg hinter sich gebracht hat und den Blick nach oben lenkt, wird man von wahrhaftem Erstaunen erfüllt. Die schäumenden Fluten der Flüsse Mynach und Rheidol stürzen in Gestalt von mächtigen Wasserfällen in die Schlucht, wo sie in rauschendem Getöse aufeinander treffen. Der brodelnde Kessel liegt inmitten steil emporragender Felsen, an deren dunklen Wänden sich eine Fülle von Pflanzen verzweifelt festklammert. Über dieses atemberaubende Szenario erstrecken sich drei Brücken, die riskant übereinander gestapelt sind. Die untere Brücke stammt aus dem 12. Jahrhundert und wird Teufelsbrücke genannt, da sie laut Legende vom Satan höchstpersönlich erbaut worden sein soll.

Vor langer Zeit machte sich eine alte Frau mit ihrem Hund auf die Suche nach ihrer vermissten Kuh. Als sie sah, dass die Kuh auf irgendeine Weise auf die andere Seite der Schlucht gelangt war, ließ sie traurig den Kopf hängen und gab jede Hoffnung auf, das Tier jemals zurückzubekommen. Da erschien plötzlich der Teufel und bot ihr an, eine Brücke über die Schlucht zu bauen – unter der einzigen Bedingung, dass derjenige, der die Brücke als erster überquert, ihm gehört. Nachdem die Brücke fertig war, wollte der Teufel seine Belohnung einfordern und wartete ungeduldig darauf, dass die Frau die Brücke überqueren würde. Die alte Dame war jedoch so gerissen, dass sie nach jedem Schritt vorwärts ein Stückchen Brot vor sich über die

Brücke warf, dem ihr Hund eifrig nachjagte. Nachdem sie die Kuh auf diese Weise über die Brücke zurückgeholt hatte, dankte sie dem Teufel für seine Hilfe, sagte ihm freundlich Lebewohl und hinterließ ihm bis in alle Ewigkeit ihren räudigen alten Hund! Später bekam dieser Ort einen gespenstischen Ruf und eine Legende besagt, dass jeder, der die Brücke bei Nacht überquert, Gefahr läuft, von einem Unhold von hinten überfallen und in die tosenden Fluten geschleudert zu werden.

## ROBBER'S GRAVE

*Montgomery, Pows*

Montgomery ist dem Namen nach zwar eine Stadt, besitzt aber in Wirklichkeit einen ausgeprägten Dorfcharakter. Die dem Heiligen Nikolaus geweihte Gemeindekirche, die im Inneren einige beeindruckende Grabmäler beherbergt, kann auf dem Kirchhof mit einem kleinen Kreuz aufwarten, das mit der schlichten Inschrift „Robber's Grave" (Räubergrab) versehen ist.

An dieser Stelle ist John Davies begraben, ein „melancholischer, betrübter Mann" mit einer geheimnisvollen Vergangenheit, der im Jahre 1819 den Posten des Verwalters auf dem heruntergewirtschafteten Bauernhof übernahm, welcher der Witwe Morris und deren Tochter Jane gehörte. Mit viel Engagement gelang es ihm, die Geschicke des Hofes ins Gegenteil zu wenden. Der plötzliche Erfolg ärgerte Thomas Pearce, einen Mann aus dem Ort, der nämlich gehofft hatte, aus der Misere der Witwe Nutzen ziehen zu können und ihr das Anwesen für einen Schnäppchenpreis abzukaufen.

Davies' erfolgreiche Bemühungen brachten ihm die Hochachtung der jungen Jane Morris ein. Ihre Bewunderung verwandelte sich bald in Zuneigung und so verließ sie ihren Verlobten, Robert Parker, für John Davies. Zutiefst gekränkt wandte sich Parker an Pearce und die beiden Männer kamen überein, dass es für sie beide von Nutzen wäre, wenn sie sich den lästigen Davies für immer vom Hals schafften.

Parker und Pearce führten einen gewalttätigen Raubüberfall durch und hinterließen dabei Spuren, die John Davies als Täter identifizierten. Dieser wurde daraufhin angeklagt, für schuldig erklärt und zum Tode verurteilt. In dem Moment, als man ihm die Schlinge um den Hals legte, brach plötzlich ein heftiger Sturm aus. Mächtige Donnerschläge erschütterten die Stadt bis in die Grundmauern und die grellen Blitze am Himmel erleuchteten das Gesicht des Verurteilten, dessen Stimme den tosenden Sturm übertönte, als er der angsterfüllten Zuschauermenge zurief: „Wenn ich unschuldig bin, dann wird mindestens eine Generation lang kein Gras auf meinem Grab wachsen." Als sich die Falltür öffnete, verfluchte er die beiden intriganten Männer, die Schuld an seinem Tod waren, und schwor, dass Gott sie für ihre niederträchtigen Taten bestrafen würde.

*„Wenn ich unschuldig bin, dann wird mindestens eine Generation lang kein Gras auf meinem Grab wachsen."*

DIE LETZTEN WORTE DES JOHN DAVIES

Parker kam kurz darauf bei einem Sprengunfall ums Leben und auch Pearce, der „langsam dahinsiechte", erging es nicht viel besser. John Davies wurde in einem schlichten Grab beigesetzt, auf dem, wie er es prophezeit hatte, viele Jahre lang kein Gras wuchs. Selbst heute sind noch nackte Flecken auf dem Rasen zu finden und einer Legende zufolge soll jeder von Unheil befallen werden, der es wagt, das „Räubergrab" zu pflegen.

## SKIRRID INN

*Llanfihangel, Powys*

Dieser reizende Gasthof, der sich in den Schatten des Skirrid Mountain schmiegt, fand im Jahre 1110 zum ersten Mal Erwähnung, als John Crowther wegen Viehdiebstahls zum Tode verurteilt und an einem Balken im Inneren des Wirtshauses aufgehängt worden war. In den darauf folgenden achthundert Jahren erlitten 182 weitere Schurken das gleiche Schicksal und baumelten mit den Füßen über der Treppe des Hauses. Dieser recht ungewöhnliche Umgang mit den Gästen erklärt sich dadurch, dass hier nicht nur frisches Bier an durstige Reisende ausgeschenkt wurde, sondern dass der Pub gleichzeitig auch als Ge-

RECHTS: Bis zum 19. Jahrhundert, als der Gasthof Skirrid Inn gleichzeitig als Gerichtsgebäude diente, wurden dort rund 182 Schurken hingerichtet, von denen mindestens einer als Geist dorthin zurückgekehrt ist.

richtsgebäude diente. Ab Mitte des 19. Jahrhunderts fanden jedoch keine Hinrichtungen mehr statt und seitdem ist das Haus nur noch der behaglichen Lebensfreude gewidmet.

Bei einer solch düsteren Vergangenheit könnte der Skirrid Inn natürlich viele schaurige Spukgeschichten zu erzählen. Die Geister der hier hingerichteten Schurken treten des Öfteren auf recht direkte und schaurige Art und Weise in Erscheinung. Schon so manche Gäste haben plötzlich das beängstigende Gefühl verspürt, als lege ihnen jemand eine Schlinge um den Hals und zöge sie langsam zu. Sie können sich zwar immer aus dem Würgegriff befreien, tragen aber noch Tage danach den Abdruck der Schlinge am Hals.

Ein anderer Geist, der auf dem alten und teilweise gespenstischen Anwesen umherspukt, ist der einer Frau. Es hat sie zwar noch niemand zu Gesicht bekommen, aber die Angestellten haben sie trotzdem spüren und hören können, als sie, von einem kalten Hauch begleitet, an ihnen vorbeirauschte.

In den 1990er Jahren, wurde eine Person bei einer Radiosendung, die live aus dem Gasthof übertragen wurde, nach seinen Eindrücken gefragt. Der Mann erklärte, dass er die Präsenz einer jungen Frau gespürt habe, die mit etwa Anfang dreißig an Schwindsucht gestorben war. Da es der Gastwirtin nicht möglich war, seine Aussage zu bestätigen bzw. zu widerlegen, dankte sie ihm höflich für diese Information. Mehrere Monate später kam ein Ehepaar in den Gasthof, das gerade Ahnenforschung betrieb. Sie erzählten der Wirtin, dass sie auf der Suche nach Informationen über einen ihrer Vorfahren namens Harry Price seien, dem das Anwesen Mitte des 18. Jahrhunderts gehört hätte und dessen Frau, Fanny Price, mit Anfang dreißig an Schwindsucht gestorben sei und auf dem Dorffriedhof begraben liege.

## Castell Coch

*Bei Cardiff*

Castell Coch, das mit seinen hohen Türmchen imposant auf einem Berg thront, sieht aus wie ein richtiges Märchenschloss. Die in mittelalterlichem Stil gestaltete Fassade und das atemberaubende Interieur stammen jedoch erst aus dem Jahre 1870 und wurden von dem Architekten William Burges im Auftrag von John Chrichton Stuart, dem zweiten Marquess of Bute, entworfen. Da der Marquess der bekanntermaßen wohlhabendste Mann ganz Großbritanniens war, spielte Geld keine Rolle und Burges hatte freie Hand zur Gestaltung dieses faszinierenden Palastes, der seine Kunstfertigkeit und den Reichtum seines Auftraggebers deutlich widerspiegelt.

Zuvor stand an dieser Stelle eine Festung aus dem 13. Jahrhundert, die bis zu ihrer erstaunlichen Verwandlung in ein Märchenschloss fast zwei Jahrhunderte lang als Ruine vor sich hingemodert hat. Man erzählt sich, dass in der einstigen Ruine eine „weiße Frau" gespukt haben soll, deren Sohn in einen tiefen trüben Teich irgendwo auf dem Schlossgelände gefallen war und nie wieder gesehen wurde. Seine todunglückliche Mutter konnte sich von diesem Verlust nie erholen und starb vor lauter Kummer.

Man sah ihren Geist des Öfteren zwischen den düsteren Ruinen umhergehen und auch heute wandelt die gramgebeugte Gestalt auf der ewigen Suche nach ihrem Sohn auf den prächtigen Fluren des heutigen Schlosses entlang. Die Leute hier erzählen, dass sich Lady Bute, die nach dem Tod ihres Mannes weiterhin im Palast lebte, durch das ständige Erscheinen des Geistes so belästigt fühlte, dass sie den Ort schließlich verließ.

## Aberglasney House

*Llangathen, Carmarthenshire*

In den 1630er Jahren sah der Verwalter des Anwesens in dem mit frischen Stuckarbeiten versehenen Blauen Salon des Hau-

LINKS: Das märchenhafte Interieur von Castell Coch, wo eine gespenstische „weiße Frau" noch immer nach ihrem längst verlorenen Sohn sucht.

ses, wo die Dienstmädchen schliefen, eines Tages fünf Kerzen umherfliegen. Am nächsten Morgen wurden die fünf Dienstmädchen tot in ihren Betten aufgefunden. Sie waren im Schlaf am Rauch des Holzkohleofens erstickt, den man die ganze Nacht hatte brennen lassen, damit der Stuck schneller trocknen konnte. In den darauf folgenden Jahrhunderten wurde der gespenstische Kerzenschein zu einer der ältesten Legenden von Aberglasney House. Das schaurige Flackern der Kerzen galt als böses Omen eines bevorstehenden Todes und man könnte meinen, dass der tragische Tod der fünf Dienstmädchen das Haus mit einem Fluch belegt hat.

Aberglasney House wurde im frühen 17. Jahrhundert von einem Bischof namens Anthony Rudd als Wohnsitz für seine Familie und die darauf folgenden Generationen erbaut. Im Laufe eines Jahrhunderts waren seine Nachkommen auf Grund finanzieller Schwierigkeiten jedoch gezwungen, das Anwesen zu verkaufen. Doch auch die Geschicke der nachfolgenden Eigentümer verliefen nicht viel besser, sodass auch sie nach etwa zwei bis drei Generationen das Grundstück wieder verkaufen mussten.

Durch die Bau- und Renovierungsmaßnahmen der verschiedenen Eigentümer stieg der Wert des Anwesens jedoch beträchtlich. Die Dyer-Familie, der Aberglasney House von 1710 bis 1798 gehörte, ließ die herrliche Queen-Anne-Fassade errichten, die von einem späteren Eigentümer namens John Walters-Phillips mit einem prachtvollen Portikus ergänzt wurde. Ebenso berühmt war auch die bezaubernde Gartenanlage. Die reihenförmig angeordneten Eiben, die einst im Mittelalter angepflanzt worden waren, neigten sich im Laufe der Zeit zu den Seiten und bildeten einen tunnelartigen Bogengang, der heute noch genauso faszinierend ist wie vor zweihundert Jahren.

Auf dem Anwesen spukt heute mindestens einer der ehemaligen Eigentümer aus dem 19. Jahrhundert. Im Jahre 1803 ging Aberglasney House in den Besitz von Thomas Phillips über, einem wohlhabenden Arzt, der für die Ostindien-Kompanie gearbeitet hatte. Nach seinem Tod im Jahre 1824 sah man seinen freundlichen Geist bald auf dem Anwesen umherwandeln. Im Laufe der Jahre ist er dort Gärtnern, Hausdienern und Handwerkern erschienen und in jüngerer Zeit haben auch auf dem Anwesen tätige Touristenführer davon berichtet, dass sie seine gespenstischen Schritte vernommen hätten.

Nach dem Tod von Thomas Phillips wurden viele der nachfolgenden Eigentümer und deren Familien vom Pech verfolgt. So geschah es, dass ihre Nachkommen noch im Kindesalter starben, Ehepaare kinderlos blieben sowie Familienangehörige jeden Alters einen plötzlichen Tod erlitten oder finanziell und nervlich an den Rand des Ruins getrieben wurden. Bald machte sich eine melancholische Stimmung auf dem Anwesen breit, das

UNTEN: Der Eibentunnel aus dem Mittelalter befindet sich in einem der zeitlosen Gärten von Aberglasney House.

ab Ende der 1960er Jahre schließlich vollkommen leer stand. Die herrlichen Gärten wurden von Unkraut überwuchert und die Mauern des Hauses von Feuchtigkeit und Schimmel befallen. Alles, was die Natur noch unversehrt gelassen hatte, fiel bald dem Vandalismus zum Opfer, sodass das Anwesen bis zu den 1990er Jahren vollkommen zerstört war.

Danach geschah jedoch ein Wunder. Eine kleine Gruppe von Leuten, die den Verfall von Aberglasney mit Besorgnis verfolgt hatten, gründeten eine Stiftung, und konnten dank der Spende eines wohlhabenden Amerikaners das Anwesen kaufen. Während sie die Gärten wieder herrichteten und dem Verfall des Gebäudes Einhalt geboten, rüttelten sie aber gleichzeitig auch die Geister aus der Vergangenheit wach. Die Bauarbeiter, die sich an den verfallenen Mauern des alten Hauses zu schaffen machten, erblickten des Öfteren den Geist eines jungen Mädchen, das in einem Winkel des Kellergeschosses stand und offensichtlich Essen kochte. Schon so manche Besucherführer haben bei einem Spaziergang durch die friedlichen Arkaden plötzlich Schritte hinter sich gehört, aber beim Umdrehen niemanden entdecken können.

Die wohl unheimlichste Erscheinung ist jedoch im Pigeon House Wood zu finden, dem Wäldchen, das sich am hinteren Ende des Anwesens befindet. Dort gibt es nämlich eine bestimmte Stelle, wo schon viele Besucher eine unangenehme Unruhe verspürt haben. Das Gefühl wird immer stärker, je weiter sie den erdigen Pfad entlanggehen, bis sie am Rand des Waldes plötzlich von nackter Angst übermannt werden, auf die ein Gefühl schauriger Kälte folgt. Eine Spiritistin, die das Anwesen im Jahre 1999 besucht hatte, berichtete, dass sie einen Mann gespürt hätte, der sich im Wald versteckt hielt und dass dort, wo die Leute das Gefühl der Unruhe überkomme, die Stelle sei, an der seine Verfolger den Flüchtigen entdeckt hätten. Sie erklärte, dass der Mann daraufhin verzweifelt um sein Leben gerannt, aber schließlich von einer Kugel zu Fall gebracht worden sei, und zwar genau dort, wo man jene plötzliche Angst und Kälte verspüren könne.

Aberglasney ist ein wahrer Juwel inmitten einer der reizvollsten Landschaften, die man sich nur vorstellen kann. Die düstere Stimmung, die noch immer schwer über dem Gebäude hängt, steht im krassen Gegensatz zur atemberaubenden Schönheit der Gärten. Der friedliche Ort hat sich mit seinem hohen Alter abgefunden und sich seine prachtvolle zeitlose Gartenanlage wohlverdient.

## BOATHOUSE

### *Laugharne, Carmarthenshire*

Am Mittwoch, dem 4. November 1953, kehrte der Dichter und Dramatiker Dylan Thomas in den frühen Morgenstunden in sein Zimmer im Chelsea Hotel in New Hampshire zurück und sprach die legendären Worte: „Ich hatte acht Whisky pur. Ich glaube, das ist ein Rekord." Sechs Tage später – nachdem er abwechselnd das Bewusstsein verloren und wiedererlangt hatte – war er tot, gestorben an dem, was mit den Worten eines Dichters als „schwere Beleidigung des Gehirns" bezeichnet wurde, aber landläufig auch schwere Alkoholvergiftung genannt wird.

Man brachte seinen Leichnam in die Stadt Laugharne, wo er im Wirtshaus „The Pelican", das seiner Mutter gehörte, aufgebahrt wurde. Die Trauernden, die dorthin kamen, um dem Dichter die letzte Ehre zu erweisen und das Glas auf ihn zu erheben, durften den Sargdeckel öffnen und seinen Leichnam betrachten. Am 24. November wurde Dylan Thomas auf dem Friedhof von Laugharne unter einem schlichten weißen Kreuz beigesetzt. Bald darauf pilgerten Menschen aus allen Ländern in die kleine walisische Stadt, um dem toten Dichter ihre Aufwartung zu machen und das „vom Meer verwitterte Haus auf einem halsbrecherischen Felsen" zu besu-

LINKS: Das „vom Meer verwitterte Haus auf einem halsbrecherischen Felsen", in dem Dylan Thomas einige Lebensjahre verbrachte und zu dem der Geist seiner Mutter, Florence, zur Bestürzung der Angestellten und Besucher noch immer zurückkehrt.

chen, in dem er die letzten vier Jahre seines Lebens verbracht hatte.

Dylan und seine Frau Caitlin waren im Frühling des Jahres 1949 in das so genannte Bootshaus gezogen. Das Haus war baufällig und primitiv, durch die Feuchtigkeit waren die Decken fleckig und die Holzbalken aufgeweicht. Geld, oder besser gesagt der Mangel daran, war für Dylan Thomas ein ständiges Problem, sodass er sich sarkastisch einmal selbst als jemand beschrieb, der sich „für immer vor der Schuldentür" befand.

Von seinem winzigen Arbeitszimmer aus, das noch immer gefährlich über den Klippenrand ragt, blickte er hinaus auf die Sandbänke des Taf Estuary und verfasste sein vielleicht bekanntestes Gedicht ***Do Not Go Gentle Into That Good Night.*** Er schrieb dort auch sein Stück ***Unter dem Milchwald,*** in dem er den imaginären walisischen Ortsnamen „Llareggub" wieder auferstehen ließ, den er zuvor bereits in einem anderen Werk verwendet hatte. Da seine Verleger zum Glück nicht auf die Idee kamen, den Namen rückwärts zu buchstabieren (rückwärts buchstabiert ergibt der Name ein Schimpfwort), konnte er ihren wiederholten Versuchen, seine Werke zu zensieren, geschickt entgehen!

Da Caitlin nach seinem Tod nicht in dem Haus bleiben wollte, wurde seine Mutter, Florence Thomas, zur Nachmieterin und

OBEN: Das winzige Arbeitszimmer, von dessen Fenster aus Dylan Thomas auf den Taf Estuary blickte und sein berühmtestes Gedicht *Do not go gentle into that good night* schrieb.

spukt noch heute als Geist in dem Gebäude umher. Sie ist zwar nicht zu sehen, tut aber ihre Anwesenheit auf vielerlei andere Art und Weise kund. Es haben schon mehrere Angestellte beim Öffnen der Tür das Scharren eines Stuhles auf dem Fußboden im ersten Stock gehört.

Es kam auch vor, dass das Licht, das man am Abend zuvor ausgemacht hatte, am nächsten Morgen wieder eingeschaltet war oder dass Gemälde über Nacht von den Wänden genommen und am anderen Ende des Raumes sorgfältig wieder aufgehangen wurden. Menschen mit besonderem Gespür haben im Haus und vor allem um die Treppe herum kalte Stellen entdeckt und mehrere Medien spürten die Anwesenheit von Florence Thomas im Wohnzimmer, wo sie im Jahre 1958 gestorben war.

*„Ich hatte acht Whisky pur. Ich glaube, das ist ein Rekord."*

DYLAN THOMAS ÜBER DAS TRINKGELAGE, DAS IHM DAS LEBEN KOSTETE.

# Feen, Elfen *und* Trolle *auf der* grünen Insel

*Wo des Mondlichts Wellen glänzen*
*Auf dem blassen grauen Sand,*
*Leuchten unsern Tänzen*
*Bei Rosses auf dem Strand,*
*Wir alte Reigen weben,*
*Die ganze Nacht so schweben*
*Und bis zum frühen Morgen*
*Jagen wir den Wellenschaum;*
*Doch die Welt ist voller Sorgen*
*Und sie ängstigt sich im Traum.*

*Komm hinweg, du Menschenkind,*
*Zu den Wassern, zu dem Wind,*
*Mit den Elfen Hand in Hand,*
*Denn mehr Weinen in der Welt ist,*
*als zu fassen du im Stand.*

Aus: *Das gestohlene Kind*
von W. B. Yeats

# IRLAND

Von seinen gälischen Ursprüngen an ist Irland mit einer bunten Sagenwelt gesegnet, welche die Jahrhunderte politischer Unterdrückung und nationaler Misere überdauert haben. Es ist ein Land voller Gegensätze – wunderschön, aber öde; mystisch, aber sonderbar modern; friedvoll, aber dennoch geteilt; reich an Talent, aber arm an Möglichkeiten. Es ist ein Land der Geschichtenerzähler, wo man die unglaublichsten Legenden hört, denen man dennoch ohne jeden Zweifel Glauben schenkt. Die Insel mit ihren verfallenen Burgruinen, prähistorischen Steinkreisen, Herrenhäusern und windgepeitschten wilden Landschaften ist von unfassbarer Mystik. Hier gibt es Legenden von Feen, Kobolden und den gefürchteten „Pookas".

Irland ist ein Land, das die Fantasie anregt, aber dennoch das Gemüt beruhigt. Es gibt nichts Schöneres, als in einem typisch irischen Pub vor einem glühenden Kaminfeuer zu sitzen und alten Geisterlegenden zu lauschen, bei denen es weniger um Tatsachen, als um die mystische Stimmung geht.

Legende
1. Ballynacarriga Castle
2. Charles Fort
3. Dùn an Òir
4. Thoor Ballylee
5. Leap Castle
6. Killakee House
7. Kilmainham Gaol
8. St. Michan's Church
9. Killua Castle
10. Castle Leslie
11. Springhill
12. Dobbins Inn Hotel

VORHERIGE SEITEN: Das Killua Castle, dessen efeubewachsene Mauern eine schaurige Melancholie **verströmen und in ihrem Inneren einen Geist beherbergen.**

GEGENÜBER: Die irische Sagenwelt steckt voller wilder, ungezähmter Kreaturen, die des Nachts umhergehen und wehrlosen Sterblichen Schaden zufügen.

# Ballynacarriga Castle

## *Dunmanway, Cork*

Der irische Name dieser vierstöckigen Burg lautet Beal na Carraige und bedeutet so viel wie „Felsenöffnung oder Felsendurchgang". Sie thront auf einem Felsenvorsprung und ragt über die Fluten des Ballynacarriga Lough. In ihrem zerfallenen Inneren befinden sich auf der Höhe des einstigen dritten Stockwerks zahlreiche Steinreliefs an den Wänden. Auf einem der Fensterbögen ist Christus am Kreuz dargestellt, zu dessen beiden Seiten jeweils ein Dieb steht. Daneben befinden sich eine Dornenkrone, ein Hammer und ein von zwei Schwertern durchstoßenes Herz. Ein weiteres Fenster ist mit den Buchstaben R. M C. C. und der Jahreszahl 1585 versehen. Dabei handelt es sich vermutlich um die Initialen von Randal Murlihy und dessen Frau, Catharine Cullinane, sowie um das Jahr, in dem das Gebäude errichtet wurde. Das gegenüberliegende Steinrelief stellt eine Frau mit fünf Rosen dar, von der die Legende behauptet, es sei Catharine Cullinane mit ihren fünf Kindern. Sie erinnert aber eher an ein Abbild der Heiligen Jungfrau.

Das Dach und der Wall der Burg sind schon vor langer Zeit von Cromwells Truppen entfernt worden, welche die Festung eine Zeit lang besetzt hatten und die überhängenden Wälle abrissen, um das Gebäude seiner Verteidigungsmöglichkeiten zu berauben. Die übrigen Teile der Festungsanlage vermitteln dennoch einen ausreichenden Eindruck davon, wie die Burg im Mittelalter ausgesehen haben muss. Zu jener Zeit glaubten die Menschen noch fest an dunkle Mächte und an böse Geister, die des Nachts umhergingen und allen Sterblichen, die zufällig ihren Weg kreuzten, Schaden zufügten.

Im zweiten Stockwerk gelangt der Besucher über eine Galerie zur Garderobe bzw. zur Toilette, die sich über einem Schacht befindet, der „Moll the Pooka's Hole" genannt wird. Die „Pooka" waren einst die am meisten gefürchteten aller Kreaturen, die bei Nacht ihr Unwesen trieben. Es handelte sich dabei um seltsame, durch und durch bösartige Wesen mit dem Kopf eines Mannes und dem Körper einer Ziege, eines Pferdes oder eines Hundes. Sie konnten kurze Strecken fliegen, obwohl sie keine Flügel hatten, waren ausgesprochen hässlich und übellaunig und man tat gut daran, ihnen um jeden Preis aus dem Weg zu gehen. Sie traten stets in Rudeln auf und verfolgten nur das eine Ziel, wehrlosen Menschen so viel Schaden wie nur möglich zuzufügen. Sie verdarben die Ernte, ließen plötzlich Kinder sterben und, was das Schlimmste war, sie stahlen neugeborene Babys. Die irischen Bauern führten jedes Unheil auf den bösen Einfluss der Pooka zurück und man brachte auch verfallene Burgen mit ihnen in Verbindung. Man hielt nämlich den faulig stinkenden Toilettenschacht für ein ideales Einstiegsloch, durch das diese abscheulichen Kreaturen in die Burg gelangen und ihren teuflischen Zorn an den Bewohnern auslassen konnten.

# Charles Fort

## *Kinsale, Cork*

Dieses im späten 17. Jahrhundert am Standort einer älteren Feste errichtete sternförmige Fort mit seinen fünf Basteien und zwei erhaltenen Wachhäuschen steht auf einer felsigen Erhöhung an der Küste. Kurz nach dem Bau des Forts übernahm Colonel Warrender dort den Oberbefehl. Er war ein strenger autoritärer Mann, der absoluten Gehorsam verlangte und bei denen, die ihre Pflichten mangelhaft erfüllten, nur wenig Gnade walten ließ. Seine Tochter Wilful, ein lebhaftes und hübsches Mädchen, verliebte sich in Sir Trevor Ashurst, der als Offizier im Fort stationiert war, und so wurden die beiden ordnungsgemäß vermählt. Bei Sonnenuntergang am Tag ihrer Hochzeit, als das frisch vermählte Paar an den Mauern des Fort entlangspazierte, äußerte die Braut ihr Entzücken über ein paar Blumen, die auf den darunter befindlichen Felsen wuchsen. Einer der Wachmänner erklärte sich daraufhin bereit, hinabzusteigen und die Blumen für sie zu pflücken – unter der Bedingung, dass ihr Ehemann so lange seinen Wachdienst übernehme. Sir Trevor war einverstanden, nahm den Mantel und die Muskete des Wachmanns an sich und bezog das Wachhäuschen, während sich der andere Soldat auf den gefährlichen Abstieg zu den Felsen machte. Es war ein langer und anstrengender Tag für den Bräutigam gewesen und gleich nachdem er sich im Wachhäuschen hingesetzt hatte, übermannte ihn auch schon der Schlaf. Gerade in diesem Moment machte sich Colonel Warrender auf seine Routineinspektion durch die Wachhäuschen des Forts. Als er den vermeintlichen Wachmann im Dienst schlafen sah, geriet er so in Wut, dass er seine Pistole zückte und den Mann mitten ins Herz schoss. Als der Mann tot zu Boden fiel und sich dabei sein Mantel öffnete, musste der Colonel erkennen, dass er soeben seinen Schwiegersohn getötet hatte. Als Wilful vom Tod ihres Mannes erfuhr, war sie so untröstlich, dass sie einen lauten Schrei der Verzweiflung ausstieß, zu den Fortmauern rannte und sich in den Tod stürzte. Der Anblick ihres leblosen Körpers war jedoch zu viel für Colonel Warrender. Er setzte sich seine Pistole an die Schläfe, drückte auf den Abzug und pustete sich das Gehirn aus dem Schädel.

Drei tragische Tode an einem Tag, der eigentlich ein Festtag hätte sein sollen, haben in diesem steinernen Fort zwangsläufig ihre Spuren hinterlassen. Dort spukt nämlich der Geist von

UNTEN: Charles Fort, wo drei tragische Tode am Tag einer Hochzeit ihre unauslöschlichen Spuren hinterlassen haben.

Wilful Warrender, die in einem wehenden weißen Kleid in trauriger Verzweiflung um die Festungswälle streift oder die Stufen hinauf- und hinabschreitet. Alle, die ihrer stummen Gestalt begegnet sind, beschreiben sie als wunderschön, aber totenblass. Ihre dunklen Augen starren bewegungslos in die Ferne und sie geht an ihren Beobachtern vorbei, ohne auch nur die geringste Notiz von ihnen zu nehmen. Die Soldaten waren entsetzt, als sie ihren Geist plötzlich durch geschlossene Türen treten sahen oder von einer unsichtbaren Hand – vermutlich der Hand von Wilful Warrender – die Treppen hinabgestoßen wurden.

## Dùn an Òir (Fort del Oro)

*Dingle Peninsula, Kerry*

Während des 16. Jahrhunderts entwickelte sich Dingle zu einer bedeutenden Hafenstadt und unterhielt enge Handelsbeziehungen zu Spanien. Am 15. Juli 1579 entsandte Karl V. von Spanien eine Expeditionsstreitmacht nach Dingle, die unter dem Befehl von James Fitzmaurice-Fitzgerald stand, einem Cousin von Gerat, dem sechzehnten Earl of Desmond, einem mächtigen Oberherren auf der iberischen Halbinsel. Kurz nach seiner Ankunft geriet Fitzmaurice-Fitzgerald in einen Hinterhalt und wurde bei einem Gefecht gegen die Burkes of Limerick getötet. Der Earl of Desmond hatte zwar seinem Cousin Unterstützung versprochen, wollte es sich jedoch ebenso wenig mit Königin Elizabeth verderben und unterrichtete sie deshalb über die mögliche Bedrohung. Die Expedition blieb daher ohne Erfolg für die Spanier und so verließen sie Dingle nach ein paar Tagen und segelten an der irischen Küste entlang, bis sie schließlich in der Bucht namens Ferriters Cove an Land gingen. Auf der Landzunge errichteten sie ein Fort, das Fort del Oro, oder Dùn an Òir, wie es auf gälisch heißt, von dem aus sie ihre Angriffe auf England unternehmen wollten. Im November 1580 wurde das Fort von englischen Truppen unter dem Kommando von Lord Grey de Wilton belagert. Auch jetzt blieb die erwartete Unterstützung des Earl of Desmond aus, sodass die Spanier schließlich gezwungen waren aufzugeben. Nachdem sie ihre Waffen niederlegt hatten, wurden sie von den englischen Truppen kaltblütig niedergemetzelt. Man ließ ihre Leichen danach einfach auf einem Haufen liegen oder warf sie ins Meer. Am Jahrestag dieses grausamen Blutbads haben die Leute dieser Gegend schon des Öfteren spanische Laute und schmerzerfülltes Geschrei vernommen oder den widerlichen Gestank von verfaultem Fleisch gerochen, der dort durch die Lüfte wehte.

RECHTS: W. B. Yeats und seine Frau, Georgie, über die er mit der Geisterwelt in Kontakt trat.

## Thoor Ballylee

*Gort, Galway*

Dieser stimmungsvolle steinerne Turm mit seinen schmalen verfallenen Stufen, der einst zum Islandmore Castle gehörte, war eine bloße Ruine, als der irische Dichter W. B. Yeats (1865 – 1939) ihn im Jahre 1917 für 35 £ käuflich erwarb. Yeats gab ihm den Namen Thoor (das irische Wort für Turm) Ballylee und erklärte: „Ich glaube, der derbe Klang von Thoor gleicht die Weichheit des Restes aus." Nach dem Abschluss umfassender Baumaßnahmen war das Gebäude im Jahre 1919 schließlich wieder bewohnbar. Es diente Yeats als Sommerresidenz und wurde zu einem wichtigen Symbol seiner Dichtkunst. Yeats war ein wahrer Anhänger des Okkultismus und sagte einst: „Das mystische Leben ist der Mittelpunkt von allem, was ich tue, was ich denke und was ich schreibe." Er glaubte fest an die Existenz von Geistern und war davon überzeugt, dass in dem alten Turm ein anglonormannischer Soldat umherspuke. Eine spätere Verwalterin des Gebäudes war ebenfalls davon überzeugt, dass ein Geist auf der verfallenen Turmtreppe wandelte, und weigerte sich, bei Einbruch der Dunkelheit die Stufen hinaufzusteigen. Auch ihr Hund schien sich vor etwas zu fürchten, das er in den Zimmern der unteren Etage offensichtlich zu sehen bekam.

Im Sommer des Jahres 1989 kam eine englische Familie eines Nachmittags am Turm an, als die Besuchszeit gerade vorüber war. Da die Leute gern Yeats Wohnzimmer fotografieren wollten, musste der Museumsverwalter erneut die Fensterläden öffnen, damit genügend Licht für das Foto in den Raum dringen konnte. David Blinkthorne befand sich allein im Raum, während seine Familie den Rest des Gebäudes erkundete. Nachdem der Film entwickelt worden war, stellte Mr. Blinkthorne erstaunt fest, dass auf einem der Fotos die geisterhafte Gestalt

*„Ich erkläre diesen Turm zu meinem Symbol; Ich erkläre dieses sich windende, drehende, emporschraubende Tretwerk einer Treppe zu meiner Ahnentreppe."*

W. B. YEATS AUF THOOR BALLYLEE, AUS: *BLOOD AND THE MOON*

eines kurzhaarigen Jungen zu sehen war. Als er das Foto gemacht hatte, war jedoch keine andere Person mit ihm im Raum gewesen und auch auf den anderen Fotos war nichts dergleichen zu sehen. Die Identität des geisterhaften Jungen ist noch immer ein Geheimnis. Einige vermuten jedoch, dass es sich dabei um Yeats' Sohn gehandelt habe.

## LEAP CASTLE

### *Leap, Offaly*

Leap Castle, das gemeinhin als spukreichstes Schloss Irlands gilt, steckt voller schauriger Sagen und Legenden. Die ereignisreiche Geschichte des hoch auf einem Felsen thronenden Gebäudes ist mit dem Blut des O'Carrol-Klans geschrieben, der über Generationen in der Burg lebte. Im 16. Jahrhundert veranstaltete O'Carroll Leap ein großes Bankett in seinem Hause, zu dem er seine Verwandten vom Lande einlud. Sobald sich die Gäste an den Tisch gesetzt hatten, wurden sie allesamt niedergemetzelt.

UNTEN: Thoor Ballylee, einstiger Wohnsitz und zentrales Symbol des irischen Dichters W. B. Yeats.

In jenen Tagen war das Blutvergießen innerhalb eines Klans keine Seltenheit und die Teilnahme an einem Familientreffen geschah für die Klanmitglieder stets auf eigene Gefahr! In der „Bloody Chapel" (Blutkapelle), die sich über dem Hauptsaal des Turmes aus dem 14. Jahrhundert befand, soll der „einäugige" Teige O'Carroll angeblich seinen Bruder umgebracht haben, als dieser betend vor dem Altar kniete. Da sich die Klanmitglieder bereits untereinander so wenig Achtung entgegenbrachten, ist es nicht verwunderlich, dass man mit jenen, die nicht zur Familie gehörten, noch weitaus ungnädiger verfuhr und ihnen oftmals mit unmenschlicher Grausamkeit begegnete.

Nachdem die Burg im Jahre 1922 durch ein Feuer zerstört worden war, sollen drei Wagenladungen mit menschlichen Knochen aus den Kellergewölben des Gebäudes heraustransportiert worden sein. Leute, die zufällig an der Burg vorbeikamen, haben in tiefer Nacht einen Lichtschein im Fenster der Blutkapelle gesehen und es wurde auch von bestimmten „Stellen" berichtet, an denen eine schaurige Stimmung des Bösen in der Luft hing. Andere Leute wiederum sind einer illustren Dame in einem wogenden roten Gewand begegnet, die ihnen mit wild fuchtelnden Armen plötzlich entgegenkam, aber sich danach auf einmal in Luft auflöste und nur einen frostigen Hauch hinterließ.

UNTEN: Leap Castle, der einstige Sitz des kriegerischen O'Carroll-Klans und die wohl spukreichste Burg Irlands.

# Killakee House

## *Killakee, Dublin*

Im Jahre 1968 kauften Margaret O'Brien und ihr Mann Nicholas ein leer stehendes Gebäude, das sie zu einem Kunstzentrum umgestalten wollten. Die Bauarbeiter, die während der Renovierungsarbeiten in dem Haus lebten, hatten sich bald an die gespenstischen Geräusche und seltsamen Vorkommnisse gewöhnt, die ihnen dort begegneten. Als auf einmal jedoch eine große Katze vor ihnen erschien und plötzlich wieder verschwand, wurde es den Männern allerdings recht unheimlich zu Mute und die Legende von der „schwarzen Katze von Killakee" war geboren.

Mrs. O'Brian hielt die Geschichten zunächst für großen Unsinn, bis sie das Tier eines Tages selbst zu Gesicht bekam und von da an, wie sie selbst sagte, „die Furcht verstehen konnte". Als sie der Katze zum ersten Mal begegnete, hockte das Tier auf dem Steinfußboden in der Eingangshalle und starrte sie an. Vor und nach dem plötzlichen Erscheinen und darauf folgenden Verschwinden der Katze war stets jede einzelne Tür im Haus verschlossen.

Ein Maler namens Tom McAssey hatte jedoch die wohl berühmteste Begegnung mit der geheimnisvollen Kreatur. Als er im März 1968 mit zwei weiteren Männern in einem der Räume arbeitete, kam es plötzlich zu einem drastischen Temperaturabfall. Auf einmal sprang die Tür auf und in der Dunkelheit erschien eine nebelhafte Gestalt. Da er glaubte, dass sich jemand einen Scherz mit ihm erlaubte, rief er: „Komm rein, ich kann dich sehen." Als darauf jedoch ein böses Knurren zur Antwort kam, erstarrten die Männer vor Schreck. Wenige Augenblicke später stürzten sie aus dem Raum und schlugen die Tür hinter sich zu. Als sich Tom McAssey noch einmal umdrehte, stand die Tür jedoch wieder sperrangelweit offen und eine abscheuliche schwarze Katze mit rot glühenden Augen fauchte ihn aus dem Dunkel des Raumes an. „Ich dachte, dass meine Beine mich nicht von hier forttragen würden", erinnerte er sich später, „ich war wirklich völlig fertig." Nach dieser schaurigen Begegnung ließ Margaret O'Brien eine Geisterbeschwörung im Haus durchführen, woraufhin es dort eine Zeit lang wieder ruhig wurde.

Im Oktober 1969, als eine Gruppe von Künstlern in dem Kunstzentrum weilte und eine spiritistische Sitzung abhielt, fing der Spuk jedoch von neuem an. Dabei waren auch die Geister zweier Nonnen wachgerufen worden, die in der Galerie des Gebäudes des Öfteren vor den Augen der entsetzten Besucher erschienen. Bei ihrem Besuch im Gebäude erklärte das Medium Sheila St. Clair, dass es sich bei den Geistern um die unglücklichen Seelen zweier Frauen handle, die an den satanistischen Zeremonien des „Hell Fire Club" im 18. Jahrhundert teilgenommen hätten. Der irische Zweig dieser berüchtigten Vereinigung hielt seine teuflischen Versammlungen in einer Jagdhütte ab, deren Ruine sich noch heute auf dem Montpelier Hill befindet, der hinter dem Kunstzentrum liegt.

Man erzählt sich, dass Richard Whaley, ein Angehöriger einer der reichsten Familien dieser Gegend, dem Klub beigetreten sei und sich den ausschweifenden Ritualen hingegeben haben soll. Die schaurigen Zeremonien sahen vor, mindestens eine schwarze Katze lebendig zu verbrennen, Katzen als Verkör-

OBEN: Das Kilmainham-Gefängnis steckt voller Geister und anderer seltsamer Phänomene.

perung Satans zu verehren, eine Frau in ein Fass zu stecken und anzuzünden sowie einen armen missgestalteten Jungen zu Tode zu prügeln.

Bei einer Versammlung der Klubmitglieder im Jahre 1740 soll Richard Whaley von einem der Diener aus Versehen mit einem Getränk beschüttet worden und darüber so in Wut geraten sein, dass er den Mann mit Branntwein übergießen und anzünden ließ. Dadurch kam es zum Ausbruch eines Feuers, bei dem die gesamte Jagdhütte niederbrannte und mehrere Klubmitglieder ums Leben kamen.

Im Juli 1970 fand man unter dem Küchenfußboden des Hauses ein zwergenhaftes menschliches Skelett, neben dem die Messingstatuette eines monströsen Dämons lag. Dadurch schien die Legende von der Ermordung eines missgestalten Jungen bestätigt. Nachdem man einen Pfarrer herbeigerufen hatte, der den Gebeinen ein anständiges Begräbnis zuteil werden ließ, trat die schwarze Katze nie wieder in Erscheinung.

Heute beherbergt das alte Gebäude ein schönes Restaurant und die teuflischen Katzen scheinen endlich der Vergangenheit anzugehören. Dennoch sind die düsteren Tage noch längst nicht vergessen. Das beweist vor allem das von Tom McAssey angefertigte Porträt der „Schwarzen Katze von Killakee", die gespensterhaft von einer Wand herabstarrt und deren rot glühende Augen und beinahe menschlichen Züge an sich schon schaurig genug sind, um dem Betrachter eisige Schauer über den Rücken zu jagen.

## Kilmainham Gaol

*Dublin*

Kilmainham Gaol, Irlands größtes unbesetztes Gefängnis, wurde 1796 eröffnet und 1924 für immer geschlossen. Die hallenden Flure und bedrückenden Höfe vermitteln einen lebendigen Eindruck davon, wie es gewesen sein muss, in diesen schaurigen Mauern eingesperrt gewesen zu sein. Hier verbüßten nicht nur gewöhnliche Verbrecher ihre Strafe, sondern hier wurden auch vierzehn der sechzehn Rebellenführer des Osteraufstands der Sinn-Féin-Bewegung vom April 1916 gefangen gehalten und hingerichtet. Eine Gedenktafel auf dem Hof des Gefängnisses erinnert an die tapferen Patrioten, die in den kalten Morgenstunden im Mai 1916 erhobenen Hauptes dem Exekutionskommando gegenüberstanden. Der letzte Mann, der hingerichtet wurde, war James Connolly, den man an einem Stuhl festbinden musste, weil er wegen seiner schweren Verletzungen nicht in der Lage war, sich auf den Beinen zu halten.

Bei einer so ereignisreichen und oftmals grausamen Geschichte ist es nicht verwunderlich, dass in der Gefängnisanlage mehrere Geister spuken. Nachdem das Gebäude viele Jahre lang leer gestanden hatte, nahm eine Gruppe von Freiwilligen

Anfang der 1960er Jahre umfangreiche Restaurationsarbeiten in Angriff. Das ehemalige Quartier des Gefängnisdirektors wurde zu jener Zeit von einem Hausverwalter bewohnt. Dieser verrichtete seine Aufgaben mit kühler Gelassenheit und war nicht im Geringsten darüber beunruhigt, dass von den Fenstern seiner Wohnung aus die Stelle zu sehen war, an der einst die Galgen gestanden hatten. Eines Abends, als er gerade zu Bett gehen wollte, sah er von seinem Fenster aus, dass die Lichter in der Kapelle, die er kurz zuvor ausgemacht hatte, wieder eingeschaltet worden waren. Also lief er zur Kapelle hinüber und schaltete sie nochmals aus. Als er wieder in seiner Wohnung war, sah er die Lichter jedoch erneut brennen. Insgesamt dreimal musste er in dieser einen Nacht den langen Fußmarsch durch die Kälte zur Kapelle auf sich nehmen.

Wärend der Restaurationsarbeiten war einer der Arbeiter, den seine Kollegen als „streng gläubigen Abstinenzler" beschrieben, gerade mit Malerarbeiten im Keller des Gebäudes beschäftigt, als er plötzlich von einem heftigen Windstoß erfasst und gegen eine Wand gedrückt wurde. Mit seiner ganzen Kraft konnte sich der Mann des Drucks erwehren und aus dem Keller fliehen. Mit aschfahlem Gesicht und zitternden Händen weigerte sich der Mann nach seiner schaurigen Begegnung mit jener unheimlichen Macht, jemals wieder in dem Gebäude zu arbeiten oder auch nur einen Fuß hineinzusetzen.

OBEN: Der Hof für die Hinrichtungen im Kilmainham-Gefängnis, wo die Anführer des Osteraufstandes von 1916 dem Exekutionskommando erhobenen Hauptes gegenüberstanden.

GEGENÜBER: Die konservierten Toten im Grabgewölbe der Kirche St. Michan sehen aus, als ob sie gerade eingeschlafen wären und jeden Moment in lautes Schnarchen ausbrechen würden.

Ein anderes Mal geschah es, dass einer der freiwilligen Helfer, der gerade tapezierte, jemanden mit schweren Schritten die Treppe hinaufsteigen und den Durchgang entlanglaufen hörte. Als er sich umdrehte, um den vermeintlichen Arbeitskollegen zu grüßen, konnte er jedoch keine Menschenseele entdecken, aber noch immer die Schritte hören, die an ihm vorbeizugehen schienen.

Einst blieben mehrere Kinder, die das Gefängnis besichtigten, angstvoll an der Türschwelle stehen und waren nicht zum Weitergehen zu bewegen. Einer der Besucherführer, der ein besonderes Gespür für übersinnliche Dinge besaß, behauptete, dass die Empore in der Kapelle von einer Furcht einflößenden Aura umgeben sei. Andere Leute hingegen empfinden das Gefängnis als friedlichen Ort und berichten davon, dass die Augen tausender Insassen aus der Vergangenheit jeden ihrer Schritte mit offensichtlichem Wohlwollen verfolgen.

Das letzte Wort zu den Spukerscheinungen im Gefängnis soll an dieser Stelle der alte Hausverwalter bekommen, der stets betonte, dass niemand Angst vor den Geistern der einstigen Insassen zu haben bräuchte, weil sie wüssten, dass die Leute, die heute das Gefängnis als Museum betrieben, nur die gut gemeinte Absicht hätten, ihre so oft in Vergessenheit geratenen Geschichten zu erzählen: „Aber", so sagte er, „die Soldaten und die Wärter? Nun, mit denen sieht das anders aus."

## St. Michan's Church

### *Dublin*

St. Michan soll ein dänischer Bischof gewesen sein, der die Kirche im Jahre 1095 über einem Grabgewölbe errichten ließ, das am ehemaligen Standort eines Eichenwaldes erbaut worden war. In der Kirche, die im 18. Jahrhundert wieder aufgebaut wurde, befindet sich unter anderem die Totenmaske des charismatischen irischen Patrioten Theobald Wolfe Tone (1763–1798) sowie die Orgel, auf der Händel seinen ***Messias*** geübt haben soll, bevor er das Meisterwerk in Dublin aufführte. Hier fand auch die Taufe des Philosophen Edmund Burke und die Beisetzung des Anführers der irischen Autonomiebewegung (Home Rule), Charles Steward Parnells, statt.

Die dunklen Grabgewölbe unterhalb der Kirche gehören jedoch zu den schaurigsten und einzigartigsten Orten ganz Irlands. Man betritt diese unterirdische Welt durch zwei schwere Eisentüren, hinter denen eine steile Steintreppe in die gespenstische Dunkelheit hinabführt. Die Luft dort ist überraschend warm und frisch und hat nichts mit der kalt-feuchten Atmosphäre gemein, die man an einem solchen Ort eigentlich erwarten würde. Sobald man sich an die Dunkelheit gewöhnt hat, entdeckt man einen Mittelgang, von dem eine Reihe von Grabkammern abgeht. In einigen Kammern befinden sich liederlich übereinander gestapelte Särge mit den sterblichen Überresten mehrerer Generationen einer Familie. Durch das Gewicht der übereinander liegenden Toten sind manche der Särge zusam-

mengebrochen und ineinander gerutscht. In der Vergangenheit sah man Arme, Beine und sogar Köpfe an den Seiten herausragen, als ob die Toten für ein makabres Familienporträt posieren würden.

Weitaus interessanter ist jedoch die Tatsache, dass einige dieser vor 500 Jahren gestorbenen Menschen nicht zu Staub zerfallen, sondern wie Mumien erhalten sind. Ihr Fleisch sieht aus wie dunkles Leder und, was noch seltsamer ist, ihre Gelenke können tatsächlich bewegt werden! Die einzigen Lebewesen in dieser unterirdischen Welt der düsteren Schatten sind Spinnen, deren dicke Netze wie graue Schleier von den Wänden und Decken hängen. In einer der Grabkammern befinden sich vier offene Särge, in denen man die Toten liegen sieht. Sie haben die Köpfe nach hinten oder zur Seite gedreht und sehen mit ihren geöffneten Mündern so aus, als wären sie gerade eingeschlafen und würden jeden Moment laute Schnarchlaute von sich geben. Die Haltung eines Mannes, dessen Beine gekreuzt übereinander liegen, bedeutet, dass er ein Kreuzritter war. Der etwa 800 Jahre alte Körper ist so gut erhalten, dass man sogar seine Nägel begutachten kann. Einst konnte man sich sogar höflich hinabbeugen und seine Hand schütteln, doch heute ist so viel Vertraulichkeit verboten, da ihm dabei aus Versehen schon einmal ein paar Finger gebrochen wurden!

Der sehr gut erhaltene Zustand der Toten ist auf die Trockenheit der Gewölbe zurückzuführen, es findet kein Verfall statt. Sobald jedoch ein wenig Feuchtigkeit eindringt, zerfallen die Toten zu feinem Staub. Im Jahre 1853 wurden die beiden Brüder John und Henry Sheares, die bereits im 18. Jahrhundert gehängt worden waren, auch noch enthauptet, wieder in ihre Särge gelegt und in einer der Grabkammern aufrecht hingestellt, mit dem abgeschlagenen Kopf zu ihren Füßen. Die Dubliner brachten den beiden Toten frische Kränze – und innerhalb eines Jahres war durch die Feuchtigkeit der Blumen alles in dieser Grabkammer zu Staub zerfallen.

Es ist nicht verwunderlich, dass die geisterhaften Vorkommnisse neben der schaurigen Realität in dieser Gruft völlig verblassen. So haben Besucher bei der Besichtigung des Grabgewölbes das Geflüster gespenstischer Stimmen vernommen. Andere bekamen eisige Finger zu spüren, die ihren Nacken hinunterglitten, als sie sich zu den ewigen Bewohnern dieser unterirdischen Welt der stummen Schatten hinabbeugten.

## Killua Castle

### *Killua, Westmeath*

Killua Castle ist eine zauberhaft romantische Burgruine und war einst Wohnsitz der Familie Chapman. Die Chapmans, die ursprünglich aus dem englischen Leicestershire kamen, erwarben im 16. Jahrhundert mit der Unterstützung ihres berühmten Vetters, Sir Walter Raleigh, große Ländereien in Irland. Benjamin, ein späterer Spross der Familie, der als Hauptmann in Cromwells Armee gekämpft hatte, wurde für seine Verdienste mit den konfiszierten Ländereien des Johanniterordens von Killua entlohnt. Die Burg wurde um 1780 errichtet und im Jahre 1830 zu einem gotischen Traumschloss umgebaut, dessen Ruine noch heute zu sehen ist. Der letzte Familienangehörige, der auf dieser Burg lebte, war Thomas Chapman, der im Jahre 1848 geboren wurde und mit seiner Frau, einer Angehörigen der Rochford-Familie, vier Kinder hatte. Er führte keine glückliche Ehe, da seine Frau gern reiste und oft lange Zeit fort von zu Hause war. Bald war er seiner Lage so überdrüssig, dass er sein Heim, seine Frau und seine Kinder verließ, seinen Namen ablegte und mit seiner Geliebten, Sarah Dunner, nach Wales ging, wo er den Namen Thomas Lawrence annahm. Mit Sarah hatte er sieben Kinder, von denen eines, Thomas Edward Lawrence, später als „Lawrence von Arabien" berühmt werden sollte.

Heute hängt eine seltsame Stille über der hohlen Burgruine. Die zahllosen dunklen Fensteröffnungen, die den Besucher hohläugig anstarren, wirken unheimlich und gespenstisch. Im Inneren der Ruine, wo sich eine verfallene Treppe verzweifelt an die efeubewachsenen Mauern klammert, herrscht eine Stimmung schauriger Melancholie und man ist ständig von der Furcht erfüllt, einem der längst verstorbenen Burgbewohner zufällig zu begegnen.

Niemand kennt die genaue Identität oder gar das Geschlecht des weißen Geistes, dessen schimmernden Schatten man bei Nacht in der Ruine umherwandeln sieht. Es genügt wohl zu sagen, dass jene, die ihm begegnet sind, kaum Zeit darauf verschwenden möchten, dies herauszufinden. Einige Leute glauben, dass es sich um einen Mann handele, genauer gesagt um einen Haushofmeister aus dem 18. Jahrhundert, der dem Alkohol verfallen war und unter solchen Angstzuständen litt, dass er sich in einem See auf dem Anwesen der Burg ertränkte.

Andere Leute vermuten hingegen, dass es sich um den Geist einer Tochter des Hauses handele, die vor langer Zeit bei einem tragischen Unfall ums Leben gekommen oder von einem untreuen Liebhaber verlassen worden war oder aber ein anderes jener zahllosen traurigen Schicksale erlitten hatte, die im Laufe der Jahrhunderte ganze Scharen von „weißen Frauen" durch die Sagen und Legenden der Welt wandeln ließen.

## Castle Leslie

### *Glaslough, Monaghan*

Das Schloss, das sich seit dreihundert Jahren im Besitz der exzentrischen Leslie-Familie befindet, liegt inmitten einer faszinierenden Szenerie von 400 Hektar Land und hat im Laufe der Zeit illustre Gäste wie Dean Swift, W. B. Yeats, Sir John Betjeman und Mick Jagger beherbergt. Heute hat es seine Pforten für die Öffentlichkeit geöffnet und die Besucher können sich in ein vergangenes Zeitalter entführen lassen.

Das heutige Gebäude stammt aus dem Jahre 1878 und jedes seiner 14 Schlafzimmer hat eine Geschichte zu erzählen. Im roten Zimmer spukt der Geist von Norman Leslie, der 1914 im Kampf getötet wurde. Seine Mutter, Lady Marjorie, wachte eines Nachts auf und sah seinen in eine „strahlende Wolke" gehüllten Geist an ihrer Kommode stehen. Er blätterte in einigen Briefen und schien einen bestimmten zu suchen. Als sie sich im Bett aufrichtete und ihn fragte: „Nanu, Norman – was machst du hier?", drehte er sich zu ihr um, lächelte und löste sich in Luft auf.

Auf Leslie Castle scheint die Zeit stillzustehen. Die hier herr-

schende Atmosphäre zieht jeden Besucher voll und ganz in den Bann jener Familie, deren exzentrische Vergangenheit zu erforschen eine wahre Freude ist.

Die auf den stimmungsvollen Fluren umherwandelnden grauen Gestalten oder die ganz von selbst läutenden Glocken erscheinen fast schon angenehm profan im Vergleich zu den ausgefallenen Eskapaden, die sich die Leslies im Laufe der Generationen geleistet haben!

## Springhill

### *Bei Moneymore, Londonderry*

Das Gebäude, das 1680 errichtet und einst als „hübschestes Haus in Ulster" bezeichnet wurde, steckt voller Erinnerungen an die Generationen der Lenox-Conyngham-Familie, die fast 300 Jahre lang dort ihren Sitz hatte.

George Lenox-Conyngham beging im Jahre 1816 Selbstmord und hinterließ seine zweite Ehefrau, Olivia, und seine Kinder. Olivia kam jedoch nie darüber hinweg, dass sie seinen Freitod nicht hatte verhindern können, und scheint selbst nach ihrem Tod keine Ruhe zu finden, da ihr Geist des Öfteren im Haus umhergeht.

Eines Nachts, im frühen 20. Jahrhundert, als die Kinder der letzten Lenox-Conyngham-Generation, die das Anwesen bewohnte, gerade schliefen, wurde das Kindermädchen wach und sah, wie Olivias Geist die Kleinen genau betrachtete, als ob sie sich davon überzeugen wollte, dass es jedem einzelnen gut gehe. Heute wandelt sie noch immer auf den stillen Fluren ihres einstigen Wohnhauses umher. Sie verströmt eine Aura erschöpfter Losgelöstheit und ist für alle mehr als nur die älteste Bewohnerin dieses prächtigen alten Hauses.

OBEN: Das rote Zimmer auf Castle Leslie, wo der Geist von Norman Leslie gelegentlich in Erscheinung tritt.

## Dobbins Inn Hotel

### *Carrickfergus, Antrim*

In diesem Hotel spukt eine gespenstische Dame, die im richtigen Leben Elizabeth hieß, aber seit langem nur als „Maud" bekannt ist. Sie lebte im 17. Jahrhundert, als das Gebäude über Generationen als Wohnsitz der Bürgermeister von Carrickfergus diente, von denen einer, ein Angehöriger der Dobbin-Familie, ihr Ehemann war.

Elizabeth soll eine Liaison mit einem Soldaten vom benachbarten Carrickfergus Castle unterhalten haben. Das Haus und das Schloss waren durch einen Tunnel miteinander verbunden, über den Elizabeth des Nachts zu ihrem Liebsten gelangte. Als ihr Ehemann seiner untreuen Gattin auf die Schliche gekommen war, ermordete er sie eines Nachts am Eingang des Tunnels und machte sich dann weiter auf den Weg zum Schloss, wo er sich auf ihren überraschten Liebhaber stürzte und ihn enthauptete.

Seitdem wandelt der Geist von Elizabeth Dobbin im Gebäude umher. Die Hotelangestellten haben sich längst an ihren Schatten gewöhnt, der auf der Suche nach dem Geliebten sanft an ihnen vorbeigleitet.

# *Die* WINDGEPEITSCHTEN LANDE, *wo das* GRAUEN VOM MEER HERBEIGESEGELT KAM

*On the lone bleak moor,   At the midnight hour,*
*Beneath the Gallows Tree,*
*Hand in hand   The Murderers stand,*
*By one, by two, or three!*
*And the Moon that night   With a grey, cold light*
*Each baleful object tips;*
*One half of her form   Is seen through the storm,*
*The other half's hid in Eclipse!*
*And the cold Wind howls,   And the Thunder growls,*
*And the Lightning is broad and bright;*
*And altogether   It's very bad weather,*
*And an unpleasant sort of a night!*

AUS: *THE HAND OF GLORY*
VON R. H. BARNHAM

# North Yorkshire, Lancashire, Cumbria & Northumberland

Von der urbanen Industrieregion Lancashire durch das eindrucksvolle Seengebiet Lake District und die friedlichen Regionen Yorkshires bis hin zur ungezähmten Küste Northumberlands ist der Norden Englands von einer beeindruckenden landschaftlichen Vielfalt geprägt. Im 8. Jahrhundert fielen die Wikinger im einstigen Königreich Northumbria an der Nordostküste der Insel ein und zogen immer weiter ins Landesinnere, wo sie sich schließlich niederließen. Sie brachten ihre Sagen und Legenden von Drachen, Menschen fressenden Ungeheuern, Trollen und dämonischen Hunden mit und verpflanzten diese schaurigen Kreaturen an die düsteren Orte, die von der keltischen Sagenwelt ohnehin schon mit einem gespenstischen Ruf belegt worden waren. Ihre Nachfahren waren Viehdiebe und grausame Kriegsherren, die im Mittelalter die schottischen Grenzgebiete plünderten und verwüsteten. Die Erinnerungen an diese unruhigen Zeiten bestehen noch immer in den verfallenen Ruinen der einst mächtigen Burgen und Schlösser fort, die überall in der Region verstreut sind. Diesem gehaltvollen Gebräu aus Legenden und Berichten von Kriegsereignissen ist es zu danken, dass im Norden Englands eine herrliche Vielfalt an gespenstischen Orten existiert, die uns noch heute in Erstaunen versetzen.

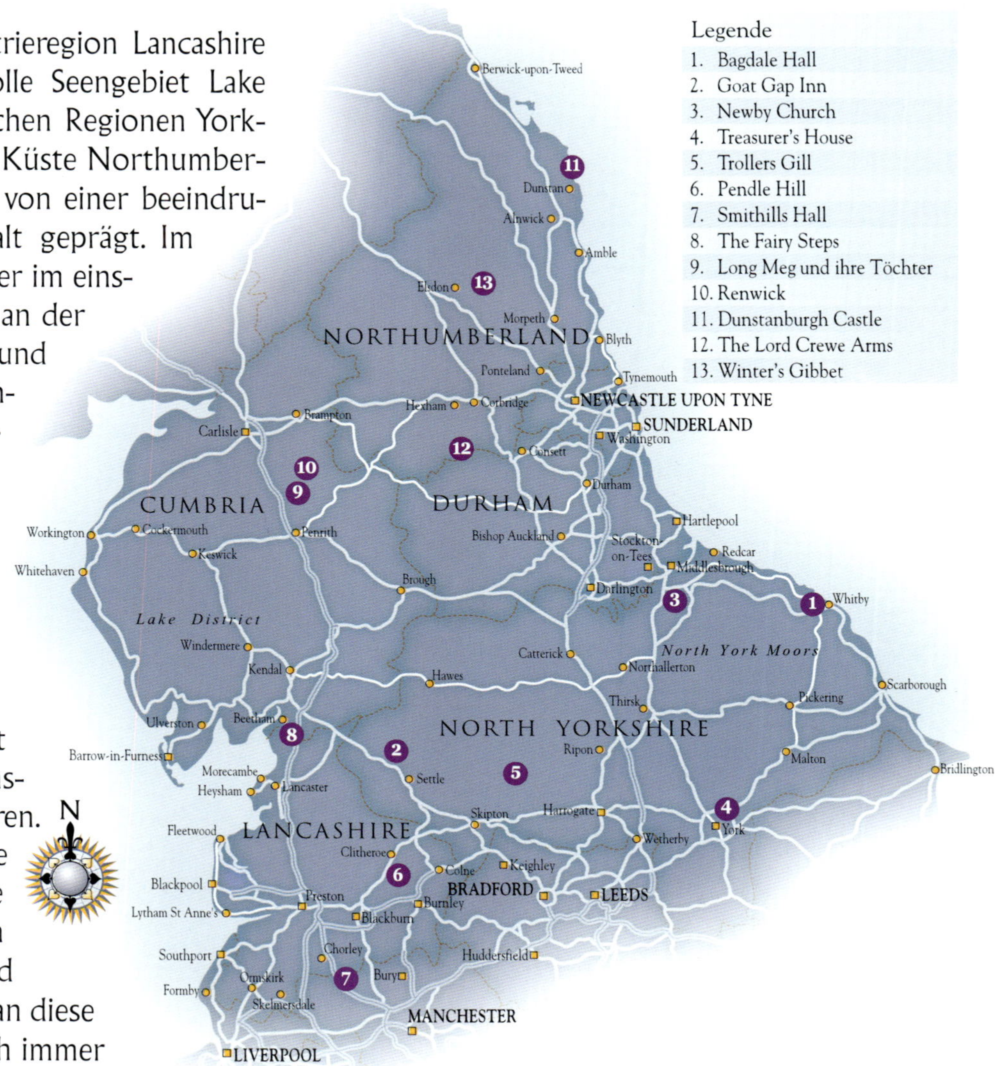


## Bagdale Hall

### *Whitby, North Yorkshire*

Die Art und Weise, mit der Bram Stoker in seinem berühmten Dracula-Roman die Ankunft des transsylvanischen Grafen in England in einer stürmischen Augustnacht beschreibt, gehört ohne Zweifel zu den schaurigsten Sturm-Szenen, die jemals verfasst worden sind. Indem er Whitby als Draculas Ankunftsort

VORHERIGE SEITEN: Die auf einer Klippe thronende Ruine der Whitby-Abtei, wo sich Bram Stoker seine Anregungen für die schaurigste Sturm-Szene holte, die jemals geschrieben wurde – Graf Draculas Ankunft in England.

GEGENÜBER: Trollers Gill, wo das Böse aus jeder Ritze der nackten Felsmauern dringt und eine abscheuliche Kreatur auf der Jagd nach menschlicher Beute ist.

LINKS: Im Goat Gap Inn spukt schon seit langem der Geist eines Viehtreibers namens „George", der friedlich in einer stillen Ecke des Schankraumes sitzt.

auswählte, verhalf der Autor der hübschen Hafenstadt zu einer düsteren Berühmtheit, die sie sich seitdem zu Nutze macht. Wenn man zwischen den graubraunen Grabsteinen des hoch oben auf den Klippen thronenden Friedhofs der Marienkirche steht und auf die roten Ziegeldächer, das Kopfsteinpflaster und die vom Meer umspülten Hafenmauern hinabschaut, wird man plötzlich gewahr, dass sich der Ausblick kaum verändert hat, seit sich Stoker auf diesen windigen Höhen seine Anregungen holte. Nebenan befindet sich die nackte Ruine der Whitby-Abtei. Nach ihrer Auflösung durch Heinrich VIII. ließ man ihre Glocken entfernen, zum Hafen bringen und auf ein Schiff nach England verladen. Unmittelbar nachdem das Schiff die Segel gesetzt hatte, ging es auch schon unter. Die Glocken sind nie geborgen worden und man sagt, dass es Liebenden Glück bringe, wenn sie an Halloween ihr gespenstisches Geläute aus den stürmischen Meeresfluten empordringen hörten.

Die im Jahre 1516 errichtete Bagdale Hall gilt als Whitbys ältestes Gebäude und ist heute ein Hotel. Einer seiner Besitzer aus dem 17. Jahrhundert namens Browne Bushell, der wegen Piraterie hingerichtet wurde, soll angeblich auf der alten Holztreppe des Hauses spuken. Schon mehrere Hausmeister haben seinen Geist die Treppe herab auf sich zukommen sehen und einer hat anhand eines Porträts von Browne Bushell sogar bestätigen können, dass es sich dabei um dessen Geist gehandelt hat. Andere hingegen können seinen Geist nicht sehen, aber dafür seine Schritte hören, wenn er auf der Treppe unsichtbar an ihnen vorbeigeht. In jüngerer Zeit geschah es auch, dass Kaffeetassen plötzlich umgedreht wurden und sich ihr Inhalt vor den Füßen der erstaunten Beobachter auf dem Boden ergoss; dass sich ein Aschenbecher langsam von einem Tisch in der Hotelrezeption erhob und auf der anderen Seite des Raumes auf den Boden fiel; und dass in den frühen Morgenstunden gespensterhafte Kinderstimmen aus den leeren Zimmern hallten.

## GOAT GAP INN

*Clapham, North Yorkshire*

Inmitten einer öden grasbedeckten Moorlandschaft an einem der einsamsten Streckenabschnitte der A 65 befindet sich dieser weiß getünchte Gasthof mit seinen engen Fluren, niedrigen Balken, seinem düsteren Interieur und einem Hubschrauberlandeplatz vor dem Haus für alle, die nur mal schnell auf ein Glas Bier hereingeschneit kommen. Es ist schon seit langer Zeit bekannt, dass es hier spuken soll. In einem der Zimmer mussten Gäste mit Erstaunen beobachten, wie der Heißwasserhahn plötzlich wie von Geisterhand aufgedreht wurde, während die Gäste in einem anderen Raum Kinderstimmen vernahmen, die „Ringelreihen" sangen.

Unten im Schankraum spukt der Geist eines Viehtreibers, den die verschiedenen Wirtsleute „George" getauft haben. Er ist in einen Umhang gehüllt und sitzt nachdenklich in einer Ecke am Fenster, wo er mit unbeweglichen Augen ins Leere starrt. Man vermutet, dass es sich dabei um einen früheren Besitzer des Anwesens handelt, einen aus der Zeit, als der abgelegene Gasthof noch ein winziges Bauernhaus war. Er sitzt ungestört an seinem Lieblingsplatz, genauso wie er es wohl auch zu seinen Lebzeiten getan hat, und beobachtet den Lauf der Welt – doch welche Welt das ist, das kann niemand mit Bestimmtheit sagen.

## NEWBY CHURCH

*Newby, North Yorkshire*

Im Jahre 1963 fotografierte Reverend Kenneth Lord das Innere seiner Kirche. In jenem Augenblick war er ganz allein im Gebäude und entdeckte auch nichts Ungewöhnliches, als er den Sucher auf den Altar richtete und auf den Auslöser drückte. Auf dem entwickelten Foto war jedoch deutlich zu erkennen, dass vor dem Altar eine große Gestalt mit Kapuze stand.

## TREASURER'S HOUSE

*York, North Yorkshire*

Das Gebäude diente vom 12. Jahrhundert bis zum Jahre 1539 als Wohnsitz für die Schatzmeister des Münsters von York, bis die Beamten Heinrichs VIII. im Zuge der Klostersäkularisation das Münster seiner Besitztümer beraubten. Der letzte Schatzmeister, William Clyffe, konnte sich zwar noch sieben weitere Jahre in seinem Amt halten, gab aber im Jahre 1546 schließlich doch seinen Posten auf – mit der Bemerkung: *„Abrepto omni thesauro, desuit thesaurarii munus."* (Da es keinen Schatz mehr gibt, scheint man auch keinen Schatzmeister zu brauchen.) Das Haus, das anschließend in Privatbesitz überging, wurde im 17. Jahrhundert größtenteils umgebaut, aber im Kellergeschoss existieren noch immer Teile des alten Gebäudes.

Im Jahre 1953 war ein junger Klempnerlehrling namens Harry Martindale eines Tages im Keller des Hauses beschäftigt und hörte plötzlich den Klang einer Trompete in der Ferne. Zu seiner Verwunderung folgte darauf ein zweiter Trompetenstoß, der jedoch aus viel geringerer Entfernung unmittelbar hinter ihm erschallte. Als er sich umdrehte, sah er voller Erstaunen, wie plötzlich ein Pferdekopf aus der Kellerwand herauskam. Der Rest des Pferdes, zusammen mit einem Reiter, der wie ein römischer Soldat gekleidet war, folgte. Beim Anblick dieser Erscheinung bekam der junge Mann einen solchen Schreck, dass er von seiner Leiter fiel. Als er wieder aufblickte, sah er weitere, ähnlich gekleidete Gestalten, die dem Pferd und seinem Reiter folgten. Harry Martindale starrte mit Fassungslosigkeit auf die schaurige Truppe aus etwa sechzehn schmutzigen und zerzausten Soldaten, deren Beine alle auf Kniehöhe abgetrennt waren. Die Männer waren mit Schwertern oder Speeren bewaffnet, trugen Federhelme und kiltartige Röcke. Mit gesenkten Köpfen schlurften sie mutlos und niedergeschlagen bis zur gegenüberliegenden Wand und verschwanden langsam im Mauerwerk. Als Harry gleich danach auf den Hausverwalter traf, sah dieser seine verängstigte Miene und sagte: „Du hast die Römer gesehen, nicht wahr?"

Bald wurde bekannt, dass Harry Martindale nur einer von vielen war, die der gespenstischen Patrouille im Keller des Treasurer's House begegnet waren. Bei späteren Ausgrabungen entdeckte man etwa 30 Zentimeter unter dem Kellerboden den Abschnitt einer römischen Straße. Würden Soldaten auf dieser Straße entlangmarschieren, dann entstünde, wie Harry beobachtet hatte, der Eindruck, als wären ihre Beine auf Kniehöhe abgeschnitten.

OBEN: Erst auf dem entwickelten Foto bemerkte Reverend Kenneth Lord die geisterhafte Gestalt, die rechts neben dem Altar stand.

## Trollers Gill

*Appletreewick, North Yorkshire*

Die schäumenden braunen Fluten, die sich in diese dunkle Schlucht ergießen, sehen so aus, als würden sie verzweifelt vor den bösen Mächten fliehen wollen, die aus jeder Ritze in den nackten Felswänden dringen. Bäume sprießen aus den winzigen Felsspalten heraus oder klammern sich verzweifelt an den erbarmungslosen Abhängen fest. Dunkle Höhlen gähnen bedrohlich und scheinen jeden dazu herauszufordern, durch ihre zerklüfteten Mäuler zu steigen und den unheilvollen Mächten zu begegnen, die womöglich in ihrem Inneren lauern.

Der Legende zufolge sollen in ihren eisigen Tiefen böse Trolle leben. Diese stumpfsinnigen haarigen Kannibalen haben einen übel riechenden Atem und riesige Nasen, mit denen sie das Blut ihrer menschlichen Beute aufspüren können. Bei Nacht verlassen sie ihre unterirdischen Höhlen und streifen durch die Schlucht, wo sie einsame Wanderer angreifen, Babys gegen ihre eigenen Nachkommen austauschen und vielerlei kleine Diebstähle begehen.

Schlimmer ist jedoch der so genannte „Barguest", ein abscheulicher Dämonenhund mit langem schwarzen Fell und glühenden Augen. Sein Knurren ist so furchtbar, dass jedem, der es zu hören bekommt, das Blut in den Adern gefriert, und das Stapfen seiner Pranken verwandelt selbst den furchtlosesten Wanderer in ein zitterndes Nervenbündel. Im 19. Jahrhundert gab es einen jungen Mann, der über diese Schauergeschichten nur spottete und eines Nachts die Schlucht betrat, um das gefährliche Tier einzufangen. Am nächsten Morgen fand man seinen leblosen Körper völlig zerfetzt und blutüberströmt auf einem Felsvorsprung. Auf seiner Brust waren tiefe Kratzspuren einer riesigen Pranke zu sehen und sein abscheulich verzerrtes Gesicht trug den erstarrten Ausdruck panischen Entsetzens, mit dem er in den letzten Augenblicken seines Lebens hilflos in die glühenden Augen des Barguest gestarrt hatte.

UNTEN: Der Keller im Treasurer's House in York, wo eine Truppe römischer Soldaten aus dem Mauerwerk steigt.

# Pendle Hill

## *Newchurch, Lancashire*

Die düstere Bergkuppe des Pendle Hill, dessen kahle Fassade von dunklen Spalten und düsteren Schluchten durchbrochen ist, beherrscht die gesamte Umgebung. Am Fuße des Berges und in der Reichweite seines mächtigen Schattens liegt der kleine Ort Newchurch, wo es im 17. Jahrhundert zu Vorfällen kam, die in die Welt der Sagen und Legenden eingegangen sind.

In der heutigen Zeit, in einer aufgeklärten Welt der Massenkommunikation, ist das panische Entsetzen nur schwer vorstellbar, das durch den bloßen Gedanken an Hexerei in einer solch kleinen abgelegenen Gemeinde ausgelöst werden konnte. Die Tatsache, dass die Dorfbewohner jahrelang in ständiger Angst vor bösen Hexen lebten, beweist jener seltsame ovale Stein, der im Turm der winzigen Dorfkirche besichtigt werden kann. Man nennt ihn das „Auge Gottes" und er hatte den Zweck, die Dorfbewohner vor dem unheilvollen Einfluss des „bösen Auges" zu schützen, einer der am meisten gefürchteten Waffen in dem mit Flüchen und Zaubertränken gefüllten Arsenal eine Hexe.

Im frühen 17. Jahrhundert lebten an den Hängen des Pendle Hill die verfeindeten Familien zweier alter Damen namens Demdike und Chattox. Im März 1612 verfluchte Demdikes Enkelin, Alizon Device, einen fahrenden Schneider, der sich geweigert hatte, ihr ein paar Stecknadeln zu verkaufen. Heute würde man ihr Verhalten als Wutausbruch abtun, aber die Tatsache, dass der Mann kurz darauf von einer Lähmung befallen wurde, deutet darauf hin, dass es sich hier um mehr als bloßen Zufall gehandelt haben muss. Da die Frauen beider Familien bereits als böse Hexen verschrien waren, fühlten sich die Behörden durch das Schicksal des armen Schneiders umso mehr zum Einschreiten veranlasst. Alizon Device wurde verhaftet und gestand beim Verhör, dass sie sich der Hexerei bedient hatte. Dabei belastete sie auch Demdike und Chattox, die nach ihrer Verhaftung ebenfalls geständig waren.

Man brachte die drei Frauen nach Lancaster Castle, wo sie auf ihre Gerichtsverhandlung warteten. Bei einer darauf folgenden Untersuchung wurden sieben weitere Hexen ausfindig gemacht, zu denen auch Alice Nutter, eine vornehme Dame aus dem benachbarten Roughlee Hall gehörte. Demdike starb noch im Gefängnis, aber die anderen Frauen wurden der Hexerei für schuldig befunden und zum Tode verurteilt. Die Bemerkung des Richters, dass ihn „das Verderben so vieler armer Wesen" wirk-

OBEN: Die Kirche in Newchurch, wo die Legende der Hexen von Pendel ihren Ursprung hat.

UNTEN: Der mächtige Berg namens Pendle Hill, an dessen Fuße im 17. Jahrhundert die berüchtigten Hexen lebten.

lich ergreifen würde, war nur ein schwacher Trost für die Hexen von Pendle, die am 20. August 1612 in Lancaster gehängt wurden.

## SMITHILLS HALL

### *Bolton, Lancashire*

Zum Landgut Smithills Hall, dessen Ländereien sich am Rand von Bolton erstrecken, gehört ein befestigtes Herrenhaus aus dem 14. Jahrhundert. In dem typischen mittelalterlichen Gebäude mit seinen niedrigen Decken, unebenen Fußböden und knarrenden Holztreppen herrscht eine Atmosphäre, die jedem urbanen Einfluss standhält. Die Räume mit ihren alten Möbeln verströmen die authentische Stimmung einer längst vergangenen Zeit und der Steinfußboden in einem der alten Korridore des Hauses bringt selbst die gleichgültigsten Besucher zum Staunen. Das Haus steht zwar mindestens seit dem Jahr 1335 an dieser Stelle, besitzt aber erst seit dem 16. Jahrhundert und der Protestantenverfolgung jenen Hauch des Übernatürlichen, der im Gestein des Hauses seine Spuren hinterlassen hat. Zu jener Zeit, als Maria Tudor bemüht war, den protestantischen Glauben zu ersticken und den Katholizismus wieder einzuführen, gab es mehrere anglikanische Geistliche, die sich dem Befehl der Königin widersetzten. Zu diesen gehörte auch Reverend George Marsh, der nach Smithills Hall gebracht wurde, um sich vor dem damaligen Besitzer des Landgutes, Robert Barton, wegen seines ketzerischen Verhaltens zu verantworten.

Die Anhörung soll im so genannten Grünen Salon stattgefunden haben, wo der einunddreißigjährige Barton einer wenig schmeichelhaften Beschreibung zufolge „schwerfällig auf einem gut gepolsterten Stuhl hockte, ein Bein auf einem Hocker abgelegt hatte und einen von nachsichtiger Sinnlichkeit aufgedunsenen Eindruck machte". Während der langwierigen Verhandlung sprang der aufgebrachte George Marsh plötzlich auf, stürzte aus dem Raum und eilte die Treppe hinab, wo er mit dem Fuß wütend auf den Steinfußboden stampfte und rief: „Wenn ich meinem Glauben treu bin, so soll Gott meinen Fußabdruck hier hinterlassen." Nachdem man den Pfarrer wieder in den Raum zurückgeführt hatte, erhob man gegen ihn Anklage wegen Ketzerei. Bei der darauf folgenden Gerichtsverhandlung wurder er für schuldig befunden, zum Tode verurteilt und am 24. April 1555 auf dem Scheiterhaufen von Spittle-Boughton bei Chester verbrannt.

Man sagt zwar, dass sein Geist im Grünen Salon von Smithills Hall spuken soll, aber auf dem steinernen Fußboden am Fuße der Treppe, wo sich der deprimierte Geistliche an Gott wandte, ist zweifellos die dauerhafteste und unauslöschlichste Erinnerung an jenes längst vergangene Ereignis zu sehen. Dort befindet sich nämlich unter einer Metallplatte der deutlich erkennbare Abdruck eines menschlichen Fußes im Gestein, der angeblich an jedem 24. April rot und klebrig werden soll.

## THE FAIRY STEPS

### *Beetham, Cumbria*

Bei einem Spaziergang durch die friedlichen Wälder oberhalb des Dorfes Beetham im Lake Distrikt gelangt man zu einer klei-

RECHTS: Wenn man sich oben an der Treppe etwas wünscht und danach hinabsteigt, ohne die Seitenwände zu berühren, geht der Wunsch in Erfüllung – sofern man nicht dem Dämonenhund zum Opfer fällt, der in dem Felsen lauert.

nen stillen Grotte, in der sich eine seltsame Treppe mit winzigen Steinstufen zwischen zwei nackten Felsen emporzwängt. Die Legende besagt, dass Elfen die Baumeister dieser wundersamen Treppe gewesen seien.

Man sagt, dass jedem, der sich oben an der Treppe etwas wünscht und danach die Stufen hinabsteigt, ohne die Wände zu berühren, der Wunsch in Erfüllung geht. Leider hat nur jemand mit der zierlichen Statur einer Elfe eine Chance, diese unmögliche Aufgabe zu vollbringen. Diejenigen, die es versuchen wollen, sollten allerdings vor einem weitaus gefährlicheren Bewohner dieses idyllischen Fleckchens auf der Hut sein. Es handelt sich dabei um einen Dämonenhund, der „Cappel" genannt wird und im nebligen Schatten der Dämmerung durch die Felsenhöhle streift. Begegnet man seiner düsteren Gestalt, so gilt dies als Zeichen bevorstehenden Unheils. Blickt man jedoch in seine glühenden Augen, hört sein schauriges Knurren und riecht seinen stinkenden Atem, so bedeutet dies den sicheren Tod.

UNTEN: Der Legende nach handelt es sich bei dem imposanten Megalithen namens Long Meg um eine Hexe aus dem 13. Jahrhundert, die von einem Zauberer zu Stein verwandelt wurde.

## Long Meg und ihre Töchter

*Glassonby, Cumbria*

Sein abgelegener Standort und die schaurige Trostlosigkeit der umliegenden Berge verleihen diesem Steinkreis, der zu den größten ganz Englands gehört, eine geheimnisvolle Aura der Zeitlosigkeit. Der beeindruckende Megalith namens Long Meg ragt stolze 5,5 Meter in die Höhe und wacht über die einundfünfzig kleineren Steine wie eine strenge Mutter über ihre Töchter.

Der trockenen Wissenschaft zufolge stammen die Steine aus einer Zeit irgendwann zwischen der späten Jungsteinzeit und der frühen Bronzezeit. In der fantasievollen Sagenwelt handelt es sich hingegen um eine Gruppe von Hexen aus dem 13. Jahrhundert, die von Michael Scott, einem berühmten Zauberer aus dem Mittelalter, zu Steinen verwandelt wurden. Hier auf dieser einsamen windigen Hochebene sind die versteinerten Hexen so lange zum Verweilen verdammt, bis es jemandem gelingt, beim Zählen zweimal die gleiche Anzahl von Steinen zu ermitteln. Die verwitterten Steine verströmen eine geheimnisvolle Magie und jeder, der es in Erwägung zieht, sich an Meg oder ihren Töchtern zu vergreifen, sollte an jenen Bauern aus dem 18. Jahrhundert denken, der bei dem Versuch, die Steine zu entfernen, einen solch heftigen Sturm heraufbeschwor, dass er schleunigst davon abließ.

## Renwick

*Cumbria*

Der einsame und abgelegene Ort Renwick liegt in einer öden Moorlandschaft, die den unheilvollen Namen „Fiends Fell" (Teufelsmoor) trägt. In der freundlichen, aber ansonsten unbedeutenden Dorfkirche befindet sich ein vergilbtes, mit Maschine geschriebenes Dokument, in dem genau dargelegt ist, wie die Dorfbewohner zu ihrem Spitznamen „Renwick Bats" (Fledermäuse von Renwick) gekommen sind.

Bis zum Jahre 1733 war die ursprüngliche Dorfkirche so baufällig geworden, dass man sich dazu entschloss, an dieser Stelle eine neue Kirche zu errichten. Kurz bevor die Bauarbeiter die Abrissarbeiten am alten Gebäude beendet hatten, kam

aus dem Fundament plötzlich eine furchtbare Kreatur herausgeflogen. Die Männer hielten sie für einen „Basilisk" – jenes zweibeinige Fabelwesen mit dem Kopf eines Hahnes, dem Körper eines Drachen und dem Schwanz einer Schlange, das, wie viele Menschen in ganz Europa und Asien glaubten, seine Opfer bereits mit seinen Blicken töten konnte. Die Arbeiter bekamen solche Angst, dass sie ihre Werkzeuge fallen ließen und um ihr Leben rannten. Nur einer von ihnen, John Tallantire, ein furchtloser, tapferer Mann, stürzte sich auf die schaurige Kreatur und tötete sie mit einem Ebereschenzweig, dessen schützende Wirkung vor bösem Zauber weithin bekannt war.

Über die Jahre hinweg wurde die Geschichte jedoch immer weiter verharmlost, und in jüngeren Versionen ist nur noch von einer „riesigen Fledermaus" die Rede, die den Dorfbewohnern ihren Spitznamen bescherte. Wer jedoch meint, die Legende als Spinnerei abtun zu können, der sollte die große Anzahl von Leuten – einige leben noch – berücksichtigen, die ein riesiges fledermausartiges Wesen im Licht der Dämmerung durch das Dorf fliegen sahen – oder sogar den schaurigen Hauch seines düsteren Schattens verspürten, als es oben am Himmel über ihnen hinwegglitt.

# Dunstanburgh Castle

## *Embleton, Northumberland*

Die düstere Burgruine, die auf einer von Wind und tosenden Wellen umpeitschten Klippe thronen, verströmen eine unheimliche Stimmung, die auch durch den nahe gelegenen Golfplatz kaum beeinträchtigt wird. Die einst stolze Festung, die im Jahre 1316 von Thomas, Earl of Lancaster, errichtet und später von John of Gaunt erweitert wurde, war bis zum 16. Jahrhundert jedoch schon so weit verfallen, dass sie während der Regierungszeit Heinrichs VIII. als „stark verfallenes Haus mit geringer Standfestigkeit" beschrieben wurde.

Etwa zu jener Zeit trugen sich jedoch Dinge zu, die der Festung ihren gespenstischen Ruf einbrachten. Die Legende nach war Sir Guy the Seeker ein galanter Ritter, der auf seinem Weg entlang der Küste von Northumberland eines Tages in einen schrecklichen Sturm geriet. Auf der verzweifelten Suche nach einem Unterschlupf entdeckte er die Ruine des Dunstanburgh Castle und führte sein verängstigtes Pferd den gefährlichen steinigen Pfad zur Burg hinauf, wo er unter den verfallenen Türmen des mächtigen Torhauses Schutz fand. Als der Sturm ohne Unterlass weiterwütete und der Wind heulend durch die Mauerspalten und Ritzen der Festungsmauern blies, erschien plötzlich

UNTEN: Die düstere Ruine des Dunstanburgh Castle, wo ein gespenstischer Ritter noch immer die „strahlende Schönheit" sucht.

OBEN: Die gespenstischen Mönche sind nur einige der Geister, die Blanchland aus seinem friedlichen Schlaf reißen.

eine gespenstische weiß gekleidete Gestalt, die Sir Guy aufforderte, ihr dorthin zu folgen, wo er eine „strahlende Schönheit" als Belohnung bekäme.

Der unerschrockene Ritter folgte dem Geist über eine schmale Wendeltreppe in einen Raum, wo einhundert schlafende Ritter und ihre Pferde lagen. In der Mitte des Raumes befand sich ein glitzernder Kristallsarg, in dem das schönste Mädchen schlief, dass Sir Guy jemals gesehen hatte. Zu ihren beiden Seiten lag jeweils eine Schlange; die eine trug ein Schwert und die andere ein Horn. Der weiße Geist erklärte dem Ritter, dass er das Mädchen mit einem der beiden Dinge, dem Schwert oder dem Horn, aus dem Schlaf erwecken könne, aber dabei die richtige Wahl treffen müsse. Nachdem er einen Augenblick lang nachgedacht hatte, trat er nach vorn, ergriff das Horn und blies hinein. Auf einmal erwachten die anderen Ritter wieder zum Leben und stürzten auf ihn zu, woraufhin Sir Guy in Ohnmacht fiel. Als sich der Raum vor seinen Augen zu drehen begann, sah er die weiße Gestalt mit verächtlichem Blick auf sich zukommen und kurz bevor er das Bewusstsein verlor, hörte er ihre höhnischen Worte, die unaufhörlich in seinem Kopf widerhallten: „Schande über den Feigling, der in ein Horn blies, und den Ritter, der das Schwert in der Scheide ließ."

*„Schande über den Feigling, der in ein Horn blies, und den Ritter, der das Schwert in der Scheide ließ."*

DIE WORTE, DIE DER GEIST ZU SIR GUY AUF DUNSTANBURGH CASTLE SPRACH.

Als Sir Guy wieder zu Bewusstsein kam, fand er sich unter dem verfallenen Torhaus liegend wieder. Von jenem Tag an war er entschlossen, das schlafende Mädchen wiederzufinden, und durchstöberte wie besessen jeden Winkel der alten Ruine. Er fand jedoch den Raum, in dem er sie einst gesehen hatte, niemals wieder und starb schließlich als verzweifelter einsamer alter Mann. An stürmischen Tagen, wenn die Wellen gegen die Burgruine peitschen und der Wind in den alten Mauern heult, soll sein Geist jedoch auf den kahlen Fluren und schmalen Wendeltreppen umherwandeln und zwischen den grimmigen Überresten dieses imposanten Bauwerks noch immer die „strahlende Schönheit" suchen.

## LORD CREWE ARMS

*Blanchland, Northumberland*

Die verschlafene Stimmung der kleinen Siedlung Blanchland erweckt eine heftige Sehnsucht nach einem Zeitalter, in dem das Leben etwas langsamer und bedächtiger verlief. Seine Steinhäuser aus dem 18. Jahrhundert befinden sich auf den Grundmauern der einstigen Blanchland-Abtei.

Die Abtei wurde im Jahre 1165 vom Prämonstratenserorden gegründet, wegen dessen weißer Tracht der Ort den Namen „Blancalande" (weißes Land) erhielt. Auf Grund der isolierten Lage des Dorfes fristeten seine Bewohner ein mühseliges Dasein und lebten in ständiger Angst vor Überfällen und Plünderungen durch die „Grenzgänger". Eines Tages soll sich eine Gruppe dieser gefürchteten und grausamen Gesetzlosen auf den Weg zur Abtei gemacht haben, um dort zu morden und zu plündern. Als die Mönche von der drohenden Gefahr erfuhren, bereiteten sie sich auf die Ankömmlinge vor. Auf einmal begann sich dichter Nebel herabzusenken, sodass die Angreifer die Orientierung verloren. Die Mönche, die davon überzeugt waren, dass es sich bei dem Nebel um eine göttliche Fügung handelte, dankten dem Herrn mit einem freudigen Geläute der Klosterglocken. Dies war jedoch ein unheilvoller Akt der Frömmigkeit, denn die Angreifer brauchten somit nur noch dem Glockenklang bis zur Abtei zu folgen, um ihr blutiges Vorhaben in die Tat umzusetzen und alle Mönche niederzumetzeln. Man sagt, dass die Glocken der Dorfkirche an bestimmten Tagen im Jahr von selbst zu läuten beginnen, wenn die nebelhaften Geister der ermordeten Mönche über den Friedhof wandeln.

Neben der Kirche befindet sich Lord Crew Arms, eines der

charaktervollsten Hotels ganz Englands, das einst als Gästehaus der Abtei diente. Seine alten Steinmauern, das Tonnengewölbe, die niedrigen Balken und mächtigen Kamine, von denen einer ein gut verborgenes „Priesterversteck" enthält, sorgen für eine angenehme Atmosphäre.

Es ist nicht verwunderlich, dass ein solch altes Gemäuer hinter seiner einladenden Fassade mehrere Geister beherbergt. Ende der 1990er Jahre geschah es, dass eine Amerikanerin, die im Radcliffe Room übernachtete, eines Morgens plötzlich aufwachte und einen Mönch mit weißer Kutte am Fußende ihres Himmelbetts knien sah. Ohne jede Furcht streckte sie die Hand aus und berührte die Gestalt, die sich, wie die Frau später berichtete, „ziemlich fest" anfühlte und sich im gleichen Augenblick auch schon in Luft auflöste.

Der bekannteste Geist des Hotels ist der von Dorothy Forster. Sie war die Schwester von Tom Forster, dem unfreiwilligen Truppenkommandanten während des Jakobitenaufstandes im Jahre 1715. Forster verfügte weder über die Ausbildung noch über den natürlichen Instinkt, den ein solcher Posten erforderte, und als er mit seinen Truppen in Preston auf seine Gegner traf, ergab er sich, bevor es überhaupt zum Kampf kommen konnte. Er wurde daraufhin nach London ins Newgate-Gefängnis gebracht, wo er sein unabänderliches Schicksal erwartete. Drei Tage vor der Gerichtsverhandlung gelang es Dorothy, ihrem Bruder die Flucht zu ermöglichen. Er wurde in den Gasthof gebracht und hielt sich so lange im „Priesterversteck" auf, bis man ihn sicher außer Landes nach Frankreich bringen konnte.

Die Geschwister sahen sich leider nie wieder, da Tom Forster in Frankreich starb. Dorothy ist im Gasthof zurückgeblieben und weilt noch heute dort. Es kam schon oft vor, dass Gäste, die im Bamburgh Room untergebracht waren, des Nachts von Dorothys traurigem Geist geweckt und darum gebeten wurden, ihrem Bruder in Frankreich auszurichten, dass alles in Ordnung sei und er sicher nach England zurückkehren könne.

## Winter's Gibbet
### *Eldon, Northumberland*

Elsdon Moor ist eine kahle, windgepeitschte Wildnis. Ein Spaziergang über die weite Fläche aus grünem Gras und purpurnem Heidekraut, über der ein bleierner Himmel hängt, kann eine seltsame und schaurige Erfahrung sein. Das unbehagliche Gefühl steigt ins Unermessliche, wenn man auf die Nachbildung eines Galgens stößt, dessen Silhouette sich vor den vorbeitreibenden Wolken gespenstisch abzeichnet. An dieser Stelle ließ man einst den Leichnam von William Winter, der wegen Mordes an Margaret Crozier im Jahre 1791 hingerichtet worden war, in Ketten herabhängen und verwesen, um alle abzuschrecken, die ähnliche Verbrechen im Schilde führten. Heute hängt an dem Galgen nur ein nachgebildeter menschlicher Kopf, der an einer Kette gespenstisch im Wind baumelt.

In den Gefilden in der Nähe des Galgens soll der Geist des „Brown Man of the Moor" (Brauner Mann vom Moor) umgehen, eines rothaarigen Zwergs mit grimmiger Miene, dessen „Augen wie die eines Stieres glühen". Er hat die Aufgabe, alle zu bestrafen, die den in dieser Wildnis lebenden Tieren ein Leid zufügen. Nachdem ein Jäger im 18. Jahrhundert die Warnung des Braunen Mannes missachtet hatte, erkrankte er plötzlich und starb wenige Tage später. Selbst in jüngster Zeit konnten schon mehrere Leute auf ihrem Heimweg im Licht der Dämmerung einen flüchtigen Blick auf den rothaarigen Geist werfen, der wahrscheinlich ein wachsames Auge auf sie hatte.

UNTEN: Die Nachbildung des kahlen Galgens verbreitet eine unbehagliche Stimmung in der Moorlandschaft, wo ein rothaariger Zwerg jedem den Tod bringt, der den wilden Tieren ein Leid zufügt.

# DAS BLUTBEFLECKTE LAND *der* KÖNIGE *und* BURGEN

*My hopes are with the Dead; anon*
*My place with them will be,*
*And I with them shall travel on*
*Through all Futurity;*
*Yet leaving here a name, I trust,*
*That will not perish in the dust.*

AUS: *THE SCHOLAR*
VON ROBERT SOUTHEY

# SCHOTTLAND

Schottland war über Jahrhunderte hinweg eine geteilte Nation und seine Geschichte ist mit dem Blut zahlloser Auseinandersetzungen und Kriege getränkt, von denen viele zwischen den ewig verfeindeten Bewohnern des schottischen Hochlands und Tieflands ausgetragen wurden. Nur gelegentlich begruben die Schotten ihre internen Streitigkeiten und vereinten sich im Kampf gegen die englischen Könige, die Schottland zu erobern versuchten. Unter der Führung von Männern wie William Wallace und Robert the Bruce kämpften die Schotten mit unbändigem Mut gegen ihre englischen Widersacher.

Heute sind die Überreste dieser bewegten Vergangenheit in ganz Schottland zu finden. Die Grenze zu England ist auf beiden Seiten mit steinernen Festungsruinen übersät, die an die einstigen Grenzkriege erinnern. Überall findet man die Überreste imposanter Burgen – vom schottischen Tiefland bis hin zum ungezähmten Nordwesten Schottlands, der letzten großen Wildnis Europas. Schottlands Geister erinnern bis in alle Ewigkeit an die grausamen Kriege, die überall im Lande stattgefunden haben. Hier leben Könige und Königinnen, Hochländer und Tiefländer in gespenstischen Gefilden, in denen die alten Fehden und Streitigkeiten nie aufhören und vor den Augen erstaunter Zeugen immer aufs Neue ausgetragen werden.

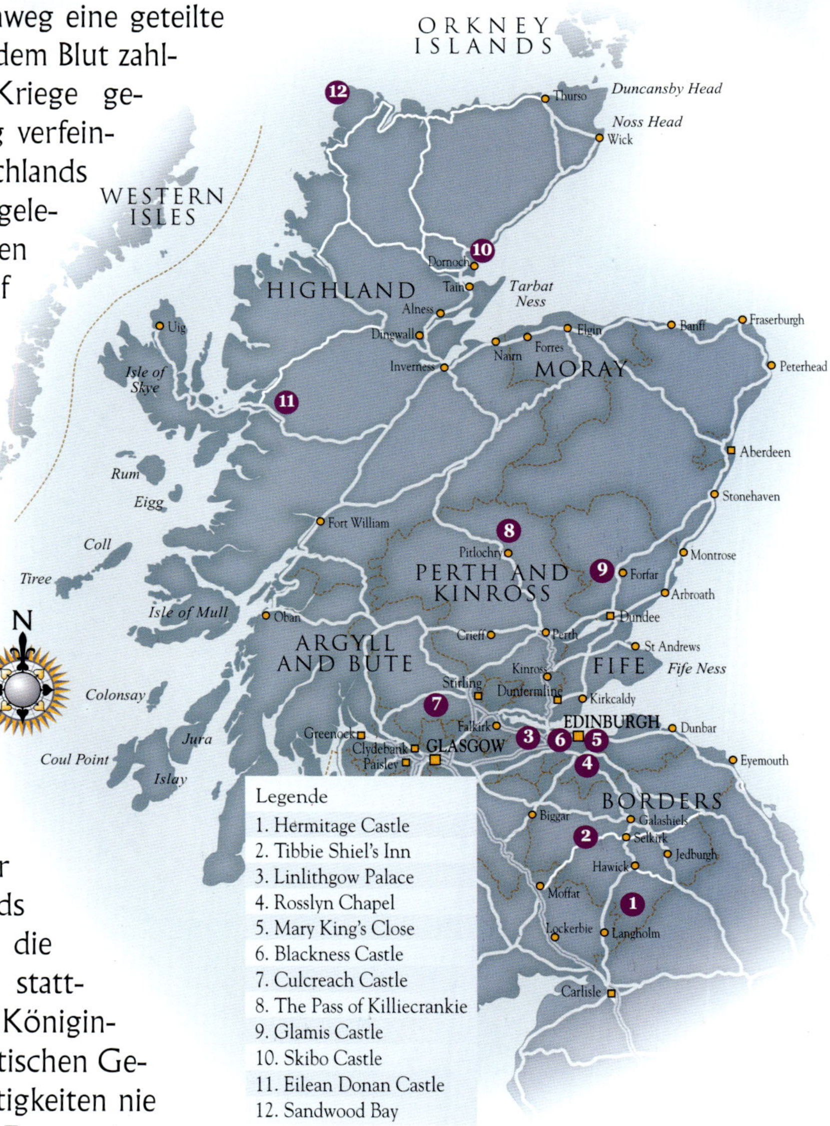


## HERMITAGE CASTLE

*Newcastleton, Borders*

Die verlassene alte Burg kauert einsam in einer der gespenstischsten Landschaften, die man sich nur vorstellen kann. Nur selten dringt die sanfte Wärme eines Sommermorgens durch die mächtigen Mauern. In ihrem trübseligen Inneren schlängeln sich unheimliche Flure und kalte Steintreppen zwischen den bemoosten Mauern hindurch, aus denen eine unheilvolle Stimmung dringt.

Die Burg wurde um 1300 auf dem umkämpften Grenzgebiet

VORHERIGE SEITEN: Würdevoll erheben sich die Türme und Zinnen des Glamis Castle mit geheimnisvollen Zauber. In den Räumen und Fluren sollen Geister umgehen.

OBEN: Im düsteren Hermitage Castle spukt der schreckliche Geist des Lord de Soulis, genannt „der Böse".

zwischen England und Schottland errichtet und befand sich in den darauf folgenden vierhundert Jahren abwechselnd im Besitz des einen oder anderen Landes. Auf Grund der häufigen Grenzkriege nannte man das Gebäude „Wachhaus des blutigsten Tales Großbritanniens". Im Jahre 1342 wurde Sir Alexander Ramsey auf Hermitage Castle gefangen gehalten – „in einem furchtbaren Loch bzw. Verlies ohne Luft und Kanalisation" –, wo man ihn schließlich verhungern ließ. Seitdem wandelt sein trauriger Geist in der Burg und auf dem Gelände umher.

Einer der berüchtigsten Besitzer der Burg war Lord de Soulis, genannt „der Böse", der sich der schwarzen Magie verschrieben hatte. Man munkelte, dass er im Verlies der Burg die Kinder aus der Nachbarschaft gefangen hielt, die er entführt hatte, um sie für seine bösen Rituale zu missbrauchen. Die Leute aus der Umgebung wandten sich schließlich an König Robert I. und flehten ihn an, sie von dem bösartigen Lord zu befreien. „Kocht ihn meinetwegen", erwiderte der König, „aber lasst mich damit zufrieden." Die Leute nahmen die Antwort des Königs wörtlich und stürmten daraufhin die Burg, nahmen Lord de Soulis gefangen, fesselten ihn und warfen ihn in einen Kessel mit siedendem Wasser. Sein finsterer Geist wandelt seitdem auf dem Gelände und den Fluren der Burg umher. Seine nebligen Ausflüge sind oftmals von ergreifenden Kinderschreien begleitet, die von irgendwo unter der Burg empordringen.

Die Atmosphäre auf Hermitage Castle hat etwas Unheimliches an sich – als seien die dunklen Mächte in dieser uneinnehmbaren und düsteren Festung über die Gegenwart von Besuchern verärgert. Die häufigen Berichte über gespenstische Gestalten, die in tiefer Nacht auf den oberen Etagen umherhuschen, lassen jeden Besucher erschauern und man ertappt sich dabei, wie man sich ständig nach allen Seiten umdreht, um sich vor dem zu hüten, was hinter der nächsten Ecke oder ein paar Zimmer weiter lauern könnte.

## Tibbie Shiel's Inn

*St. Mary's Loch, Borders*

Im Jahre 1823 war Isabelle Shiel nach dem Tod ihres Mannes völlig verarmt. Voller Entschlossenheit eröffnete die energische Dame – die gern „Tibbie" genannt werden wollte – eine Bierstube am malerischen Ufer des Sees St. Mary's Loch, und bald schon wandte sich ihr Schicksal wieder zum Guten. Als sie im hohen Alter von 96 starb, hatte sie eine solche Berühmtheit erlangt, dass bekannte Persönlichkeiten wie Sir Walter Scott, Thomas Carlyle und Robert Louis Stevenson zu den Gästen ihres Pubs gehörten. Sie wurde auf dem nahe gelegenen Friedhof Ettrick Kirkyard beigesetzt, aber ihr Geist verblieb im Wirtshaus und sorgte dafür, dass dort alles seinen gewohnten Gang ging und die Gäste wie eh und je zufrieden waren.

Sogar in jüngster Zeit haben schon viele Gäste, die in dem idyllisch gelegenen Gasthof Ruhe und Erholung suchten, Tibbies stummen Geist in den frühen Morgenstunden durchs Zimmer huschen sehen und so mancher Stammgast des Pubs hat die Berührung einer unsichtbaren kalten Hand auf seiner Schulter gespürt. Im Jahre 1999 geschah es, dass eine Gruppe von Wanderern, die an einem kalten Wintertag den Kamin in Beschlag genommen hatten, erstaunt beobachten mussten, wie eine unsichtbare Hand plötzlich den Schürhaken aus dem Feuer hob und ihn tadelnd hin und her schwenkte.

## Linlithgow Palace

*Linlithgow, West Lothian*

Sobald man die düstere hohle Ruine des Palastes betritt und an den hohen Mauern aus rotem Stein emporblickt, wird man von einem Gefühl ehrfürchtigen Staunens erfasst. Der Palast wurde in der ersten Hälfte des 15. Jahrhunderts von König Jakob I. von Schottland errichtet und von den darauf folgenden Monarchen weiter ausgebaut. Im Jahre 1542 wurde hier Maria Stuart geboren und unter Karl I. diente das Gebäude bis 1633 letztmalig als Königspalast. Nach seiner Niederlage im Kampf gegen die Jakobiter bei Falkirk zog sich General Hawley im Jahre 1746 in den Palast zurück. Als seine vom Regen durchnässten Soldaten ein Feuer anzündeten, um sich zu trocknen, setzten sie aus Versehen den ganzen Palast in Brand. Das Gebäude wurde nie wieder aufgebaut und seine stimmungsvolle Ruine erinnert noch heute stolz an eine bewegte Vergangenheit. Auf den verwinkelten Fluren, steilen Wendeltreppen und in den dunklen Gewölben gehen mehrere Geister um. Der Geist von Maria Stuart wurde hier schon mehr als einmal gesehen und scheint vor allem den Bereich um die alte Kapelle zu bevorzugen. Bei dem hartnäckigsten geisterhaften Besucher handelt es sich jedoch um den in Weiß gehüllten Geist einer geheimnisvollen Frau. Ihr Erscheinen kündigt sich stets durch einen plötzlichen Temperaturabfall an und auf ihrem Weg hinterlässt sie einen angenehmen zarten Duft, den schon mehrere Besucher bemerkt haben. Im Jahre 1999 geschah es, dass eine nebenan wohnende Verwalterin eines Nachts von einem Mann wachgeklingelt wurde, der felsenfest davon überzeugt war, dass jemand im Palast eingeschlossen war. Die Verwalterin schüttelte jedoch den Kopf und erklärte ihm, dass dies völlig unmöglich sei. Der Mann bestand jedoch darauf, eine Frau in einem weißen Kleid im Gebäude gesehen zu haben. Also liefen die beiden zum Palast zurück, schlossen das Tor auf und durchsuchten das ganze Gebäude, konnten aber niemanden finden. „Keine Sorge", sagte die Verwalterin zu dem Mann, „Sie haben nur den Geist gesehen; den sehe ich nämlich ständig."

## Rosslyn Chapel

*Roslin, Midlothian*

Groteske Figuren blicken mit finster bedrohlicher Miene von dem reich verzierten, aber verfallenen steinernen Eingang dieser geheimnisvollen Kapelle herab, die voller Legenden steckt. Sie wurde im Jahre 1446 von Sir William St. Clair, Prince of Orkney, gegründet und zählt zweifellos zu den Kapellen mit dem schönsten Interieur ganz Großbritanniens. Das Tonnendach der Kapelle ist mit zarten Margeriten, Lilien, Rosen und Sternen verziert, an den Mauern findet man Engelsfiguren in den verschiedensten himmlischen Posen, steinerne Dämone, Heilige, Märtyrer, Löwen und sogar heidnische Jünglinge. An anderer Stelle windet sich ein schrecklicher Drachen um eine aufwändig gestaltete Säule, die als „Apprentice Pillar" (Lehrlingssäule) bezeichnet wird. Die Geschichte von der Entstehung dieser berühmten Säule ist faszinierend und tragisch zugleich.

Sir William beauftragte den Baumeister damit, die Säule genauso zu gestalten wie eine bestimmte Säule, die er in Rom gesehen hatte. Da der Mann nicht eher mit der Arbeit beginnen wollte, ehe er das Original gesehen hatte, machte er sich auf

OBEN: Rosslyn Chapel, eine der mystischsten und kunstvollsten Kapellen ganz Großbritanniens.

GEGENÜBER: Seit ihrer Hinrichtung im Jahre 1587 gehört der Geist Maria Stuarts zu den häufigsten Erscheinungen Großbritanniens.

den Weg nach Rom. Während er fort war, träumte sein Lehrling davon, wie er selbst die Säule anfertigte. Da er die Details noch genau im Gedächtnis hatte, machte er sich daran, die Säule zu meißeln. Als der Meister zurückkam, soll er so neidisch auf die Kunstfertigkeit seines Lehrlings gewesen sein, dass er dem armen Jungen vor Wut mit dem Hammer auf den Kopf schlug und ihn dabei tötete. Der Baumeister wurde wegen dieses Verbrechens gehängt und der Geist des Jungen geht seitdem in der Kapelle um. Man sieht ihn an der Säule stehen und sie mit trauriger, sehnsuchtsvoller Miene anstarren. Einige Besucher haben auch schluchzende Laute vernommen, die aus dem Inneren der Säule drangen. Diese längst vergangene Tragödie wurde für immer in der Kapelle verewigt, denn an den Wänden links und rechts des Orgelchors befinden sich die steinernen Abbilder des bedauernswerten Lehrlings (samt Kopfverletzung), seiner trauernden Mutter sowie des mordlustigen Meisters.

## Mary King's Close

*Edinburgh*

In den dunklen engen Hausdurchgängen und Gassen zwischen den hohen Gebäuden, die Edinburghs historische Flaniermeile Royal Mile säumen, herrscht eine fast gespenstische Stimmung düsterer Stille. Im Mittelalter war dies eines der am dichtesten besiedelten und verseuchtesten Viertel Europas und man betrat das düstere Labyrinth aus Gassen und Durchgängen auf eigene Gefahr. Eingeschränkt durch die Stadtmauern, dehnte sich Edinburgh immer weiter nach oben aus, sodass die Wohnhäuser bald neun, zehn und sogar elf Stockwerke in die Höhe ragten und die dazwischen verlaufenden Gassen auf ewig verdunkelten. Auch heute ist ein Spaziergang durch diese finsteren Lücken nichts für Feiglinge und die zahlreichen Geschichten von Geistern und unheimlichen Begebenheiten können selbst an einem herrlichen Sommertag eine Gänsehaut erzeugen.

Begraben unter den Gebäuden der City Chambers (Sitz des Stadtrates) aus dem 18. Jahrhundert, befindet sich Mary King's Close, ein geheimer Ort, der schaurig und erschreckend wie kein anderer ist. In den verwahrlosten und von Ratten bevölkerten Wohnhäusern Edinburghs war einst die Pest ein häufiger Gast. Ein besonders heftiger Ausbruch der Seuche im Jahre 1645 führte dazu, dass die Zahl der Bewohner von Mary King's Close und der benachbarten Häuserblocks dezimiert wurde. Um eine weitere Ausbreitung der Seuche zu verhindern, ließen die Stadtväter alle Zugänge zu diesem Viertel zumauern, sodass die Bewohner unter unvorstellbaren Qualen sterben mussten.

Nachdem die Epidemie vorüber war, wurde der Leichengestank so unerträglich, dass die Behörden zwei Schlächter aussandten, um die Überreste der Toten zu beseitigen. Die Männer hackten die verrottenden Kadaver einfach in Stücke, luden sie auf einen Wagen und brachten sie fort. Auf Grund der bestehenden Wohnungsnot zogen bald neue Mieter in Mary King's Close ein und im Jahre 1685 war es bereits allgemein bekannt, dass die Geister der Pest-Toten noch immer dort weilten. Der Anwalt Thomas Coltheart und seine Frau wurden in ihrem neuen Heim von zahlreichen gespenstischen Erscheinungen gepeinigt. Sie sahen den abgetrennten Kopf eines alten Mannes mit grauem Bart und furchtbaren Augen in ihren Räumen umherschweben. Manchmal befand sich dieser in Begleitung eines Armes, der versuchte, Thomas Colthearts Hand zu schütteln. Außerdem sahen sie den Geist eines Kindes und einen ganzen Zirkus deformierter Tiere durch die Luft schweben.

Im Jahre 1750 wurden die oberirdischen Stockwerke der Häusergruppe abgerissen und man ließ an dieser Stelle eine Handelsbörse errichten. Da die Kaufleute der Stadt jedoch lieber auf den Straßen Handel trieben, zog der Stadtrat in das neue Gebäude ein, unter dem sich noch immer die unterirdischen Teile des Mary King's Close befanden.

Heute kann dieser geheime Ort, der angeblich der spukreichste ganz Edinburghs ist, nur bei einer im Voraus gebuchten Führung besichtigt werden. Eine hoch gewachsene Dame in einem langen schwarzen Gewand ist nur einer der vielen Geister, die in dieser unterirdischen Welt zu Hause sind. Viele Besucher haben auch einen flüchtigen Blick auf einen kleinen älteren Mann mit besorgter Miene werfen können. Die wohl ergreifendste dieser gequälten Seelen ist die eines kleinen Mädchens, dessen glattes Haar ihm ins blasse, mit nässenden Wunden übersäte Gesicht hängt. Ihr Geist wurde von einem Medium aus Japan entdeckt, das von einem Fernsehsender an diesen Ort gebracht, aber zuvor nicht über seine Geschichte informiert worden war. Beim Betreten eines der Räume wurde die Frau plötzlich von einer Unruhe überwältigt. Als sie den Raum wieder verlassen wollte, zupfte jemand an ihrem Hosenbein. Sie drehte sich um und fand in einer Ecke ein völlig verwahrlostes weinendes Mädchen, das ihr erzählte, es sei 1645 an der Seuche gestorben. Die Kleine klagte, dass sie ihre Puppe verloren hätte und sich nun sehr einsam und traurig fühle. Das Fernsehteam war davon so gerührt, dass sie ihr eine Puppe kauften und sie in das Zimmer legten. Seitdem bringen Besucher dem kleinen Geist Geschenke mit, sodass sich in jener Ecke des Raumes inzwischen eine ganze Sammlung von Puppen und anderen Spielsachen, Büchern und Münzen angehäuft hat.

UNTEN: Die grimmige Festung namens Blackness Castle ruht bedrohlich auf ihrem Felsenthron. Eine wahrhafte Aura des Bösen geht von ihr aus.

# Blackness Castle

## *Blackness, Stirlingshire*

OBEN: Der Chinese Bird Room auf Culcreach Castle ist nicht nur berühmt für seine handbemalte chinesische Tapete, sondern auch dafür, dass die Gäste von den beruhigenden Klängen einer gespenstischen Harfe in den Schlaf gesungen werden.

Selbst in den schlimmsten Albträumen gibt es keinen so teuflischen Ort wie diese düstere Festung, die bedrohlich auf ihrem schwarzen, zerklüfteten Felsenthron ruht, der von den grauen Fluten des Firth of Forth umspült wird. Von dem Moment an, in dem man seinen Fuß auf den holprigen Weg am Eingang des Torhauses setzt, begegnet man einem spärlichen Interieur. Hier dringt das Grauen aus jeder Pore. Wandert man zwischen den Türmen, scheint normales Gehen fast unmöglich zu sein, da man ständig über die runden Pflastersteine stolpert und über dunkle spitze Felsbrocken steigen muss, um zu den Räumen und den Treppen zu gelangen, wo einst viele entsetzliche Dinge geschehen sein müssen. Die Burg, die im 14. Jahrhundert erbaut und im 16. Jahrhundert wegen ihrer Funktion als Geschützfestung umfassend verstärkt wurde, diente außerdem als königliches Schloss, Waffenlager und Staatsgefängnis. Im Inneren des zentralen Turmes, der „Prison Tower“ (Gefängnisturm) genannt wird, verspürt man beim Hinaufsteigen der steinernen Wendeltreppe eine bedrückende Kälte. Ende der 1990er Jahre erschien vor den entsetzten Augen einer Frau, die mit ihren beiden Söhnen gerade den Turm besichtigte, plötzlich ein Ritter in voller Rüstung, der sie, wie die Frau behauptete, wütend aus dem Turm jagte. Eine Gruppe von Geisterjägern, die vom Burgverwalter die Erlaubnis erwirkt hatten, an Halloween im Turm zu übernachten, mussten die ganze Zeit über mit anhören, wie die Möbel auf dem Steinfußboden im darunter befindlichen Raum lautstark hin- und hergerückt wurden. Als einer der Geisterjäger nachschaute, fand er alles im Raum unverändert vor. Sobald er jedoch wieder bei den anderen eintraf, fing der Lärm von neuem an.

# Culcreach Castle

## *Fintry, Stirlingshire*

Im Jahre 1296 ließ Maurice Gailbraith, der Sohn eines Oberhauptes des Gailbrath-Klans, Kilcreuch Castle als Familiensitz errichten. Die Gailbraiths waren ein kriegerischer Klan, dessen dreihundertjährige blutige Geschichte nur aus Plünderungen, Morden, Raubzügen und Entführungen bestand. Das durch und durch verdorbene Pack zeigte sich nur wenig bestürzt, als der hoch verschuldete Robert Gailbraith, das siebzehnte Oberhaupt des Klans, die Burg im Jahre 1630 seinen Gläubigern überließ und nach Irland floh.

Im Laufe der Jahre wurde aus Kulcreuch der Name Culcreach. Die Burg ging durch die Hände mehrerer Besitzer und ist heute ein herrliches Hotel inmitten von 650 Hektar Land, das über eine malerische Zufahrtsstraße erreicht wird. Sie führt an dem von Bäumen umsäumten Ufer eines friedlichen Sees vorbeiführt. Das Schloss selbst beherbergt drei Geister. Da ist zum einen der Schweinskopf, der auf einem Silbertablett über die Zinnen fliegt und danach zu Boden plumpst, wo er sich kurz vor dem Aufprall stets in Luft auflöst. Dann gibt es noch jenes „kalte graue umherwirbelnde Gebilde von menschlicher Größe und Gestalt“, das in den Zimmern und Fluren bereits an mehreren Gästen vorbeigefegt ist. Der wohl bekannteste Geist des Schlosses spukt im berühmten Chinese Bird Room, dessen handbemalte echt chinesische Tapeten mit den bunten Vögeln und exotischen Palmen einmalig in ganz Schottland sind. Im Jahre 1582 hatte Robert Gailbraith einst einen Angehörigen des benachbarten Buchanan-Klans und dessen Mätresse zu einem Bankett im Schloss eingeladen. Nachdem sich die beiden Männer ein hitziges Wortgefecht geliefert hatten, sprang Robert plötzlich auf und stach seinen Gast nieder. Man brachte den Verwundeten daraufhin in den Chinese Bird Room, wo er von seiner Mätresse versorgt wurde und in den frühen Morgenstunden nach einem letzten schmerzerfüllten Schrei schließlich in ihren Armen starb. Um ihren Schmerz zu lindern, nahm die Frau ihre Harfe zur Hand und begann darauf zu spielen, ohne jemals wieder aufzuhören. Es sind schon viele Gäste, die in diesem Raum übernachtet haben, unter den beruhigenden Klängen ihres gespenstischen Harfenspiels in einen friedlichen Schlaf gesunken.

## Pass von Killiecrankie

### *Pitlochry, Perthshire*

Killiecrankie, dessen Name aus dem Gälischen stammt und Espenwald bedeutet, ist eine stille Oase inmitten einer beeindruckenden Landschaft. Die trüben grauen Berge in der Ferne, die schäumenden Fluten des River Garry, die zwischen den bewaldeten Klippen entlangfließen, und die malerischen Wege, die sich durch das dichte Unterholz schlängeln, verleihen dem Pass eine beruhigende Stimmung friedlicher Losgelöstheit. Auf den von Bäumen umsäumten Pfaden findet man überall die Spuren eines längst vergangenen Ereignisses, als bei Sonnenuntergang die Stille plötzlich von Schüssen durchbrochen wurde und an den bewaldeten Hängen der Schlucht eine blutige Schlacht ausbrach.

Die Schlacht von Killiecrankie fand am 27. Juli 1689 statt. Hier kämpften die 3400 Mann starken Regierungstruppen auf der Seite von Wilhelm von Oranien unter dem Befehl von General Mackay gegen die 2500 jakobitischen Highlander auf der Seite des abgesetzten Königs Jakob VII. von Schottland (Jakob II. von England) unter der Führung des Viscount John Graham of Claverhouse, genannt „Bonnie Dundee".

Als die beiden Armeen im Waldstück von Killiecrankie aufeinander trafen, wo die kleinere Streitmacht der Jakobiter den höher gelegenen Standort einnahm, wartete Dundee so lange, bis sich die Sonne direkt hinter ihnen befand, und gab danach den Befehl zum Angriff. Die von der Sonne geblendeten Regierungstruppen konnten nur hilflos zusehen, wie eine Lawine brüllender tartanischer Horden die Abhänge der Schlucht herabgestürzt kam. Als sich die Soldaten der royalistischen Truppen zu verteilen begannen, warfen die wilden Highlander ihre Musketen zu Boden und setzten den Kampf mit ihren Schwertern fort. Als Donald Macbear, ein Soldat der Royalisten, die herannahenden Horden erblickte, rannte er – mit einer wilden Schar Highlander im Nacken – um sein Leben. Am felsigen Ufer des River Garry angelangt, sprang er mit einem mächtigen Satz über den 5,5 Meter breiten Fluss und ließ seine verwirrten Verfolger am anderen Ufer stehen. Zum Gedenken an diese erstaunliche Leistung wird die Stelle noch immer „Soldier's Leap" (Soldatensprung) genannt. Als die Sonne über dem Schlachtfeld zu sinken begann, hatten die Jakobiter die feindlichen Regierungstruppen vernichtend geschlagen. Ihre Freude war jedoch wegen des Todes ihres Anführers Bonnie Dundee getrübt, der während der Schlacht tödlich verwundet worden war. Die Jakobiter konnten sich vom Verlust Dundees nie richtig erholen und waren später nach der misslungenen Gefangennahme von Dunkeld gezwungen, ihre Armee aufzulösen.

LINKS: Der friedliche Pass von Killiecrankie, wo man auf den Wegen die Spuren einer blutigen Schlacht findet und die Hänge zuweilen in rotes Licht getaucht sind.

GEGENÜBER: Auf den Fluren von Glamis Castle, wo Shakespeares Macbeth einst König Duncan ermordete, gehen viele Geister um.

Der Pass von Killiecrankie soll am Jahrestag der Schlacht in einen roten Lichtschein getaucht sein und schon so manche Leute haben im Licht der Dämmerung plötzlich gespenstische Truppen durch die Schlucht marschieren sehen. Andere wiederum haben den deutlichen Knall von Musketenschüssen in der Luft gehört und als eine Frau, die gerade ein Picknick machte, von ihrem Teller aufblickte, sah sie in ihrer Nähe die Geister mehrerer toter Soldaten auf dem Boden liegen!

## Glamis Castle

### *Forfar, Angus*

Vor dem faszinierenden Hintergrund der Grampian Mountains erheben sich die Türme und Zinnen des Glamis Castle mit geheimnisvollem Zauber. Das Schloss ist der Wohnsitz des Earl of Strathmore and Kinghorne und wurde ursprünglich im 15. Jahrhundert errichtet, doch viele der heute bestehenden Teile stammen aus jüngerer Zeit. Shakespeare machte seinen Macbeth zum „Thane of Glamis" und ließ den Mord an König Duncan in den düsteren Mauern dieses Schlosses stattfinden, obwohl er in Wirklichkeit in der Nähe von Elgin geschehen war. Im 17. Jahrhundert wurde ein Großteil des Schlosses im französischen Chateau-Stil rekonstruiert. Anfang des 20. Jahrhunderts verbrachte Lady Elizabeth Bowes-Lyon, die spätere Königinmutter, dort ihre Kindheit.

In den Räumen und Fluren des Schlosses sollen mindestens sechs Geister umgehen. Einer von ihnen spukt in der Krypta, zu der man vom prachtvollen Esszimmer aus über eine Verbindungstür gelangt, die den Besucher von der Opulenz des Viktorianischen Zeitalters unmittelbar in die Nüchternheit des Mittelalters versetzt. Hinter einer der dicken Steinmauern befindet sich eine Geheimkammer, um die sich viele Legenden ranken. Hier war einst einer der Lords of Glamis, der so genannte „Earl Beardie", mit dem Earl of Crawford, genannt „der Tiger", so sehr ins Kartenspiel vertieft, dass er sich weigerte, das Spiel zu beenden, obwohl der Sonntag immer näher rückte. Schlag Mitternacht erschien plötzlich der Teufel und bat darum,

*„Ich fühlte mich zu fern von den Lebenden und etwas zu nah bei den Toten."*

WALTER SCOTT ÜBER SEINEN BESUCH AUF GLAMIS CASTLE

mitspielen zu dürfen. Bald darauf hatte der unvorsichtige Earl Beardie auch schon seine Seele verspielt und starb kurze Zeit später. Jahrelang drang zu Mitternacht lautes Fluchen und Schimpfen aus dem Raum, der daraufhin zugemauert wurde. Der ungehobelte Geist konnte auf diese Weise jedoch nicht eingesperrt werden und soll noch immer durch das Schloss streifen. Es sind schon viele Gäste des Nachts aufgewacht und haben ihn mit bösem Blick an ihrem Bett stehen sehen.

In der friedlichen kleinen Schlosskapelle geht eine „graue Frau" um, bei der es sich um den Geist von Janet Douglas, der Frau von John, dem sechsten Lord Glamis, handeln soll. König Jakob V. hasste den Douglas-Klan, da sein dominanter Stiefvater ein Douglas war und er auch von anderen Mitgliedern der Familie ständig manipuliert worden war. Nach dem Tod ihres Mannes wurde Janet die Frau von Archibald Campbell of Skipness und lebte mit ihm zusammen auf Glamis Castle. König Jakob, der einen ständigen Rachefeldzug gegen den Douglas-Klan führte, richtete seine hasserfüllte Aufmerksamkeit auf die schöne und beliebte Lady Campbell und klagte sie auf der Grundlage falscher Anschuldigungen der Hexerei an. Am 17. Juli 1537 wurde sie auf dem Schlossberg des Edinburgh Castle auf dem Scheiterhaufen verbrannt. In der Kapelle hat man seitdem des Öfteren eine schimmernde durchsichtige Gestalt gesehen, die, umgeben von einer Aura friedlicher Stille, zum Gebet niederkniet und sich wenige Augenblicke später in Luft auflöst.

UNTEN: Das romantische Skibo Castle ist der perfekte Ort für eine Hochzeit, aber die Gäste sollten auch nach Geistern Ausschau halten.

Glamis Castle birgt viele Geheimnisse und seine Mauern müssen Zeuge tausender tragischer Ereignisse gewesen sein. Auf dem Weg durch die Räume, Flure und Treppenhäuser scheint man fast die Blicke der früheren Bewohner zu spüren und kann den Gefühlen, die Sir Walter Scott bei seinem Besuch des Schlosses in Worte fasste, nur zustimmen: „Ich fühlte mich zu fern von den Lebenden und etwas zu nah bei den Toten."

## SKIBO CASTLE
### *Dornoch, Sutherland*

Skibo Castle, das inmitten von dreitausend Hektar malerischer Landschaft liegt, war einst Wohnsitz der Bischöfe von Caithness, bis die Kirche das Anwesen im Jahre 1565 dem Gray-Klan überließ. Viele Jahrzehnte später soll ein Mädchen aus der Gegend, das sich auf den Weg zum Schloss gemacht hatte, plötzlich verschwunden sein. Man vermutete, dass sie vom Schlossverwalter ermordet und ihr Leichnam auf dem Schlossgelände versteckt worden war. Bald darauf gingen Gerüchte über eine gespenstische „weiße Frau" um, die bei Nacht durch das Gebäude huscht und stets von klagendem Stöhnen und angstvollem Geschrei begleitet wird. Bei späteren Renovierungsarbeiten fand man hinter einer der Schlossmauern das Skelett einer Frau. Nachdem man den schaurigen Überresten ein anständiges Begräbnis hatte zuteil werden lassen, hörte der Spuk auf – allerdings nur eine Zeit lang.

Im Jahre 1898 kaufte der amerikanische Millionär Andrew Carnegie das verfallene Anwesen und ließ im Rahmen umfassender Umbaumaßnahmen das prachtvolle Schloss entstehen, das hier noch heute zu sehen ist. Man musste ihm zustimmen, wenn er sein Schloss als „den Himmel auf Erden" beschrieb, obwohl die sagenhafte „weiße Frau" schon mehrmals dorthin zurückgekehrt war, um durch die Flure und prächtigen Räume zu wandeln. Carnegies Enkel, Rosewell Miller III., begegnete der gespenstischen Dame eines Nachts, als sie in der dritten Etage stumm auf dem Flur entlangschwebte und in eines der vielen Schlafzimmer einbog. Rosewell folgte der seltsamen Gestalt in den Raum, konnte dort aber keine Spur von ihr finden.

Heute beherbergt das Anwesen den Carnegie Club, der seine Besucher in das wahrhafte Ambiente einer vergangenen Zeit entführt. Der Ort ist so exklusiv, dass jeder Gast nur ein einziges Mal in seinem Leben dort weilen darf. Erst nachdem man als Klubmitglied vorgeschlagen und aufgenommen wurde, kann man dem Schloss einen erneuten Besuch abstatten. Am 22. Dezember 2000 rückte Skibo Castle ins internationale Rampenlicht, als die Popdiva Madonna und der britische Regisseur Guy Richie im faszinierenden Highland-Ambiente des Schlosses ihre Hochzeit feierten. Ob einer der illustren Hochzeitsgäste aus aller Welt dabei auch der gespenstischen „weißen Frau" begegnete, ist noch nicht bekannt!

# Eilean Donan Castle

## *Kyle of Lochalsh, Highlands*

OBEN: Auf Eilean Donan Castle spukt ein Geist, der seinen schaurigen Kopf unter dem Arm trägt.

Eilean Donan Castle, Schottlands malerischste Festung, wurde im Jahre 1220 von Alexander II. errichtet. Sie thront auf einer Insel am Zusammenfluss der Seen Duich, Alsh und Long, und ihr Spiegelbild auf der sanft gewellten Wasseroberfläche erinnert an die vergangenen Zeiten voller Rätsel und Erhabenheit. Im Jahre 1306 fand Robert the Bruce hier Unterschlupf und 1331 ließ Randolph, Earl of Moray, hier fünfzig Männer hinrichten und ihre auf Pfähle gespießten Köpfe um die Festungsmauern herum aufstellen. Während des Jakobiteraufstandes im Jahre 1719 belegte William MacKenzie, der fünfte Earl of Seaforth, die Festung mit einer Garnison aus spanischen Truppen. Nachdem drei englische Fregatten unter Führung des Kriegsschiffes ***Worchester*** die Festung unter Beschuss genommen und die dort verschanzten Truppen zur Aufgabe gezwungen hatten, war von der Anlage nichts weiter übrig als eine Ruine. Die Festung wurde im Jahre 1932 vom Klan der MacRae wieder aufgebaut und dient heute als Gedenkstätte und Museum. Hier soll der Geist eines Mannes umgehen, der seinen Kopf unter dem Arm trägt. Es handelt sich dabei vermutlich um einen der spanischen Soldaten, der bei jenem unerbittlichen Kampf einst ums Leben kam.

# Sandwood Bay

## *Kinlochbervie, Highlands*

Die einsame Bucht befindet sich an der nordwestlichen Spitze Schottlands und ist einer der wohl abgelegensten Orte Großbritanniens. Dorthin führt keine Straße, aber wer sich die Mühe macht, dem unwegsamen Pfad über weite, einsame Torfmoorflächen bis hin zum blassrosa Sandstrand der Bucht zu folgen, wird mit einem atemberaubenden Ausblick belohnt, der glauben lässt, dass man sich am Ende der Welt befindet. Die Schönheit der Landschaft wird jedoch oftmals von einer unheimlichen bedrückenden Stimmung getrübt, die sich nur schwer beschreiben lässt. Vielleicht liegt es an den vielen Schiffen, die vor der Küste von Cape Wrath gesunken sind und deren zerborstene Überreste und ertrunkenen Besatzungsmitglieder von der Strömung in die Sandwood Bucht getragen wurden und hier ihre übersinnlichen Spuren hinterlassen haben. Es haben sich schon seit Jahrhunderten Leute über die unheimliche Stimmung beklagt, und einige haben in dieser Wildnis sogar die flüchtige Erscheinung eines Seemanns entdecken können, der an der Bucht entlanglief. Anderen ist der alte Seebär in so lebensechter Form erschienen, dass sie versuchten, ihn anzusprechen.

Seit Anfang des 20. Jahrhunderts wird des Öfteren von dieser seltsamen Erscheinung berichtet. Der alte Seemann wurde schon von mehreren Leuten gesehen und einmal sogar von einem Förster gejagt, der ihn für einen Wilderer hielt. Man beschreibt ihn stets als untersetzten bärtigen Mann, der eine Matrosenmütze, schwarze Stiefel und eine Matrosenjacke mit glänzenden Messingknöpfen trägt und bei seinem Marsch über den Strand niemals Fußspuren im Sand hinterlässt. Ganz gleich, wer er war und warum er bei Tage diese abgelegene zauberhafte Bucht besucht – er hat zumindest schon viele erstaunte Zeugen gehabt und ist inzwischen so berühmt geworden, dass manche Besucher den anstrengenden Fußmarsch zur Sandwood Bucht nur deshalb auf sich nehmen, weil sie hoffen, dort dem gespenstischen Seemann zu begegnen.

# Gedenk

*Gedenke mein, wenn ich gegangen bin,*
*Weit fortgegangen in das stille Land;*
*Kannst du auch halten nimmer meine Hand,*
*Dass ich, zum Gehn gewandt, noch mal beginn.*

*Gedenke mein, kannst du nicht weiterhin*
*Für unsre Zukunft planen – unverwandt*
*Gedenk nur mein: es wär, du hasts erkannt,*
*Zu spät, dass man noch betend sich besinn.*

*Doch wenn du mein vergäßest kurze Weil*
*Und wieder mein gedächtest, gräm dich nicht!*
*Ist im Verwesungsdunkel mir noch licht*
*Der Wege alten Denkens nur ein Teil:*
*Weit besser, dass du lächelnd mich vergisst,*
*Als dass du meiner denkend traurig bist.*

Christina Rossetti

# Register

Die Haupteinträge sind **fett** gedruckt, und die *kursiv* gekennzeichneten Seitenzahlen beziehen sich auf die Abbildungen.

# Danksagung

Bei der Entstehung dieses Buches haben viele Personen mitgewirkt. Die Mitarbeiter in den zahlreichen Büchereien vor Ort halfen mir bei der Suche nach Geistergeschichten und gespenstischen Orten in ihrer Gegend. Die Besucherführer und Verwalter der historischen Anwesen unterrichteten mich über die neusten Spukerscheinungen oder teilten mir ihre persönlichen Erfahrungen mit. Die Wirtsleute und Angestellten in den alten Gasthöfen und Wirtshäusern versorgten mich nicht nur mit den notwendigen Informationen über ihr Anwesen, sondern wiesen mich oftmals sogar auf andere spukreiche Orte in ihrer Nachbarschaft hin oder arrangierten Treffen mit Leuten, die den Geistern selbst begegnet waren. Menschen in ganz Großbritannien und Irland haben mir so oft geholfen und sich die Mühe gemacht, mich zu führen, wenn ich mich auf der Suche nach einem Ort völlig verirrt hatte! Ich möchte ihnen allen herzlich danken.

Mein Dank gilt auch dem New Holland Verlag, insbesondere Jo Hemmings für ihre uneingeschränkte Unterstützung sowie Alan Marshall für seine gelungene Buchgestaltung. Mein persönlicher Dank richtet sich an Geraldine Hennigan und Mamie Byrne, die mich bei den Nachforschungen unterstützt haben. Ich möchte an dieser Stelle auch Tom Byrne gedenken, dessen irischer Rhythmus und wunderbare Geschichten mich stets aufs Neue inspiriert haben. Ich danke meiner Frau, Joanne, die geduldig meinen Geschichten lauschte und mich bei der Durchführung des Projekts tatkräftig unterstützte, sowie meinem Sohn, Thomas George Jones, der sich als ein so furchtloser Geisterjäger erwies, wie es ein Zweijähriger nur sein kann. Ich danke auch Dan und Georgia O'Donoghue für ihre Unterstützung bei der Suche nach den Geisterlegenden Irlands. Zum Schluss richtet sich mein Dank an alle, deren Geschichten, ob tragischer oder sonstiger Natur, dieses Buch überhaupt erst möglich gemacht haben – lang mögt ihr wandern, doch wandert stets in Frieden.

# Bildnachweise

Alle Fotos stammen vom Bilderarchiv The Fortean Picture Library außer:
Private Collection/Bridgeman Art Library S. 38 (u. l.); Private Collection/Bridgeman Art Library S. 40 (m.); Fitzwilliam Museum, Cambridge/Bridgeman Art Library S. 42 (m.); Royal Holloway and Bedford New College, Surrey/Bridgeman Art Library S. 50 (o.); Victoria & Albert Museum, London/Bridgeman Art Library S. 51 (o.r.); Christie's Images/Bridgeman Art Library S. 56; Kunsthistorisches Museum Wien, Bridgeman Art Library S. 60 (o.); Britain on View S. 31 (o. r.); S. 48 (o. l.); S. 52 (o. l.); S. 87 (o. r.); S. 92 (u. l.); S. 112 (u. l.) Castle Leslie S. 129 Collections/James Bartholomew S. 44 Collections/Michael Diggin S. 120; S. 122 Collections/Robert Hallman S. 79; S. 148 (u.) Collections/Image Ireland/Alan Le Garsmeur S. 124; S. 126 (m.) Collections/Robert Pilgrim S. 62 (o.) Collections/Clive Shenton S. 102 (o. r.) Collections/Robin Weaver S. 94 Culcreuch Castle S. 149 (o. r.) Eye Ubiquitous S. 103 (u. r.) Hulton Getty S. 121 Richard Jones S. 17 (o. m.); S. 22 (o. l.); S. 52 (u. r.) S. 69 (m.); S. 82 (u.); S. 83 (u.); S. 89 (o.); S. 92 (o. r. & u. r.); S. 100; S. 113 (u. r.); S. 134 (o. l.); S. 137 (u. r.); S. 141 (u.r.); S. 150 (u. l.) Mary Evans Picture Library S. 28 (m.); S. 65 (o. r.) Simon Marsden/The Marsden Archive S. 13; S. 24; S. 61; S. 70; S. 74 (o.); S. 75 (u. r.); S. 90; S. 91 (o. r.); S. 116; S. 123; S. 127; S. 133; S. 145 (o.); S. 151 National Trust/Andreas von Einsiedel S. 105 National Trust/Nick Meers S. 59 (o.) Pictor International Ltd. S. 49 (o. r.); S. 64 (o. l.) Skibo Castle S. 152 (u. l.) William Smuts S. 160

o. = oben; u. = unten; m. = Mitte; l. = links; r. = rechts